乔为国 著

现代服务业
政策问题研究

实证调研与国际经验

POLICY RESEARCH ON
MODERN SERVICE SECTOR

EMPIRICAL STUDY
AND INTERNATIONAL EXPERIENCE

社会科学文献出版社
SOCIAL SCIENCES ACADEMIC PRESS (CHINA)

摘　要

美国等发达经济体已是服务型经济，服务业部门也越来越被国际视为增长和就业的引擎。中国城市化加深，产业转型升级，降低对制造业的过分依赖，要求我国必须向服务型经济转型。

中国已经迈入中等收入国家行列，但服务业在经济中比重，不仅远低于目前高收入国家和世界平均水平的 74% 和 70% 左右，甚至也低于低收入国家约 49% 的水平。高生产率与高附加值的现代服务业是我国未来经济发展的重要支撑，也将是进行全球产业竞争的关键领域。

本书共八章，第二章至第八章为主体部分。第二章和第三章首先对现代服务业概念进行讨论，并综合已有研究提出一个一般性分析框架。第四章至第六章则聚焦电子商务、文化创意、旅游三大现代服务行业，分别考察其历史发展状况和特征，及国际典型国家或地区的发展促进政策，并基于实证调研分析制约产业快速发展的关键问题。第七章则主要考察国际上促进服务业发展的一般性政策实践，并总结概括其关键特征，包括重视创新关键作用、从研发支持向全生命周期延伸、重视创新与商业服务支持网络构建等；也讨论了政策制定、实施与评估机制方面的趋势，如政策证据支持、政策评估与透明、专家委员会方法等。第八章的政策讨论，提出加快我国现代服务业发展的对策，并尝试政策建议的路线图表达。

本书对一些问题也有深入或独到的研究，如从商业模式角度分析常被忽视的我国制造与批发业电子商务发展的滞后原因，探讨新兴产业的启动条件，讨论政策诱导性产能过剩等。

目　录

第一章 导论

一 研究背景与意义

发达经济体已是服务型经济，服务业部门也越来越被视为增长和就业的引擎。如表 1-1 所示，欧盟 27 国（EU-27）和日本的服务业在 GDP 中的比重、服务业就业人口在总就业人口中的比重约为 70%；而美国服务业比重高达 80%，从业人员比重甚至达到 85%。服务业对经济增长与就业影响的不断增强，标志着服务经济时代的来临。随着服务业规模的增大，其内涵、结构也在发生变化，现代意义上的服务业变得越来越重要。20 世纪 70 年代后，美国等一些发达国家的新兴服务产业出现或扩张加速，90 年代中期全球互联网在商业领域普及应用催生新经济概念，1996 年 OECD 提出知识经济。2007 年，欧盟 27 国知识密集型服务业（Knowledge Intensive Services，KIS）的就业人口在总就业人口中的比重高达 32.96%，提供超过 1.44 亿个就业岗位，远高于制造业部门的 0.4 亿个就业岗位（Eurostat，2010）。

改革开放 30 多年来，我国经济社会发展取得巨大成就，成为世界第二大经济体，已进入世界中等收入国家行列[①]。1987 年 4 月，

---

① 根据世界银行最新界定，高收入国家指 2012 年人均国民收入（GNI）高于 12616 美元的国家，低收入国家指人均 GNI 低于 1035 美元的国家，中等收入国家指人均 GNI 处于 1036 美元和 12616 美元之间的国家。根据世界银行世界发展指数数据库（World Development Indicators Database），2012 年中国人均 GNI 为 5680 美元。

表 1 - 1 2010 年世界三大经济体的产业构成 *

单位：%

	欧盟 27 国		美国		日本	
	GDP	就业	GDP	就业	GDP	就业
农林渔牧业	6.2	1.7	1.1	0.9	1.2	3.9
工业	16.9	18.7	15.5	9.5	21.8	17.5
#制造业	15.7	—	11.7	8.7	19.4	17.1
建筑业	7.9	6.0	3.4	4.6	5.5	8.3
服务业	69.0	73.5	80.0	85.0	70.8	68.8

* 世界银行《世界发展指数数据库》缺乏建筑业等比重数据，因此，我们根据三大经济体的统计数据库自行计算产业构成，为增强可比性，我们统一采用 2010 年数据；三大经济体的国民经济核算体系有所区别，如美国将水、电、气、热供应等公用事业划入服务业，为统一可比，本表将其计入工业部门；此外，由于统计误差、资本利得等因素，合计数据有的与 100% 略有出入，但这些并不影响我们所讨论问题的结论。

资料来源：根据欧盟（http：//epp.eurostat.ec.europa.eu）、美国商务部经济分析局（http：//www.bea.gov）和日本统计局（http：//www.stat.go.jp）在线数据库中的数据计算。

邓小平提出我国现代化建设"三步走"的发展战略，前两步解决温饱和基本实现小康的目标已经提前实现，第三步，是要到 2050 年前后，达到世界中等发达国家水平，基本实现现代化。实现这样一个战略目标，要求我国未来几十年内依然要保持高速发展。但在新的历史阶段，国内外经济形势发生了重大变化，随着资源与环境等约束的加强，传统的依赖投资、低成本制造、出口导向的增长方式遭遇瓶颈制约，需要转变。中国城市化加深，产业转型升级，降低对制造业的过分依赖，要求我国必须向服务经济转型。中国的发达与现代化，要求较高的生产力和收入水平，而服务业，特别是高生产率与高附加值的现代服务业将是其重要支撑。

如表 1 - 2 所示，2000 年后，虽然中国经济继续保持高速发展，但服务业在经济中的比重提高并不显著。即使到了 2011 年，我国服务业在 GDP 中的比重也仅为 43.4%。而且，我国服务业构成中现代服务业比重低，批发和零售的份额最高，为 19.2%；其次是金融、交通运输和房地产，分别是 14%、13.8% 和 10.6%；

而科技、卫生服务等服务业占 GDP 的比重仅为 1%；文化娱乐业等则不足 1%[1]（国家统计局，2008）。

表 1 - 2　中国产业的构成

单位：%

年　份	2000	2001	2002	2003	2004	2005	2006	2007	2008	2009	2010	2011
农林渔牧业	15.1	14.4	13.7	12.8	13.4	12.1	11.1	10.8	10.7	10.3	10.1	10.0
工业	40.4	39.7	39.4	40.5	40.8	41.8	42.2	41.6	41.5	39.7	40.9	39.9
建筑业	5.6	5.4	5.4	5.5	5.4	5.6	5.7	5.8	6.0	6.6	6.6	6.8
服务业	39.0	40.5	41.5	41.2	40.4	40.5	40.9	41.9	41.8	43.4	43.1	43.4

资料来源：《中国统计年鉴》（2012）。

国际经验表明，一般来说，随着经济发展水平的提高，服务业比重不断提高，表 1 - 3 中不同收入水平的国家 2000 年后服务业占 GDP 比重的变化也可以体现这一点。中国服务业在经济中的比重，不仅远低于目前高收入国家、中等收入国家和世界平均水平的 74%、53% 和 70% 左右，甚至也低于低收入国家约 49% 的水平[2]。

表 1 - 3　不同收入水平国家服务业占 GDP 的比重

单位：%

年　份	2000	2001	2002	2003	2004	2005	2006	2007	2008	2009	2010	2011
高收入国家	70.2	71.2	72.0	72.2	71.9	72.1	72.1	72.4	72.9	74.9	74.0	—
中等收入国家	51.2	52.3	52.1	51.2	50.7	51.0	51.0	51.7	51.9	53.5	53.1	53.2
低收入国家	44.9	45.4	46.1	46.4	47.1	47.5	47.7	48.3	48.7	48.7	49.4	49.2
世界平均	66.7	67.7	68.2	68.3	67.9	68.2	68.2	68.5	69.1	70.9	69.9	—

资料来源：世界银行世界发展指数数据库（World Development Indicators Database）。

现代服务业将是我国未来经济发展的重要支撑，也将是进行全球产业竞争的关键领域。当前中国服务业，特别是信息、专业与科

---

[1]　由于国家统计局发布的数据所限，无法得知我国更近年服务业部门构成情况，统计数据的缺乏本身在一定程度上也表明产业发展不足。

[2]　根据 2013 年 9 月访问数据更新。

技服务、健康服务等现代服务产业的发展滞后，也是服务业比重偏低的重要原因。我国现代服务业供给很不充分，成长空间广阔。研究现代服务业发展的政策，加快现代服务业发展，对于支撑我国未来经济长期可持续高增长、提升全球竞争力意义重大。

二　研究目的与内容

自 2002 年 11 月党的十六大报告明确提出要加快发展现代服务业，提高其在国民经济中的比重后，我国许多学者才开始研究讨论现代服务业的内涵、与经济增长的关系、发展战略等广泛主题。已有研究表明制约我国现代服务业加快发展因素的多样性与复杂性，视角及观点为进一步研究提供较好基础①，但总体来说，深入特定产业、基于企业层面的案例或数据实证研究比较缺乏。迄今，国务院已先后多次专门就加快服务业发展发布政策文件，但一些政策意见难以落实。由于产业、企业的异质性等，不同产业部门、不同类型企业所面临的政策问题集可能完全不一样，未能针对特定细分产业中个性化的企业政策需求，是政策意见难以落实的重要原因。国际已有的政策实践及理论研究视角、观点与方法，如注重创新研究、强调企业调研、聚焦细分产业领域，对国内有借鉴意义，但它们是在自身背景条件下提出与实践的。特别是其政策实践，如政府服务外包、商业方法专利、服务业节能减排政策等，如何借鉴到中国、适合于中国的特定国情还需要进一步研究。

总之，产业由企业构成，加快我国现代服务业发展实质就是要加快现代服务企业的快速成长。由于服务业发展的复杂、动态和非线性，急需借鉴国际经验，深入特定细分产业、面向个性化企业实际政策需求的研究及政策突破。具体来说，促进我国现代服务业发展，重点需要研究解决以下三个方面的问题，这也是本书研究的主

---

① 第二章内容对一些代表性的国内外研究有更为具体的介绍。

要目的。第一，识别出制约我国现代服务业不同细分产业领域快速发展的关键问题。第二，系统探讨国际经验，识别出对中国有借鉴意义的政策工具。第三，提出面向不同产业与企业的个性化需求及操作性强的对策。

根据研究目的，本书研究的主要内容如图 1 - 1 中左侧部分所示。

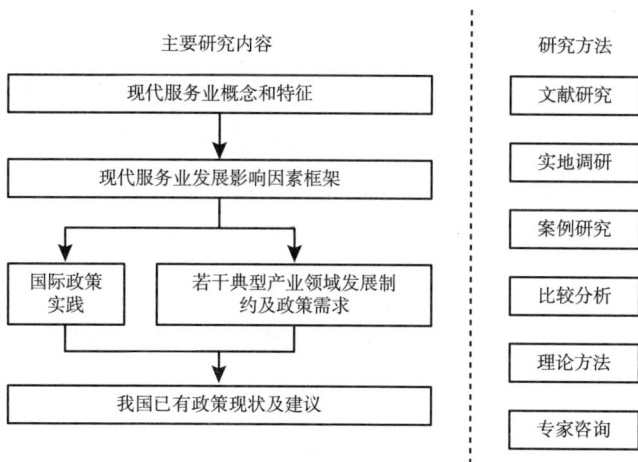

主要研究内容

现代服务业概念和特征

现代服务业发展影响因素框架

国际政策实践

若干典型产业领域发展制约及政策需求

我国已有政策现状及建议

研究方法

文献研究

实地调研

案例研究

比较分析

理论方法

专家咨询

图 1 - 1 主要研究内容与方法

研究结果安排如下，第二章将首先对现代服务业概念提出的背景、内涵、外延进行系统梳理，分析其基于 ICT、开放创新等的关键特征，与知识经济、新经济之间的关系等。第三章综合已有的国内外研究，以价值链为中心，提出现代服务业发展的影响因素，包括生产要素、企业、产业组织等的一般性分析框架，以便进行分产业调研及比较研究。第二章和第三章的内容，也为后面的研究提供了基础。

现代服务业边界范围宽泛，研究对象需要聚焦于若干更具体的产业部门。《中共中央关于制定国民经济和社会发展第十二个五年规划的建议》在加快发展服务业部分只具体提出要积极发展旅游业等，将研究内容主要聚焦于电子商务、创意产业、旅游业等几大新兴服务业部门。本书第四章至第六章，分别明确各产业内涵与边界，考察其历史发展和特征，以及典型国家或地区的发展促进政策。这几章不仅从较宏观的层面考察它们在我国的发展，也将深入若干细分领域，主要是对企业进行实证调研，分析制约产业快速发展的关键问题。

至于各细分产业领域个性化的政策实践，因在前面第四章至第六章对细分产业分析时进行介绍讨论，第七章主要考察国际上促进服务业发展的综合性政策实践，并总结概括其重要的关键特征，特别是那些对我国可能有借鉴意义的。

第八章，首先针对综合及细分服务业部门，探讨我国已有的政策现状，分析其特征，比较不同产业领域发展的制约因素及政策需求异同。其次，针对不同细分产业与企业类型个性化问题和政策需求，借鉴国际经验，提出加快我国现代服务业发展的对策，即政策路线图。

需要说明的是，在章节安排上，国际经验部分内容靠后，并不表明其重要性比实证调研要弱，而是从逻辑上强调首先要立足我国产业现实问题。在本书研究中，我们将国际经验与实证调研同等看待，在研究过程中，也相对独立进行。有些国际经验内容可以用于针对并解决实证调研所发现的问题，而有的并不能解决问题，但也是有价值的，因此，我们在前七章中，对于实证调研与国际经验的研究结果相对独立阐述。最后一章，才开始重点着手考察两者间的关系，即针对制约产业发展的问题，考察如何借鉴国际经验。

三　研究方法与过程

就研究方法而言，对应于主要研究内容，如图 1-1 中右侧部分所示，主要综合采用了以下六类方法。首先是文献研究，这是自始至终都采用的方法，无论是分析现代服务业的概念特征、影响因素框架，还是分析国际政策实践及已有政策现状。文献研究法除了检索学术期刊文献外，我们更重视各政府部门及有关机构的研究分析报告，如通过欧盟诸多报告可以了解欧洲促进服务业的各种政策。对于系统了解国内外现代服务业领域的基本情况与发展态势，以及国际上政策的实践状况，文献研究是最基本并且有效的研究方法。

其次是实地调研和案例研究。实证调研包括两个方面的内容，一是基于产业发展基本状况的分析判断，这主要根据官方的统计数据或报告，如利用美国商务部经济分析局的报告和数据，可以获知美国电子商务的发展态势等。二是对产业内典型企业的实地调研。对典型企业的案例分析，可以帮助我们深入了解制约服务业企业及产业发展的问题及政策需求、产业发展态势等。可以说，对典型企业的实地调研和案例研究，是本书的重要特点。电子商务、创意产业、旅游业三大新兴服务业部门，本身边界也很宽，因此，我们又在每个产业部门的三个细分领域选择对象进行更深入的调研，如表1-4所示。

表1-4　实地调研对象

产业	调研对象	所属领域	主要调研年月、地点
电子商务	钢铁行业第三方电子交易平台	B2B行业流通	2012.3，唐山
	去哪儿网	在线旅游	2011.10，北京
	网络零售	在线零售	2012.10，北京、上海
创意产业	温州鞋业	工业设计	2012.4，温州
	电视业	传统影视	2012.9，北京
	视觉数字文化领域	数字文化	2012.9，石家庄、北京
旅游业	大丰麋鹿国家级自然保护区	旅游目的地	2011.12，盐城
	环球旅游	旅行社	2012.10，北京
	旅游饭店	住宿和餐饮	2012.11，杭州、北京

细分领域的选择，基于对各产业整体趋势的把握，充分考虑调研对象的代表性。电子商务按产业部门分为服务业、零售业、制造业和批发业，制造和批发主要发生在B2B流通环节，电子商务调研对象则分属于它们。如创意产业也包括诸多领域，我们选择了其中一部分进行调研考察，首先是温州鞋企。鞋企虽说通常被认为属

于制造业，但在当前的发展阶段，设计的重要性越来越突出。而且在国际专业化分工的情况下，如阿迪达斯、耐克等，均将制造业环节外包，从相当程度上可以说，它们就是设计公司。而且我们关注的重点也主要是其设计环节，因此，我们将其也视为创意产业。其次是电视业和视觉数字产业，这两者无疑属于创意产业，前者是传统文化创意领域，后者是新兴的创意产业领域。从价值链看，旅游目的地、旅行社及酒店也是旅游业中比较核心的部分。

至于各细分领域中，各具体调研对象的选择，则是偶然性与必然性的结合。有的选择代表产业最新趋势，如出境游代表旅游新趋势，而环球旅游又是其中新的发展。有的如制造和批发业 B2B 电子商务，是选定要研究的，但为什么选择钢铁行业，则是因为调研的可及性，视觉数字文化选择同样如此。从表 1 - 4 中我们也注意到，调研对象有时表面上看并不在一个层面上，如钢铁行业、电视业是产业层面，而去哪儿网是一个公司。这是由于行业特性所决定的，网络外部性决定电子商务有时有"赢者通吃"的特点；去哪儿网在旅游搜索领域一家独大，在相当程度上，它就可以代表这个行业。同样，鞋业温州有，其他许多地方也有，为什么只选择温州，是因为温州有"鞋都"之称的美誉，它的标杆企业在相当程度上可以代表这个行业。此外，如旅游目的地分散于各地，但其中许多商业模式相似，江苏盐城大丰麋鹿国家级自然保护区的情况可以反映并代表该行业中许多其他同类景区。所以，我们认为这样处理也是合理的。

调研对象可及性是难点所在，也确实是个挑战，所幸的是，工作单位平台支撑及已积累的学术和社会网络联系，为难点克服创造了较好的条件。如笔者所在工作单位进行的若干创新型城市规划研究工作，让我们有机会调研大丰麋鹿国家级自然保护区；业内朋友的推荐，使我们有机会深入调研去哪儿网等。每个行业领域调研的访谈对象数量从 1 家至 4 家不等。调研访谈的对象大多在企业总经理层面，也有少量部门经理，每次访谈时间通常是半天，以进行充分沟通。调研主要集中在 2012 年春节后到年底，也有个别调研时间比较早，如去哪儿网，我们也在最后期间对其最新发展动态进行跟踪。

本书还采用了其他多种方法，包括比较分析、理论方法及专家咨询。比较分析用于比较既有的对现代服务业发展制约因素的研究，提炼通用分析框架；对现代服务业政策进行国际比较，考察其可借鉴之处；比较我国现代服务业的政策需求与供给差异，用以明确新政策点。理论方法方面，借鉴应用经济学、管理学、系统动力学等理论与方法，如应用价值链理论、企业资源理论等分析服务业发展影响因素；应用机制设计理论分析对策等。此外，及时将研究的阶段性成果，如分析框架、调研安排、问题提炼、政策建议向有关专家、企业界及政府政策制定与主管部门有关人士咨询，集思广益，并加以完善。专家咨询也是进行实地调研时所采用的重要手段，即对企业家等业内专家进行访谈，以了解产业发展问题及政策需求。

就研究过程而言，从 2011 年中立项开始，本书时间跨度大约历时两年。2012 年春节前主要进行案头工作，进一步系统深入进行有关文献梳理，主要研究服务业内涵特征、分析框架及国际经验。之后半年多时间，主要对若干典型产业领域进行实证调研，以深度访谈等方式获得资料，并对采集到的相关信息和数据进行系统分析与梳理，初步完成案例分析研究报告。2012 年末几个月，主要分析我国已有政策现状与建议。2013 年，主要对数据与案例进行跟踪更新，对整个报告内容进行修改、润色和完善，并最终定稿。

最后需要说明的是，不少调研对象提供了有价值的素材，调研结果主要根据访谈内容和所提供的素材资料整理，有时也结合一些文献资料进行补充、调整与完善。案例调研结果梳理过程中，我们也发现企业家们所介绍的情况与文献及官方数据有不一致之处。我们处理的方法是，对产业发展制约问题及政策需求的把握，我们认为企业家判断与感觉更为准确，企业实地调研及案例研究是主要的方法；对于产业发展宏观规模等，我们主要辅以文献等研究方法，以更全面、系统地把握它所在领域的产业发展态势和基本情况。另外，有些调研对象，由于实践经历并不成功，或者认为涉及的话题比较敏感，并不希望公开自己的名字，我们尊重其意愿进行了相应处理，因此，一些案例无法明确反映调研对象。

第二章 现代服务业的概念和特征

一 现代服务业的概念

(一) 现代服务业概念的提出

"现代服务业"是我国特有的概念,最早出现于 1997 年 9 月党的十五大报告中。在第四部分关于社会主义初级阶段基本路线和纲领的论述中,提出"社会主义初级阶段……是由农业人口占很大比重、主要依靠手工劳动的农业国,逐步转变为非农业人口占多数、包含现代农业和现代服务业的工业化国家的历史阶段"。2002 年 11 月,党的十六大报告,明确指出要加快发展现代服务业,提高其在国民经济中的比重。

现代服务业概念在我国的提出,有其深刻的时代背景。首先,第二次世界大战以后,特别是 20 世纪 70 年代以来,一些新兴服务业部门,如信息通信与健康服务业等在发达国家出现或加速扩张。如表 2-1 所示,美国"二战"以来产业结构长期变动所表明的重要特征之一,是随着从工业化中期向后工业化阶段发展,私人部门服务业有了更快速的发展。如美国私人部门总产出占 GDP 的比重保持在 87.5% 左右,其中,产品生产部门(包括农业、采掘业、建筑业和制造业)比重合计从 1947 年的 39.8% 下降为 2010 年的 17.9%,这主要是因为农业和制造业的比重下降,而服务业整体比

11

表 2 - 1 "二战"后美国产业构成变动

单位：%

年　份	1947	1950	1960	1970	1980	1990	2000	2010
农、林、渔、牧业	8.2	6.8	3.8	2.6	2.2	1.6	1.0	1.1
采掘业	2.4	2.6	1.9	1.5	3.3	1.5	1.1	1.6
公用事业	1.4	1.7	2.3	2.1	2.2	2.5	1.7	1.8
建筑业	3.6	4.4	4.4	4.8	4.7	4.2	4.7	3.5
制造业	25.6	27.0	25.3	22.7	20.0	16.7	14.2	11.7
批发业	6.4	6.4	6.6	6.5	6.7	6.0	6.2	5.5
零售业	9.5	8.9	7.9	8.0	7.1	6.9	6.9	6.1
运输和仓储业	5.8	5.7	4.4	3.9	3.7	3.0	3.0	2.8
信息业	2.8	3.0	3.3	3.6	3.9	4.1	4.2	4.3
金融和保险业	2.4	2.8	3.7	4.2	4.9	6.0	7.7	8.5
地产与租赁业	8.1	8.7	10.5	10.5	11.1	12.1	12.4	12.2
专业和科技服务	1.3	1.4	2.0	2.6	3.4	5.4	6.7	7.5
公司和企业管理	1.5	1.5	1.5	1.4	1.4	1.4	1.7	1.8
行政和废物管理	0.5	0.6	0.8	1.0	1.3	2.1	2.8	2.9
教育服务	0.3	0.4	0.4	0.7	0.6	0.7	0.9	1.1
健康和社会救助	1.5	1.6	2.2	3.2	4.2	5.8	6.0	7.6
艺术、娱乐和休闲	0.6	0.6	0.6	0.6	0.6	0.8	1.0	1.0
住宿和餐饮	2.6	2.5	2.2	2.3	2.3	2.6	2.8	2.9
其他私人部门服务	3.1	2.9	3.0	2.7	2.5	2.7	2.8	2.5
政府公共管理	12.5	10.7	13.2	15.2	13.7	13.9	12.2	13.6
附：								
私人部门产品生产合计	39.7	40.8	35.4	31.5	30.2	24.1	21.0	18.0
私人部门服务生产合计	47.8	48.5	51.4	53.2	56.0	62.0	66.8	68.5
信息技术产业	…	…	…	…	…	3.4	4.1	4.6

资料来源：美国商务部经济分析局（Bureau of Economic Analysis）在线数据库。

重则由 47.8% 上升为 68.5%，突出表现为专业和科技服务、金融和保险业、健康和社会救助、信息业等四个产业部门的成长①。专

①　虽然制造业部门等由于一些服务业产业部门成长更快而比重下降，但绝对规模还是增长的。此外，一些产业部门虽然比重不高，如教育，2010 年仅为 1.1%，但其绝对规模也是很大的，高达 1626 亿美元。

业和科技服务产业，包括法律服务、计算机系统设计及相关服务和其他专业及科技服务等，比重提高最多，比重由 1.3% 上升为 7.5%，成为第四大服务行业。金融和保险业，包括联邦储备银行、信用中介机构及相关活动、证券、投资、保险、基金等等，由 1947 年的 2.4% 上升为 2010 年的 8.5%，成为仅次于地产和租赁业的第二大服务行业。健康和社会救助产业也稳步高增长，2010 年比重上升为 7.6%，成为第三大服务行业。信息业，包括软件在内的出版业、动画及记录、信息和数据处理服务，比重也显著提高，由 1947 年的 2.8% 上升至 2010 年的 4.3%。

其次，信息技术革命与信息社会来临。这不仅表现为信息技术产业（ICT）的发展，包括计算机和电子产品制造、出版业（含软件）、信息和数据处理服务、计算机系统设计和相关服务等，在美国已占据相当重要的地位，如表 2 - 1 表明到 1990 年比重已达到 4.1%；更表现为 ICT 对其他产业部门的渗透与影响，如与其他产业的融合，大幅度提高其他产业部门的生产率。特别是 20 世纪 90 年代中期，全球互联网在商业世界中的普及应用，改写了基本经济规则，对人们的生活和行为产生深远影响，标志着信息社会的来临。信息技术革命与全球化，推动了 90 年代以来美国"二战"后经济罕见的持续性高增长。Michael J. Mandel（1996）在《商业周刊》一篇文章中将其称为新经济（*New Economy*），呈现出信息技术驱动、高生产率增长与低通货膨胀等特征。

再次，知识经济的提出。1996 年，经济合作与发展组织（OECD）发布了具有广泛影响、名为《知识经济》（*Knowledge-based Economy*）的报告。知识经济的提出，是对知识与技术在经济增长中重要作用的充分承认。知识比信息的内涵要宽泛得多，大体可以分为四类：知道是什么（Know-what）、知道为什么（Know-why）、知道如何（Know-how）和知道谁（Know-who），信息大约对应于前两类（OECD，1996）。报告指出，OECD 经济比以往更依赖知识的生产、传播和使用，在主要的 OECD 经济体内，超过

50%的 GDP 以知识为基础。高技术部门的产出和就业扩张最快，在过去的 10 年中，OECD 高技术部门的制造业生产和出口份额超过 1 倍，达到20%～25%，知识密集型服务业部门，如教育、信息和通信增长更快。美国是知识经济的典型代表，如今专业和科技服务、金融业、健康服务业、信息业等在整个经济中比重较高。"二战"后增幅较大的几个产业，无一例外，都是知识密集型。

最后，发达国家进入后工业化社会。后工业社会由美国社会学家贝尔（1984）所提出，他依据社会的经济技术结构，将人类社会划分为初民、农业、工业、后工业等社会进化阶段。后工业社会有几个基本特征，包括经济方面由产品生产业经济转变为服务性经济；职业分布方面，专业与技术人员阶级处于主导地位等。贝尔认为不同政治制度的国家，在实现工业化以后，都将从工业社会发展到后工业社会，后工业社会是 21 世纪美、日、西欧各国社会结构方面的基本特征。可以说，作为现代社会的一个重要特征，公众的医疗保健、文化等领域，在经济社会及政策中也显得越来越重要。在 20 世纪 80 年代新公共管理运动趋势下，为创造一个效率更高、成本更低的政府，许多国家缩减政府规模，并将一些公共服务私有化或将服务外包，将一些传统的政府公共服务领域或社会事业产业化。

现代服务业概念 1997 年在我国的提出，在时间上紧随北美产业分类体系的应用。1997 年，我国也开始采用新的产业分类体系，在许多方面，该版产业分类和北美产业分类体系相似。而北美产业分类体系，在相当程度上，是要适应新的经济社会趋势的需要。"二战"前，在由自由放任向国家干预转变的背景下，美国国家宏观经济管理的需要产生了对反映经济运行状况的经济数据的需求，满足这种需求的手段包括经济普查等。但由于各部门信息的来源渠道多样、概念和定义也不完全相同，因此，收集和出版标准化经济统计数据成为美国联邦政府的一项主要工作。1941 年美国预算局（BOB）首次出版了制造业的标准产业分类（SIC）手册，几年之后，又出版了非制造产业类似的分类手册。两个分类标准系统一直延续使用到 1954 年，之后，两个分类系统合并成一本手册一直到 1987 年，其间对该手册进行了周期的修订和再版①。但标准产业分类体系是在当时美国经济以制造业为主的情况下设计开发出来的。20 世纪 70 年代以来，随着新产业，特别是非制造业部门的出现和扩张的加速，标准产业分类体系暴露出的问题也越来越突出。1992 年经济普查使用的是 1987 年版的分类手册，按照标准产业分类体系收集和出版经济统计数据变得越来越困难，越来越多的经济活动和重要的基层单位无法按标准产业分类体系确定产业。如将通信（包括广播、光缆电视服务、数据存储服务和卫星雷达系统服务）划入运输、通信、电力、煤气和卫生服务业部门，缺少将健康保健组织划分出来的产业分类。另外，北美自由贸易区的发展，也需要评估其影响并使北美贸易协议签署国之间的数据更具有可比性。于是到 20 世纪 80 年代后期，美国联邦政府和整个经济界逐渐意识到，应该重新审议整个产业分类系统。美国预算管理办公室（OMB）于 1993 年成立了经济分类计划编制委员会（ECPC），考虑适当地全面修订标准产业分类体系。不久，加拿大加入了关于各自国家产业分类系统调整和联合建立新系统的研究讨论，随后墨西哥也加入了。1994 年 7 月 26 日美国预算管理办公室宣布讨论结果，北美国家统计机构已经同意开发北美产业分类体系（North American Industrial Classification System，NAICS），使三个国家使用共同的产业分类标准。1997 年后，美国等国家开始采用北美产业分类体系，新体系的建立将产业组成分为 20 个主要的门类，与 SIC 体系的主要分组相比增加了 1 倍。NAICS 不仅成倍增加了门类/部门的数量，而且也增加了定义的产业数量，从 1004 个产业增加到 1170 个产业。定义的 1170 个总产业中的 473 个（占总量的 40.4%）仍然代表制造业。新体系定义了 350 多个以前未单独定义

---

① 关于北美产业分类体系演变，更具体的内容可参考国家统计局中国经济普查网的《1997 美国经济普查》第三章"北美产业分类体系（NAICS）介绍"，http：//www. stats. gov. cn/zgjjpc/ckzl/t20040708_ 402165358. htm。

的新产业（包括 250 个新的服务产业），重新修订了 330 多个产业的范围①。

（二）现代服务业外延的界定

1. 服务业

现代服务业是服务业的组成部分，我们先来考察服务业边界范围。服务业也称第三产业，指为生产和消费提供各种服务的产业部门，其共有的特征是不从事原材料和有形产品的生产，是除第一产业和第二产业以外的所有产业的统称②。由于将除第一产业、第二产业以外的其他各产业都归为服务业，因此，实际上它包括众多不同的产业，是诸多产业的集合。如表 2 - 2 所示，我国和国际上三种典型的最新版产业分类体系，对第三产业部门的具体划分也不尽相同，即使是在最少的联合国国际标准产业分类体系下，服务业大类也有约十大类之多。

2. 知识密集型服务业

国际上与现代服务业概念最接近的是知识密集型服务业。知识密集型服务业，共有的特征是知识密集、相对的资本密集和高度专业化③。通过创造和传播知识，知识密集型服务业是很多产业部门创新的真正驱动力（Rubalcaba，2007）。

对知识密集型服务业进行官方统计的有欧盟统计局，但由于 NACE Rev. 2 是最近所采用的新版产业分类，而许多统计数据及研究的产业范围界定，依然以 Rev. 1. 1 的版本为准。两个产业分类的版本比较，大体如表 2 - 3 所示。

---

① 更细致的产业划分和数据及相关说明，可参考美国国家统计网站 http：//www. census. gov。

② 第一产业，产品直接取自自然界的部门，包括农、林、渔、牧业；第二产业指对初级产品进行再加工的部门，包括工业（采掘业、制造业、公用事业）和建筑业。但各界界定也不尽相同，如有的国家将采掘业划入第一产业。

③ 参见 "Challenges for EU Support to Innovation in Services"，SEC （2009）1195，PRO INNO Europe Paper 12。

表2-2 我国与三种国际产业分类体系下服务业部门构成及代码[*]

国际标准产业分类 (ISIC, Rev. 3. 1 2002)	欧盟产业分类 (NACE, Rev. 2 2008)	北美产业分类体系 (NAICS, 2012)	中国《国民经济行业分 类》(GB/T 4754 - 2011)
G 批发和零售贸易;汽车、摩托车及个人的家庭用品的修理	G 批发和零售贸易;汽车、摩托车修理	42 批发	F 批发和零售业
H 旅馆和餐馆	H 住宿和餐饮	44~45 零售	G 交通运输、仓储和邮政业
I 运输、储存和通信	I 运输、储存	48~49 运输和仓储	H 住宿和餐饮业
J 金融媒介	J 信息和通信	51 信息业	I 信息传输、软件和信息技术服务业
K 房地产、租赁和商业活动	K 金融与保险	52 金融和保险	J 金融业
L 公共管理和国防;强制性社会保障	L 房地产	53 地产与租赁业	K 房地产业
M 教育	M 专业与科技服务	54 专业和科技服务	L 租赁和商务服务业
N 卫生和社会工作	N 管理与支持服务活动	55 公司和企业管理	M 科学研究和技术服务业
O 其他社区、社会和个人服务活动	O 公共管理和国防;强制性社会保障	56 行政和废物管理服务	N 水利、环境和公共设施管理业
P 雇用家政服务人员的私人家庭的活动和私人家庭的无差别生产活动	P 教育	61 教育服务	O 居民服务、修理和其他服务业
Q 域外组织和机构	Q 卫生和社会工作	62 健康和社会救助	P 教育
	R 艺术、娱乐和休闲	71 艺术、娱乐和休闲	Q 卫生和社会工作
	S 其他服务活动	72 住宿和餐饮服务	R 文化、体育和娱乐业
	T 自我雇佣及其他自用产品生产和服务活动	81 其他私人部门服务	S 公共管理、社会保障和社会组织
	U 境外组织机构活动	92 政府公共管理	T 国际组织

　　[*]美国将电力、煤气及水的生产和供应业等公用事业部门也划入服务业,本表为增强可比性,未明确将其列出。

　　资料来源:联合国(2004)、Eurostat(2008)、美国商务部经济分析局(2012)、国家统计局等。

表 2 - 3　欧盟产业分类两个版本比较

NACE Rev. 1. 1	NACE Rev. 2
A 农、牧、林(01～02)	A 农、林、渔(01～03)
B 渔业(05)	B 采掘业(05～09)
C 采掘业(10～14)	C 制造业(10～33)
D 制造业(15～37)	D 电、气供应(35)
E 电、气、水供应(40～41)	E 水供应、垃圾管理(36～39)
F 建筑业 45	F 建筑业(41～43)
G 批发和零售贸易;汽车、摩托车等修理(50～52)	G 批发和零售贸易;汽车、摩托车等修理(45～47)
H 住宿和餐饮(55)	H 运输和仓储(49～53)
I 运输和仓储和通信(60～64) 　水运(61) 　空运(62) 　邮政与电信(64)	I 住宿和餐饮(55～56)
J 金融与保险(65～67)	J 信息和通信(58～63)
K 房地产、租赁和商业服务(70～74) 　房地产活动(70) 　机器设备租赁,不包括个人和家庭的及操作人员(71) 　计算机及相关活动(72) 　研究与开发(73) 　其他商业活动(74) 　法律、财会、审计、税收咨询、市场研究与调查、商业管理咨询(74.1) 　建筑与工程活动及相关咨询(74.2) 　技术测试与分析(74.3) 　广告(74.4)	K 金融与保险(64～66)
L 公共管理和国防;强制性社会保障(75)	L 房地产(68)
M 教育(80)	M 专业与科技服务(69～75)
N 卫生和社会工作(85)	N 管理与支持服务活动(77～82)
O 其他服务活动(90～93) 　休闲、文化和体育活动(92)	O 公共管理和国防;强制性社会保障(84)
P 居民家庭活动(95～97)	P 教育(85)
Q 境外组织机构活动(99)	Q 卫生和社会工作(86～88)
	R 艺术、娱乐和休闲活动(90～93)
	S 其他服务活动(94～96)
	T 自我雇佣及其他自用产品生产和服务活动
	U 境外组织机构活动

资料来源: Eurostat。

欧盟统计局根据 NACE Rev. 1.1 将知识密集型服务业界定为：水运（61），空运（62），邮政与电信（64），金融与保险（65 ~ 67），房地产、租赁和商业活动（70 ~ 74），教育（80），卫生和社会工作（85），休闲、文化和体育活动（92）。其中，高技术知识密集型服务业（High-tech KIS）则包括邮政与电信（64）、计算机及相关活动（72）、研究与开发（73）（Meri，2008）。除了高技术知识密集型服务业，知识密集型商业服务（Knowledge-intensive Business Services，KIBS）是另一类被广泛重视的，主要包括计算机及相关活动（72），研究与开发（73），法律、建筑、技术和广告等活动（71.1 ~ 74.4）（Rubalcaba，2007）。可见，高技术知识密集型服务业（High-tech KIS）和知识密集型商业服务（KIBS）之间也有交叉。

知识密集型服务业是经济知识密集程度总体水平较高的产业。2005 年，欧盟 25 国的知识密集型服务业部门创造的增加值占 46%（1995 年为 42.5%），就业占近 1/3。其中 High-tech KIS 和 KIBS 分别占 4.8% 和 7%，就业分别占 3.3% 和 6%（Meri，2008）。

当然，对于知识密集型服务业边界范围的界定，也不存在完全一致的看法。如 Miles 等（1995）认为知识密集型服务业包括会计、管理咨询（不只是涉及新技术）、特别的建筑服务、设施管理服务、技术工程服务、研发服务（不包括大学研发）、研发咨询服务、设计、环境服务、计算机与信息技术相关服务、法律服务、营销与广告、地产利用与交易、培训、特别的金融服务、临时性劳动力雇佣服务、媒体和新闻机构活动等。

3. 我国的界定

即使到目前为止，关于我国现代服务业的边界范围界定，也无一致的说法。2000 年中央经济工作会议提出："既要改造和提高传统服务业，又要发展旅游、信息、会计、咨询、法律服务等新兴服务业。"此处相对于传统服务业，所提的是新兴服务业。2005 年

《中共中央关于制定国民经济和社会发展第十一个五年规划的建议》，明确提出要大力发展现代服务业，包括金融、保险、物流、信息等。2007 年 3 月，《国务院关于加快发展服务业的若干意见》（国发〔2007〕7 号），第三部分关于大力优化服务业发展结构，提出"适应新型工业化和居民消费结构升级的新形势，重点发展现代服务业，规范提升传统服务业"，并从另外一个维度，即服务对象的角度分面向生产和面向民生两个方面进行具体阐述。关于面向生产的服务业，强调促进现代制造业与服务业有机融合、互动发展，细化深化专业分工，鼓励生产制造企业改造现有业务流程，推进业务外包，加强核心竞争力，同时加快从生产加工环节向自主研发、品牌营销等服务环节延伸，降低资源消耗，提高产品的附加值。关于面向民生的服务业，则强调要积极拓展新型服务领域，不断培育形成服务业新的增长点，还强调要加强公共服务体系建设，逐步实现公共服务的均等化。具体来说，各方面明确指出的产业领域如表 2-4 所示。

表 2-4   2007 年我国提出重点促进的服务业产业领域

	产业领域	重点或目标
面向生产的服务业	运输业	优先发展；提升物流的专业化、社会化服务水平，大力发展第三方物流
	信息服务业	积极发展；加快发展软件业，坚持以信息化带动工业化，完善信息基础设施，积极推进"三网"融合，发展增值和互联网业务，推进电子商务和电子政务
	金融服务业	有序发展；健全金融市场体系，加快产品、服务和管理创新
	科技服务业	大力发展；充分发挥科技对服务业发展的支撑和引领作用，鼓励发展专业化的科技研发、技术推广、工业设计和节能服务业
	商务服务业	规范发展法律咨询、会计审计、工程咨询、认证认可、信用评估、广告会展等
	商贸流通业	提升改造；推广连锁经营、特许经营等现代经营方式和新型业态

续表

	产业领域	重点或目标
面向民生的服务业	市政公用事业、房地产和物业服务、社区服务、家政服务和社会化养老等服务业	大力发展;围绕城镇化和人口老龄化的要求
	教育、医疗卫生、新闻出版、邮政、电信、广播影视等服务事业	大力发展;围绕构建和谐社会的要求
	旅游、文化、体育和休闲娱乐等服务业	大力发展;围绕小康社会建设目标和消费结构转型升级的要求,优化服务消费结构,丰富人民群众精神文化生活

如表 2-4 所示,我国要强调发展的服务业领域,除了信息、金融、科技、商务服务、教育、医疗、邮政与电信、广播、文化等知识密集型服务业外,还有运输、商贸流通等传统服务业的改造提升,甚至还包括市政公用事业。但对于什么是现代服务业与传统服务业并未进行区分。《中华人民共和国国民经济和社会发展第十二个五年规划纲要》依然采用生产性服务业和生活性服务业二分法,生产性服务业提出有序拓展金融服务业、大力发展现代物流业、培育壮大高技术服务业、规范提升商务服务业等,生活性服务业则提出优化发展商贸服务业、积极发展旅游业、鼓励发展家庭服务业、全面发展体育事业和体育产业等。落实规划纲要要求,2012 年 12 月《服务业发展"十二五"规划》(国发〔2012〕62 号)还是同样采用生产性服务业与生活性服务业的二分法。在生产性服务业,提出重点发展 12 个行业,包括金融服务业、交通运输业、现代物流业、高技术服务业、设计咨询、科技服务业、商务服务业、电子商务、工程咨询服务业、人力资源服务业、节能环保服务业、新型业态和新兴产业。生活性服务业,提出重点发展 9 个行业,包括商贸服务业、文化产业、旅游业、健康服务业、法律服务业、家庭服务业、体育产业、养老服务业、房地产业。

而此前的 2011 年，《国务院办公厅关于加快发展高技术服务业的指导意见》（国办发〔2011〕58 号）提出重点推进以下 8 个领域的高技术服务业发展，包括研发设计服务、知识产权服务、检验检测服务、科技成果转化服务、信息技术服务、数字内容服务、电子商务服务、生物技术服务。这可能是我国官方最为明确的狭义界定，但我们也发现这种界定与欧盟的界定不同，不对应于我国已有产业统计分类体系，它和其后的《服务业发展"十二五"规划》界定也有不同。在《服务业发展"十二五"规划》中，高技术服务业是作为生产性服务业的一个重点领域去表述的，与电子商务等领域并列平行，而不是将电子商务视为高技术服务业的一个子领域。可见，迄今为止，对现代服务业外延还未清晰界定，也表明不同部门及社会理解依然存在分歧。中央反复强调现代服务业重要，要加快其发展，但另一方面，从国务院就服务业多次发布的专门性文件看①，如"十二五"规划依然针对的是整个服务业而非其中的现代服务业。

（三）现代服务业内涵的讨论

如前所述，从现代服务业概念提出背景看，它顺应了现代产业和经济社会发展需求，特别是全球化、信息社会、知识经济、社会化发展的时代趋势。但目前对其边界范围，并无一致且大家都认同的界定，考虑到产业发展内在的动态性，不断演变的产业分类体系，不可能也无必要对其作一个大家都认同的范围界定。当然，有一点是肯定的，现代服务业形态范围宽泛，包含众多产业部门。现代服务业可以从不同层面理解，狭义上指现代新兴的服务行业，如信息或健康服务业，以及传统已有但内涵现代化的产业部门，如融合了许多信息技术的金融业。现代服务业，无论是服务于生产或生活，本质特征是知识密集型，具有高附加值，从这个意义上说，可

---

① 对这些政策文件的分析介绍可参考最后一章第一节的内容。

以将现代服务业等同于知识密集型服务业。我们认为现代服务业概念在我国的提出，是对传统服务业的扩展，其要义是强调不要忽视现代社会一些新兴服务业的产业形态，以及传统服务业部门的现代化。

当然，截至目前，所讨论的现代服务业概念是在比较宏观的产业部门分类视角下讨论的，依然是狭义的。服务本质上是一个活动过程，更广泛的视角则将服务视为存在于所有的产业部门和经济系统所有层次的一个关键部分，需要将其视为日趋复杂的劳动分工和产业生产模式的结果，其中有形的最终产品生产只是复杂的不同专业技术和其他生产要素交易网络的一个小的部分（Kuusisto 等，2011）。服务活动（Service Activities）指所有基于服务的经济活动，旨在为公司提供新增加的价值。

从服务活动的视角看，服务是一个渗透整个经济的现象，存在于所有产业部门，包括服务业甚至传统的制造业部门。服务成为制造业公司生产过程中及其生产率增长的越来越重要的核心要素（European Commission，2007[①]）。具体来说，一方面，制造业是商业相关服务业的重要用户，该部门中间产出有 30% 为制造业公司所消费。然而，服务业部门生产率增长落后于制造业，服务业的低生产率，被视为制约经济增长的广泛原因。另一方面，制造业公司也是重要的服务提供商。产品相关的服务，越来越多地被解释为那些制造业公司提供的和它们的产品密切相关的服务，并被认为是其核心的业务。服务包括安装、维护、升级、培训，成为其价值提供不可分割的一个部分。随着将传统的生产外包给低成本国家，许多公司集中于服务开发，在许多情况下，相关服务成为主要的产品。正是由于服务活动存在于所有产业部门及政府部门，制造业也是重要的服务提供商，只要将某项服务独立出来或外包就可能形成一个

---

① 参见 European Commission，2007，Towards a European Strategy in Support of Innovation in Service：Challenges and Key Issues for Future Action. Staff Working Document。

服务业产业。因此，本书对现代服务业的讨论，采用更为广泛的视角。

产业是生产某种产品的企业集合，特别需要注意的是，产业划分及统计基于产品间的相似性，并未充分体现产业间的关联性与相互关系。至今对现代服务业领域界定存在冲突与矛盾，一定程度上也源于产业间的交叉关系。从产业政策的角度考虑，必须在更广泛的全产业链背景下考虑问题，下面我们以房地产业推出工业化住宅为例来进一步说明。

工业化住宅是施工建造方式变革的产物，由半手工半机械的现浇施工方式，转变成工业化生产方式。像造汽车等工业品一样造房子，住宅的主要构成部分，如承重墙体、梁、楼梯等，均在工厂预制生产，最后到工地将那些构件搭建组装成房屋住宅。工业化住宅由主体结构与填充物构成（Skeleton-infill），建筑主体指支撑体、骨架，包括框架和非轻质的外墙、公共部位的设备管线等；填充体，指建筑的内部装修和户内设备管线等。为简化分析与突出重点，我们此处所讨论的工业化住宅，主要指的是混凝土结构主体工业化的住宅。目前，我国住宅半手工半机械的现浇施工方式依然占据主导地位。建筑建造和使用能耗占全国总能耗的30%，木材用量占全国总用量的40%①，而住宅建筑面积超过建筑面积的一半，是个高能耗、高物耗的产业。

工业化住宅产业对于我国节能减排意义重大，也是政府当前着力推动发展的。20世纪90年代前，我国房屋结构以砖混为主，其后，住宅产业化以及部品工业化与集成化逐步被强调。1995年4月，建设部发布《建筑工业化发展纲要》，指出建筑工业化是我国建筑业的发展方向，并提出到2010年，标准化、系列化构件、制品和设备应用量显著提高。1996年建设部发布的《住宅产业现代化试点工作大纲》，提出实现住宅生产工业化是重要内容。1998年

---

① 参见《万科企业社会责任绿皮书——暨2007年企业公民报告》。

7 月住建部住宅产业化促进中心成立，标志着工业化住宅产业进入实体推进阶段。1999 年 8 月，国务院办公厅转发建设部等《关于推进住宅产业现代化提高住宅质量的若干意见》，提出到 2005 年初步建立住宅及材料、部品的工业化和标准化生产体系，到 2010 年初步形成系列的住宅建筑体系，基本实现住宅部品通用化和生产、供应的社会化。

除了政策倡导，产品质量因素也吸引万科等传统厂商开始涉足工业化住宅领域。相对传统的现浇体系住宅，工业化住宅有许多突出优点，包括产品质量明显提升，能基本消除住宅建筑常见的渗漏、开裂、空鼓、尺寸偏差等通病，还有建造工期短、生产效率高、节能降耗、环保效果显著等优点。1999 年 12 月，万科集团建筑研究中心正式成立，标志着万科开始从单纯的房地产开发销售商向技术研发型厂商转变，拉开了万科住宅工业化序幕。随后，"万科客户体验中心"和"万科住宅产业化厂商联盟"等相继成立，万科实施住宅工业化的步骤有条不紊地展开（毛大庆，2010）。2002 年万科建成了建筑研究中心大楼，2005 年建成第一栋实验楼，即 1 号实验楼——5 层高的全预制混凝土框架结构的建筑物。

房地产业主要进行的是房屋销售及服务，即使对于万科这样的房地产开发商来说，建筑技术也并非其强项，并不具备许多工业化住宅的技术能力。但由于其对产业链的各环节厂商的影响力，可以动员协调其他厂商，使得通过战略联盟等方式，利用生产网络中其他厂商的技术能力。万科上海的新里程项目，整合了上下游产业链包括规划、设计、施工、安装、部品及监理环节在内的 50 多个核心合作伙伴，涉及标准 200 多个[①]。就生产网络来看，早在以砖混结构为主的时期，一些空心楼板、楼梯、过梁等部分构件的预制化已经有所发展。我国基础设施，包括桥梁、体育场馆等，也都需要

---

① 参见《万科企业社会责任绿皮书——暨 2008 年企业公民报告》。

建筑构件。构件厂是存在的，已经有相关的技术储备，可以较容易地完成工业化住宅的技术研发，并进行生产准备。万科实验楼的构建，证明产品技术上的可行，也有很多优点，如施工过程减少用水60%，减少建筑垃圾80%。后来的厂商实践也证明了这一点，如按传统方式建造同等规模工程高峰期需要劳动工人约240人左右，平均7天完成一层楼，而采用工业化生产方式只需要70人左右，平均5天一层楼（包括外装饰），也可以解决长期困扰市民的工地噪音、粉尘污染等问题（叶明，2010）。

技术准备到位，商业上如何可行？万科如何启动市场，即成功地将产品推向市场并为客户接受？2007年上海万科新里程20号、21号工业化住宅楼开工，成为全国第一批利用工业化技术建造并向市场销售的工业化商品住宅楼，该楼已经于2008年6月底竣工。为什么选择在上海这样人口众多的大都市启动？工业化住宅质量优于现浇体系的住宅，但工业化住宅启动也有特别约束，相比传统现浇建筑方式有劣势，建筑成本较高。如当前一些大城市一般的住宅建筑成本为1000元，那么工业化住宅建筑成本则高达3000元。较高成本的情况下，商业上可行意味着较高的价格。到2007年时，随着城市化进程的加快及住宅需求增长等，在上海等一线城市，部分地区房价已经突破1万，已经能消化较高的成本，原先的潜在需求变为现实。上海人口众多，认知水平较高，收入水平也较高，即便更高的价格，少量人接受它，也能构成足够大的市场需求。万科的产品体验中心，强大的品牌号召力，也帮助潜在的客户认知了解并接受它的工业化住宅产品。万科工业化住宅市场启动的成功，还因为它创造了一个可行的商业模式。其中，所有的参与者，包括建筑商、构件厂一起协作，并使各自有赢利的可能。从生产过程看，所选择构件厂的地理邻近，有助于降低成本。万科在生产组织过程中，并非以压缩构件厂的利润空间来降低成本，而是保障构件厂等足够的利润空间，如一些参与的构件厂产品利润率明显高于其他产品利润率。

继上海的成功启动，万科先后又在南京、深圳、北京等地，启动工业化住宅项目。2008～2014年，万科分三个阶段推进住宅工业化进程，并在2014年达到主流项目100%应用，实现万科社会责任绿皮书的承诺。万科的率先成功启动，表明工业化住宅在我国技术与商业上也均可行，吸引越来越多的其他厂商进入，进入加速发展期与良性循环阶段，也标志着我国工业化住宅产业已经启动。上文主要讨论的是主体结构工业化住宅的启动。在主体结构工业化住宅出现之前，非主体结构的部分部件，如整体厨卫也已经更早地迅猛发展。从未来发展路径看，随着住宅主体结构的工业化生产，工业化住宅部件的生产程度将进一步提高，集成更多的部件。从空间发展看，随着大规模生产的开始，成本下降，工业化住宅也将从北京、上海等一线城市向二线城市和三线城市扩散。同时，工业化住宅也将集成、融合更多的节能环保等技术，如深圳万科城项目首个零碳排放实验性住宅已建成并开放，将成为节能环保等新技术应用的主战场之一。

万科的工业化住宅实践表明，工业化住宅产业发展通常先后经历三个阶段。第一，意愿形成，开始有意愿尝试提供新产品。第二，生产准备，主要是技术准备，即进行新产品的研发。第三，市场启动，将新产品推向市场。工业化住宅产业启动也表明，各环节既受厂商自身能力的影响，也受外部环境条件的制约与影响。影响各环节决策与行动过程的因素，如图2-1所示。

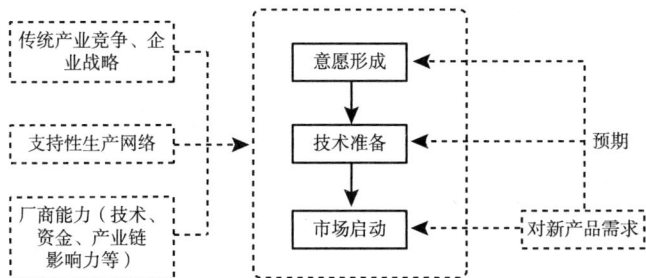

图2-1　产业启动各阶段环节的影响因素

厂商最初经历意愿形成阶段，生产提供某种新产品的意愿形成，受到多个因素的影响，这些因素也影响生产准备与市场启动。第一，对新产品需求。新产品存在现实的需求，即客户有意愿和能力购买，是产业出现不可或缺的前提条件之一。如工业化住宅产业，欧美等国家和地区"二战"后的广泛实践，已经表明其技术可行。随着中国经济社会的发展，人们收入水平的提高，节能环保的加强，对住宅质量要求提高，巨大潜在需求是可以预期的。

第二，传统产业竞争与企业战略。除了需求条件等，企业战略对产业演化发展也是重要的（波特，2002）。新产业往往脱胎于已有的产业部门，是对已有传统产业部门的替代。新产品相对于传统产业部门提供的产品，在性能和价格等方面，必须有综合性的竞争力与优势。万科的民营企业性质、领军人物王石富有企业家精神，也是其率先进入工业化住宅产业领域的重要推进因素。

第三，支持性生产网络。现代产品生产的一个突出特点，是产品和服务复杂性及其生产过程的复杂性。价值创造活动并非仅限于一个企业内部，而是有许多关联主体，这些关联的主体构成价值网络，包括客户或消费者、中间商、互补伙伴、上游供应商、下游渠道或市场和辅助供应商等（Wernerfelt，1984；Christensen，2000）。价值网络表明各主体的相互依赖性及应关注整个生产网络。只有它们之间一起协作形成价值网络，才能为消费者创造并提供有用的价值。"木桶原理"的存在，任何一个环节薄弱，都会出现短板效应。复杂性产品的生产，往往超越单个厂商技术或资金能力。技术准备与生产，必须要得到生产网络的有力支持，否则新产品的技术与生产可行性会出现问题。为什么最先介入工业化住宅产业的是万科这样的房地厂商，而非其他厂商。从住宅的生产提供过程看，通常要经历拿地、房屋设计、建造、销售和售后五大环节。拿地与销售常由房地产开发商自己承担，建造环节常外包给建筑公司，也会将房屋设计、售后物业，甚至销售外包给其他专业公司。因此，从生产过程可以看出，直接面向终端消费者的是房地产开发商，它在产业链中扮演集成商的角色。工业化住宅，作为一种复杂性产品，技术的分散分布、不同时间周期与先后顺序，使得开发这样一个系统涉及一个协调问题。技术准备与生产提供，需要有厂商具备较强的产业链影响力，能扮演主导或协调者角色。正因为万科处于房地产开发商环节，对产业链有控制力与影响力，能扮演这种角色，发起厂商联盟。

第四，厂商能力。能力也是个必要条件，能力强可以增强厂商的新产品生产意愿，加速技术准备与市场启动。潜在厂商的能力，关键是资金、技术与产业链影响力、市场开发能力。首先是资金。技术准备、市场启动需要事先投资，要有主体能承担先期研发投入及可能的失败风险。对于新产业的市场启动，还有特别的挑战。市场广狭决定分工专业化程度（亚当·斯密，2009），产业初期较小的市场规模决定分工与专业化程度较低，无法实现专业化与规模经济所带来的成本下降。这就决定初期较高的单位成本，存在成本瓶颈。在较高的单位成本情况下，产品价格高，会降低客户购买意愿，影响大规模市场启动；如果采取低价策略，对厂商资金实力会有更高的要求。资金实力越雄厚的厂商，越有能力承担先期投入及可能的失败风险，选择低价启动市场。其次是技术能力，它决定新产品技术上是否可行。技术能力，在相当程度上，取决于相关联的技术储备。这种技术储备，有时并非自身拥有，也可能是相关厂商或合作伙伴所拥有。最后，产业链的影响力。技术非自身拥有时，需要具备协调动员能力。复杂产品生产的技术特性，决定需要设定标准，有参与者能扮演主导者或协调者的角色（Funk，2007）。如果厂商是产业链的主导厂商，会加速技术准备与市场启动过程与成功的可能性。当然，市场开发能力也是重要的，它可以更高效地发掘出潜在客户，并推销出产品。

从上面的分析可以看出，如同工业化住宅产业所表明的，影响启动与发展的因素很多，包括需求、产业竞争、支持性生产与服务

29

网络、厂商能力等。从政策制定角度考虑，必须综合考虑这些相关联的因素。

二 现代服务业的特征

（一）传统视角

现代服务业当然也具有服务业的一些共有的特性。服务业在许多方面不同于有形产品的生产，服务业产品有一些独特属性，包括无形性、互动性、同时性、难以存储性等（Normann，1984）。无形性，指并非如粮食、汽车等有形产品的生产；服务产品本身难以存储和运输；生产与消费的同时性，指服务产品生产过程和消费同时、同地发生；互动性，指许多服务过程要求客户现场参与，要求服务提供者和消费者间的沟通与合作[①]。这些特点被认为是了解服务活动的关键（Hill，1999）。此外，从企业规模角度考察，服务业经济更是中小企业驱动。服务业微型企业比例最高，欧洲微型企业数量比例高达94.9%，提供34%的就业（European Commission，2008[②]）。

欧洲集群观察（European Cluster Observation，2009）发现，一般来说，相比于制造业部门，服务业在空间分布方面更加分散。但服务业对于集群的重要性，在于两个方面。首先，产业集群通常由制造和服务业企业组成，而服务常是传统制造业主导集群的关键，知识密集型服务业，是集群发展的重要驱动力。它经常提供超越某个集群的外部知识和加速知识动态，对制造业集群的可持续竞争力来说很重要。其次，一些服务业自身也形成专业化的集群，并且全球可及，如金融服务、影视、电信、健康服务、废物管理、软件等。存在四类集群，包括商业服务、销售、教育和金融纯服务集群

---

① 随着信息技术的发展，ATM 机、网络音乐下载等服务的出现，服务业的同时性、难以存储运输等特性被许多人认为在一定程度上已经弱化。

② 参见 European Commission，2008，European Competitiveness Report 2008，Commission of Staff Working Document SEC（2008）2853。

类别。而且服务业产业集群间也有些联系，但存在巨大差异，只有运输服务、旅游与教育间没有清晰关系。

现代服务业的另一个重要特征，是受信息技术强烈的影响，信息技术被视为其核心基石之一。信息技术作为一个独立产业部门迅速成长，信息技术革命对服务业结构与管理变革产生三方面的影响，包括产品生产和服务管理间联系增加、服务的可移动性、服务的知识密集程度提高（Miozzo 和 Soete，2001）。技术获取、存储、管理和通信能力增加了固定网络和移动网络的信息量，改变了人们的工作与生活方式，这种越来越成为所有企业经济活动的基础，结果是提供或利用它的服务创新，具有变革大量经济活动的潜力。新的服务可以更好地利用资源和循环利用，如智慧交通系统和环境影响管理。

（二）创新视角

服务业创新只是最近十余年才引起重视的。在过去相当长的时期内，服务业被认为是创新滞后，创新依赖上游产业，如 Pavitt（1984）对技术变革的部门模式分类中，认为服务业创新是由供给主导的。而最近的许多研究和调查发现，事实并非如此，服务业并非仅是创新接受者和应用者，它们自身也是创新者。虽然总体而言，服务业企业进行技术创新的比例比制造业要低，但知识密集型服务业例外。如表 2–5 中欧盟第四次创新调查（CIS4）表明，知识密集型企业比制造业企业更有可能推出产品或流程创新；就市场创新和组织创新而言，知识密集型服务业也远比制造企业更有可能进行非技术创新。

服务创新[①]更为服务生产者和消费带来益处，可以改进提供者

[①] 服务创新与服务业创新内涵和视角不同，但由于服务业创新本质上还是企业的服务活动创新的结果，因此，很多时候，许多人常用服务创新概念代替服务业创新。但从产业发展角度看，服务创新是产业发展的重要驱动力，却并非服务业政策的终极目标，而且，影响服务业发展的许多因素同时就是影响服务创新的因素。国内外有许多学者专门对服务创新进行研究，如蔺雷等（2007）、王仰东等（2011），本书仅对其进行简单介绍。

表 2 – 5　CIS4 创新企业比例

单位：%

	产品或流程创新			非技术创新		
	产品或流程创新	产品创新	流程创新	组织或市场创新	组织创新	市场创新
A 所有企业						
工业	39.0	26.4	29.8	26.0	22.7	13.1
#制造业	39.3	26.8	29.9	26.2	22.7	13.3
服务业	34.0	22.1	25.7	26.0	23.7	13.0
#知识密集型	51.5	42.0	35.3	41.5	38.3	17.7
#非知识密集型	30.2	17.9	23.6	22.7	20.6	12.0
B 创新者中						
工业	—	67.7	76.4	63.5	55.3	32.0
#制造业	—	68.2	76.1	63.4	55.1	32.3
服务业	—	65.1	75.6	73.1	64.9	35.6
#知识密集型	—	81.5	68.6	73.6	67.8	31.3
#非知识密集型	—	59.2	78.2	70.4	63.8	37.2

资料来源：Arundel 等（2007）根据 Eurostat 数据计算。

的竞争优势。服务创新不仅可以为服务业部门创造机会，也可以为制造业部门的公司创造机会，成为增长的重要动力。在国际上最早支持服务创新的项目，即芬兰技术与创新局（Tekes）的 Innovative Services Technology Programme（2006 ~ 2010）中的服务创新指新的或显著改进的服务概念被应用于实践。它表现为多种形态，它可以是客户互动中新的解决方案、新的销售方法或服务过程中技术的新应用，新型供应链运营或新的组织或管理服务的方法。服务创新可复制特点被强调，即能够被识别并在其他情况或环境下被系统复制，可复制的元素可以是服务的结果或过程。

Hertog（2000）认为，服务创新可从四个维度理解。第一，服务概念。指对特定市场新的服务或价值提供。第二，客户互动。指客户参与设计、市场或消费的方式变化，如许多服务推出更大程度的自助服务。第三，服务提供系统。指服务人员提供服务的方式，许多创新涉及服务的电子化提供，但也涉及包装与运输。第四，技术。技术用于许多服务过程中，其中的 IT 技术对服务特别重要，因为它允许更大效率和效能的提升，而能源和汽车技术则对于物流服务特别重要。

从创新形态看，服务业与制造业不同，服务业创新首先在于它的非技术特性。服务创新基于某些技术或系统的方法，然而，它并不总是和新技术创新必然联系，而是经常发生在非技术领域。技术被理解为是新服务概念和基于服务的商业模式的促成条件。技术与服务的融合，对于开发新服务非常重要，但服务业创新驱动力，并非技术的解决方案，而是它为服务提供商和消费者所创造的价值①。由于它的非技术特性，服务业部门企业研发支出远低于制造业部门，如在制造业，研发支出不低于增加值的 2%，而服务业平均很少超过 0.5%。当然，服务业部门间存在巨大差异，近年服务业技术研发增长很快，1987～1999 年，欧盟 15 国服务业研发投入年均增长约为 9%，高技术服务业，如计算机服务、通信、研发和工程服务投资较多，制造业只有 1%。

其次，服务创新也强调了客户、用户和需求导向的观点，Gallouj 等（1997）、Gadrey 等（1998）、Dijllal 等（2000）特别强调服务业及其创新的无形性与互动性等特点。Nedimovic（2009）也指出，"开放革命"的时代，开放资源、开放标准广泛存在，除了具体、有形的知识交流，过程导向与无形的知识流在知识密集型服务业和客户企业间的关系中也很重要。把握过程很重要，通过将用户置于创新周期的核心，使其成为合作创新者（Co-creator）。在知识广泛分布的世界，公司不能仅仅依靠自己的研究力量，而是要充分利用外部知识和创新资源，一些大公司如宝洁、IBM 等已经在积极推进。Chesbrough（2002）描述了从封闭创新向开放创新的范

---

① 参见 "Challenges for EU Support to Innovation in Services"，SEC（2009）1195，PRO INNO Europe Paper 12。

式转变，他提出开放创新基于五个要素。一是通过网络建立联系，利用内部知识和外部想法，进行商业化，为企业创造价值。二是将联系进一步转变为合作伙伴，包括大学、国家、用户，甚至竞争者。三是企业家精神的公司化，公司风投、本企业内任职企业家、溢出公司，都是商业化的方式。四是知识产权在共享知识时很重要，通过对外部伙伴的技术授权，从而为技术创造市场。五是内部研发依然维持其传统的角色，作为好的市场绩效支撑，但同样重要的是发展组织的吸收能力。

最后，从动力机制看，瑞典对 778 家服务业公司的调查表明，服务业公司新想法最重要的来源是客户和雇员，约 50% 的新想法来源于与客户的互动中，超过 35% 的新想法来源于雇员，其他来源于其他市场、竞争者、供应商/合作伙伴、外部研发（ALMEGA，2008）。可见，尽管服务业研发对一些服务业部门越来越重要，但对服务业来说，并非是决定因素，服务业创新更有可能是用户和隐性知识驱动，而非研发。

第三章　现代服务业的分析框架

一　相关研究概述

（一）国内研究

2002 年党的十六大报告提出要加快发展现代服务业后，我国的学者开始研究讨论现代服务业。2005 年《中共中央关于制定国民经济和社会发展第十一个五年规划的建议》再次提出要大力发展现代服务业后，现代服务业成为学界讨论的热门话题。以下仅就现代服务业发展制约因素与对策相关研究进行阐述和分析[①]。

1. 关于现代服务业体制与要素环境

计划经济体制下，服务业并未得到应有的重视，如当时国民收入核算主要针对物质产品生产部门，不包括许多服务业。1992 年，中国明确了建立社会主义市场经济体制的目标，6 月，中国第一次专门就加快发展服务业发布政策性文件。现代服务业具有高人力资本含量、高度专业性、高附加值等特有属性，决定其发展必须依赖若干特定基础条件，但我国现代服务业发展基础条件尚存在较大的缺陷与不足（周振华，2005）。

我国依然处于从计划经济向社会主义市场经济的转轨过程中，

[①]　关于现代服务业的讨论文章很多，我们将选择其中与本书所讨论的主题密切相关的有代表性的一部分研究进行介绍。

计划经济与国有垄断等体制问题，始终是制约我国服务业发展的重要原因。江小娟等（2004）、常修泽（2005）、周振华（2005）、刘志标（2005）、裴长洪（2009）等从经济体制角度，提出要打破行业垄断，推进民营资本进入，提高市场化程度，与制造业享受同样的发展条件等。

还有一些研究从增长导向发展模式、政治法律体制角度分析，认为中国现代服务业发展相对滞后，并不能仅从经济体制等视角来解释，还与改革以来中国政府公共职能缺失和经济发展模式有直接联系。如以增长为导向的发展模式使政府将资源过多地投入与经济增长相关的领域，导致公共服务供给不足；公共服务短缺使居民形成未来的不确定预期，消费倾向不断降低，制约消费性服务发展，解决的路径则在于改变基于 GDP 的考核目标，确保公共投入的强制机制等（江静、刘志彪，2009）。汪德华等（2007）分析表明如果政府规模较小、创造出更好的契约执行环境，服务业所占比重会相对较高，并据此提出建议。

现代服务业具有高人力资本含量等特点，发展依赖人才、信用、资金等生产要素，针对要素环境不足，仲丛友等（2010）指出一些高等院校人才培养模式与现代服务业未能很好对接，探讨了对接现代服务业需求的应用型人才培养的实现路径，如加强"校企合作"的深度与广度等。田侃等（2010）发现信用环境与现代服务业两者存在较强的相关性，提出加强我国信用文化建设，大力完善企业信用管理。李安定等（2006）在分析了上海现代服务业发展金融需求和金融供给的产业结构特征基础上，提出建立和完善多元化的融资结构体系，拓宽企业融资的金融供给渠道，适应现代服务业发展多样化的融资需求等对策建议。

2. 关于现代服务业聚集与空间联系

空间是现代服务业发展的重要载体，裴长洪（2010）总结我国改革开放 30 年来服务业发展的经验，指出城市发展产生了对服务业的最大需求和集中需求，为服务业发展创造了产业规模的市场基础。利用城市化和商品市场发展是具有中国特色的发展路径，我国城市化进程中产业集聚的双重表现，一是制造业逐渐撤离城市中心区向工业园区集聚，二是服务业特别是现代服务业不断向城市中心区集中（裴长洪等，2009）。他们还提出商业地产商（市场业主）＋分散小商户＋各类服务供应商＋公共服务部门的商品市场服务业模式，成为各类服务业发育的重要摇篮；商品流通的组织创新是扩大分工、延伸服务业发展的重要基础；外部化的经营战略促进了新的第三方服务供应商发育成长，而且还使一部分制造企业向服务企业转型。

集聚被认为是加速现代服务业发展的重要途径，促进集聚发展是讨论焦点之一。如杨亚琴（2005）对上海现代服务业集群三个案例的分析显示，由特定环境再造和制度安排形成的外生性服务业集群具有起点高、成长性快、规模优势明显等特点，但配套要求高、对外部经济依赖性强，加快形成资源共享和合作机制是其发展的关键；而由区域比较优势诱发形成的内生性服务业集群，具有专业性强、产业链结合紧密、合作网络易于形成等特点，但规模小、成长缓慢，需要政府强有力的鼓励、扶持。毕秀晶等（2010）采用数据统计、空间模拟等方法对上海2007年8204家现代服务业外资企业的空间格局进行分析，并与1997年外商办公机构空间格局进行纵向对比，探讨现代服务业外资空间格局特征及其形成机理，认为上海现代服务业集聚区是市场调节、政府引导、办公楼空间分布、产业集群吸引以及其他行为因素共同作用形成的，其他因素可以包括企业专业需求、企业总裁的个人偏好等，其中市场调节起到了最为重要的作用。企业是形成集聚区的核心主体，政府规划及办公楼建设只能起到辅助作用。中央商务区（CBD）是高端现代服务业集聚之地，每个CBD由于历史、条件不同，其产业成长路径也有所不同，CBD的发展与其人才聚集是分不开的。蒋三庚（2010）选择曼哈顿、东京新宿等人才聚集过程进行比较分析，认为产业氛围、基础设施、人文环境、文化气息及生活方式等方面是

CBD区域吸引高质量人才的重要因素。因此，他们提出避免政府规划与市场经济发生错位，或完善基础设施与人文环境吸引集聚人才等建议。

还有研究的分析视角则与更大的空间范围，即城市群有关。交通一体化，降低了交易成本，加速了生产要素的空间流动，并促进都市圈形成与资源整合，增进产业分工和协作（王可侠等，2010）。我国都市区中的二级城市在制造业的支撑下获得了快速发展，形成了制造业和首位城市水平分工，现代服务业高度依赖首位城市的产业分工格局（向俊波等，2003）。针对都市圈现代服务业发展仍存在层次不够高、发展水平不平衡和产业联系不够紧密等问题，他们提出结合都市间分工，通过交通一体化建设等，促进现代服务业分工集聚。

3. 关于现代服务业 FDI 与服务外包

服务业外国直接投资在全球直接投资总量中的比重增加，对服务业国际转移及服务业全球化起着重要的推动作用。裴长洪和夏杰长（2005）认为对外开放不足是中国服务业发展滞后的重要因素之一。夏正荣（2007）认为引进与利用外资的根本就是要对外商在华投资形成稳定的收益与收益预期，生产成本是分析制造业的基础，交易成本却是分析服务业特别是现代服务业的关键，提出逐步开放市场，正确引导投向，优化商业环境等。但就 FDI 对现代服务业发展的效应来说，不同数据来源或计量研究方法的实证研究结果并不一致，如张云等（2010）、赵琼等（2010）的研究认为有积极效应，而李娟（2010）的研究认为其影响并不显著。这在一定程度上也表明 FDI 实际效应的两重性，即补缺和挤出效用，在不同的环境条件下作用结果可能是不一样的。

随着 20 世纪 90 年代后服务业外包成为跨国投资的新引擎，商务部 2006 年实施"千百十"工程，服务外包也成为近年的讨论热点。华德亚（2007）提出加快承接跨国公司服务外包，建议转变观念、提高我国服务外包企业的竞争力，制定战略、承接高附加值的服务外包项目，培养人才、储备承接服务外包的人力资本，制定政策、完善承接服务外包的市场环境。吴晓云等（2010）在综述前人有关服务特征研究的基础上，深入分析现代服务业在可迁移性和交互性方面不同于传统服务业的特征，给出促进服务外包管理等建议，但过于强调 FDI 与承接服务外包，可能导致中国在服务业领域处于全球价值链低端。由于路径依赖等影响被锁定在被控制地位，因此，对于 FDI 或服务外包，如何发挥积极影响，避免其消极影响，依然需要研究。

4. 关于现代服务业科技支撑与创新

知识密集化是现代服务业的重要特点，近几年，受国际研究影响，服务业科技支撑与创新也逐步成为讨论重点，如夏杰长等（2008）提出，高新技术对服务业的渗透可能产生新的现代服务业行业或业态。原科技部部长徐冠华指出，从国民经济发展的全局来看，加强自主创新是加快服务业发展的一个重要切入点和着力点，科学技术的应用，不仅可以为改造传统服务业提供支撑，还可以引领新的服务需求，成为现代服务业发展的发动机；高新技术的发展特别是信息技术的发展，为我国现代服务业的技术跨越式发展提供了可能。面对这一形势，他提出应将现代服务业放在与高新技术发展同等重要的地位，制定有利于发展现代服务业的科技产业政策，以科技进步全面提速服务业的发展进程[①]。霍景东和夏杰长（2007）从投入与支持、人力资本、产出与绩效、研发系统连接性四个层面，分析比较我国现代服务业研究开发在国际上的地位，发现国际竞争力不强，特别是在新产品研发和研发密度方面，提出要重视现代服务业研究开发，加大产业共性技术研究开发投入，加大产业链条其他环节投入，推动研发合作联盟，加快研发成果转化等。

这方面，我国政府的政策实践也较早。为贯彻落实《国家中

---

① 《徐冠华部长谈发展现代服务业》，《中国金融》2006 年第 4 期，第 25～27 页。

长期科学和技术发展规划纲要》，2006 年 7 月，科技部主持召开全国现代服务业科技工作会议，发布《现代服务业科技行动纲要》。2007 年 4 月，国家科技支撑计划"现代服务业共性技术支撑体系与应用示范工程"重大项目正式启动。但总体来说，国家层面的政策，依然偏重于技术创新，对与服务业密切相关的商业模式创新等非技术创新形态支持不足。

5. 其他视角的分析

现代服务业是诸多细分领域的集合，注重突出重点，强调主导产业，是国家、地区服务业发展战略讨论的一个特点。如闫星宇和张月友（2009）采用层次分析法对我国现代服务业主导产业进行选择，最终确定租赁和商务服务业，信息传输、计算机服务和软件业，教育、文化艺术和广播电影电视业等为我国现代服务业的主导产业，但产业口径较大。对地区现代服务业发展的讨论，如蔡一声（2009）针对浙江椒江海洋经济领域现代服务业的优势、劣势、机遇和挑战，提出优化软环境，坚持市场化方向，放松市场准入条件，引进竞争机制，加快休闲渔业产品的开发和设计等。

另一些研究对现代服务业融合发展问题进行讨论，如刘徐方（2009）指出企业间的竞争与协作是现代服务业融合的基础动力，科技创新是现代服务业融合的物质技术条件，放松规制是现代服务业融合的制度保障。盖建华（2009）指出信息技术产业与现代服务业紧密关联，信息技术不断向现代服务业扩散渗透，现代服务业为信息技术产业提供广泛的市场。

还有研究从商品、服务乃至生产是包含满足人类需求多种属性组合的角度进行讨论，如冯华等（2007）指出随着经济发展与社会进步，可以对这些属性进行分割、组合；新经济条件下，消费行为更加个性化，通过商品属性的分割、组合，发展现代服务业成为可能；要突出消费者的参与意识，增加各种体验和感受，增加服务的文化内涵。

（二）国际研究

如前所述，国际上无现代服务业的提法，相关的是知识密集型产业（Knowledge Intensive Services）或是服务业部门（Service Sector）。服务经济条件下，促进服务业发展也是近年国际研究的热点，可以分为两类。

1. 服务业创新

服务包括多种广泛的活动，有大规模的大众服务，如零售、银行和航空业，也有高度专业化、涉及高度互动和协作生产的行业，如咨询业。关于促进服务业创新，服务业创新机理及政策含义依然是近年的讨论热点。Mention（2011）利用企业创新数据，分析了竞争与竞合对企业创新的影响，结果表明主要依赖市场信息更有利于创新等。Hollenstein（2003）、Bader（2008）、Chesbrough（2007）、Mattsson（2009）等则从创新模式、服务业知识产权保护、开放创新等视角分析，发现服务业企业对知识产权保护不及制造业、服务创新路径依赖与短视等现象。

欧盟 2002 年的创新晴雨表（Innobarometer）调查发现，约 1/5 的企业宣称利用或使用新技术是它们关键的创新阻碍，更多的企业反映融资难或人力资源受约束（各约 30%），最多的有约 1/3 的企业认为创新性客户和市场可及性是它们的创新阻碍（European Commission，2002[①]）。这表明，对大多数企业而言，如何利用创新性需求方，及已有技术应用于新的和既有商业模式是一个更重要而且急迫的问题。

服务业创新需要政府干预，与市场失灵、风险和不确定性有关，具体表现为两类失灵（Cruysen，2008；European Commission，2009[②]）。第一类是市场失灵。不同的市场失灵会阻碍服务业的创

---

① 参见 European Commission，2002，Innobarometer 2002——Flash Eurobarometer 129，EUR 17057。

② 参见 "Challenges for EU Support to Innovation in Services"，SEC（2009）1195，PRO INNO Europe Paper 12。

新活动，如存在垄断、缺乏竞争会导致创新惰性。缺乏统一市场，会限制市场准入，资源不能自由流动，创新活动只局限于某个国家或地区，不能充分利用知识和技能的潜力，不能利用规模经济，影响投资快速回收。许多服务是信任品（Credence Goods），购买信任品，涉及相当风险，降低风险的方式是从有声誉的企业购买，然而，建立声誉需要时间。另一个与信息不对称有关，服务缺乏有形资产，使银行不愿意借款或得到风险投资。第二类是系统失灵。它关注作为一个整体创新系统的效率，系统失灵一方面表现为能力失灵，指企业不能自如地适应结构变革、新技术或新组织概念。缺乏创新管理能力，被认为是最主要的创新障碍之一。根据 IMP3rove 数据库①，不足 30% 的知识密集型服务企业设立创新管理目标，不足 25% 的知识密集型服务企业将重点放在创新能力开发上。知识密集型服务业也更不愿以结构化和正式的方式生成和记录数据。另一方面表现为网络失灵。正式和非正式的网络，是知识转移的重要来源，网络失灵指不同的创新主体间缺乏互动，信息流动和合作次优。另外，系统失灵还表现为制度失灵，主要来自规制环境。最后是基础设施失灵，即不能为创新型企业提供必要的人力资源和知识基础，也包括缺乏宽带或 ICT 资源和铁路、公路、航空运输设施，高质量的 ICT 基础设施变得更为重要。

可见促进现代服务业创新，需要改善框架条件，包括鼓励对创新性服务的政府采购、改善融资、推进非技术创新等。从实际政策情况看，它有利于制造业，而非服务业。对欧盟服务业部门创新 8 个方面的统计分析表明，在政府采购、创新项目支持等方面，服务业明确处于不利地位，在鼓励知识产权保护、利用公共科学和改善融资条件方面也可能处于不利地位，在改进人力资源供给、支持创新企业和规制环境方面则无明显区别（Arundel 等，2007）。

全球化竞争背景下，不少国家纷纷采取措施促进服务业发展，

---

① 欧盟资助的一个面向中小企业的创新平台项目。

增强其国际竞争力。推进服务业发展的政策实践、背景与绩效等讨论是另一类研究，而增强创新能力、促进创新的创新政策是核心，也是各国政策的共同特点，但各国特点又有所不同。如美国崇尚自由市场与法制，1998 年，将专利政策延伸到服务业，服务业领域商业模式创新可以申请专利。Wu（2005）利用公司数据分析表明许多外国公司已为其商业方法申请专利等。商业模式创新专利并未在欧洲广泛实践，欧洲国家近年来着力改变服务业领域创新、创业活力落后于美国的现状，出台一系列政策，包括发起建设生活实验室、创新支持网络等，第七章将对这些政策作更具体的介绍。

2. 其他视角

关于政府服务外包。20 世纪 80 年代的新公共管理运动下，为提高效率、降低成本，许多国家政府缩减规模，并将一些公共服务私有化或外包。英国、澳大利亚等政府都已向公立或私立医院等购买公共服务。National Association of State Information Resource Executive（1994）甚至提供美国各州进行信息服务外包的具体数据、指导政府在成本收益分析基础上决定是否应进行外包。

关于服务业的能源效率与碳排放。全球气候及环境问题带来的挑战日益严峻，一些发达国家经济发展早已是以服务业为主，服务业碳排放、能源效率等也成为近几年讨论的热点。Krackeler（1998）、Mirasgedis（1996）、Mairet（2009）的实证研究发现，法国等 OECD 国家服务业碳排放或能源消耗增加。Schleich（2009）对德国大样本的计量研究表明，能源效率提高障碍在于存在能源消费模式信息缺乏等，各细分部门间存在差异，行政部门效率障碍最明显，Daim（2008）则提出在能源服务部门实施的技术路线图方法。

关于服务业规制与产品质量安全。相对来说，为提高经济运行效率、促进竞争的反垄断或者价格规制等早已被实践，随着社会进步，关于服务的产品质量与安全等成为新的关注点。Briggs

（2007）对苏格兰的旅店进行研究，发现已有的质量标准偏重有形的方面，与客户体验间存在差异，需要改进。Jeng 等（2003）则以我国台湾为例探讨食品服务部门的卫生控制系统，分析了最佳实践推荐、危险关键控制点等经验。

可见，由于体制与发展阶段等差异，国际上所研究讨论的主题与国内有相似性，也呈现很大差异。政府服务外包、质量规制、服务创新等内容，国内也有较多研究，但关于服务业碳排放等主题，短期内也难以成为服务业政策的核心内容。

二　一般分析框架与产业异质性

（一）一般分析框架

从前一节已有的研究结果中可以看出，制约现代服务业发展的因素可能是多样的，是多方面因素共同作用的结果，既有要素方面，包括人力资本供给、科技支撑、基础设施、信息技术、金融等；也有产业层面，包括产业竞争程度、在空间集聚及与制造业等产业融合关联等（见表 3 - 1）。影响产业需求的则包括政府服务外包、公共服务供给、规制环境，还有市场规模等。除了这些因素以外，市场化、城市化及全球化也可能对要素、产业及需求产生影响。

如果说上一部分已有的研究视角比较宏观综合的话，从一些细分产业领域来看，则又表现出个性化特征。下文我们将以电子商务为例进行考察。20 世纪 90 年代后，随着全球互联网的普及应用，兴起一波电子商务发展热潮。电子商务的巨大潜力为许多人所熟识，而各国间电子商务发展水平存在巨大差异，电子商务发展的影响与决定因素成为研究的热点。从研究视角看，有的研究从微观的个体层面，有的研究从企业层面，还有的研究从更为宏观的国家制度和文化背景层面进行分析。

表 3 – 1 阻碍现代服务业发展的因素

要素环境	市场需求
人才缺乏	政府服务外包少
科技支撑薄弱	公共服务不足
基础设施不足	产品与质量规制缺乏
信息产业滞后	缺乏统一市场
缺乏金融支持	
产业动态	其他
垄断	信用环境不佳
企业能力缺乏	市场化程度不够
创新能力有限	城市化进程有限
不能集聚发展	全球化影响
关联产业不充分	

个人和组织决策有关的认知是一个常见的视角，既有的一些理论与方法被拓展和应用。电子商务是一种新技术，技术接受模型（TAM）是最常见的分析方法，该模型认为意图决定行为，而意图受观念的影响，观念主要涉及对有用性、易用性和风险的认知，这三个被认为是影响消费者接受电子意图最重要的因素（Palvia，2009）。认知的有用性和实际使用直接相关（Klopping，2004）。从消费者角度看，缺乏对电子商务潜在好处的充分认识和知识，低技能和缺乏信任都影响电子商务的扩散（Kshetri，2007）。风险因素被特别强调，为了降低风险预期，被信任是电子商务成功的关键，三个因素影响信任，包括企业的能力、善意和一致性（Murphy，2003）。

还有许多研究，基于企业层面的分析，涉及企业规模、技术标准、企业能力、调整成本等。中小企业实施电子商务需要长期投入，而且受制于资源和能力的更多限制，中小企业接受电子商务要滞后于大企业，大的影响因素有高层管理支持、是否是跨国企业和政府是否支持 B2B（Wang，2009）。技术标准及选择也很重要，成功的电子商务所需的技术标准结构对于促成自动化交易也是重要的（Albrecht，2005），两个企业组织方面的因素，即技术兼容性和运营能力影响电子商务的成功（Kaefer，2004）。电子商务存在多种技术选择，包括虚拟市场和组织间系统技术，如电子数据交互系统（EDI），而且市场存在不同的形态，如可以区分为竞争性和关系性，不同技术对不同市场渗透的影响受某些权变因素的影响，包括产品形态、市场结构和市场信息（Easton，2003）。企业应用电子商务购买和销售的决定因素并不一致，不确定性和调整成本是最重要的（Hollenstein，2008）。

电子商务是一个国际性现象，但国家间存在巨大差异，另一些研究则从国家文化、法律、制度等方面进行分析。国家文化对于消费者行为会产生巨大影响，会影响对有用性、使用便利、信任及使用意图的认知。在中国文化背景下，不确定的规避和长期取向都对信任和使用意图产生影响（Yoon，2009）。在亚洲，个人关系在企业中是重要的，而匿名的在线关系会威胁既有的人际关系网络（Jennifer 等，2003）；许多中国公司不愿采纳技术，避免政府能够确定它的财务状况（Foster，2004）。对于转型经济来说的问题和挑战，包括基础设施、技术和实用技术知识的可及性等（Lefebvre 和 Lefebvre，2002）。由于对隐私和安全的关心，缺乏电子商务法律保障，也是重要因素。开放网络环境内在是不安全的，加密经常是唯一有效和低成本的确保隐私和通信安全的手段。对加密产品在一些国家的出口限制，抑制了电子商务全球扩散（Torrubia，2001）。

可见，影响电子商务发展的因素是多样而且复杂的，这些因素又与表 3-1 所概括的有一致性，但同时也表现出很大不同，特别是在企业维度及个体认知维度方面。

结合以上相关研究，如图 3-1 所示，产业发展是一个动态的社会过程，即行为主体，包括企业、政府和社会，利用各种生产要素，提供产品和服务，满足经济社会需求。除了企业之外，政

府和社会也可能是服务的提供者。例如，医疗健康服务，可以由
政府公立医院提供，也可以由政府购买私立医院来提供，事业与
产业间的边界是模糊的。从许多产业发展演化历史看，社会个人
和 NGO 也可能是重要提供者，这方面比较典型的代表就是福特汽
车和苹果电脑的问世，在相当程度上，是个人兴趣与尝试的结果。
产业发展的过程，可能表现为多种形态，或者推出新产品与服务，
或可能提供既有产品与服务，但组织过程更有效率，都是创新活
动的结果。产业发展是在一定的空间范围内发生的，包括区域与
城市，因此，不能忽略空间的影响因素。社会文化影响不容忽视，
产业发展最终是要满足经济与社会需求的，还需要考虑社会价值
观的变化。

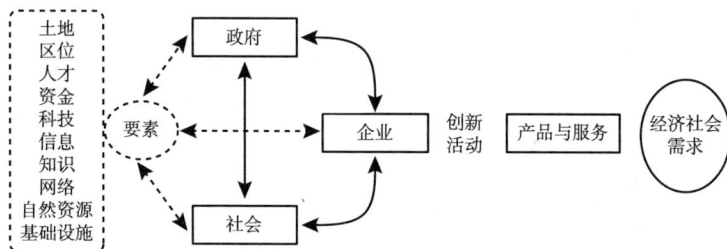

图 3 - 1 产业发展的"火箭"模型

如上所述，影响现代服务业发展的因素是多样的，是各方面要
素相互作用的综合结果，具体而言，涵盖生产要素、企业、产业组
织、用户、市场、政府和社会文化等七个方面，各个维度都可能出
现制约产业发展的情况，也可能是各因素相互作用方面存在问题。
因图 3 - 1 已经列示了细分的生产要素维度，其他几个方面的细分
维度，如表 3 - 2 所示。图 3 - 1 和表 3 - 2 就是我们对企业调研时
及分析后面各章时参照的框架①。

---

① 在实际企业调研中，除了参考该框架，我们还留有开放问题，让访谈对象自己
去谈他们感觉最重要的制约问题，从结果看也没有超出该框架的范围。

表 3 - 2　影响产业发展部分要素维度展开

企业	产业组织	用户	市场	政府	其他
企业规模	产业竞争	需求	市场规模	服务外包	治安与秩序
产权	空间集聚	认知	统一市场	公共服务	社会文化
治理结构	产业关联	风险偏好	市场化	规制	信用环境
企业家		技能	全球化		法律
企业能力		购买力	城市化		
一致性					
善意					
转换成本					
技术标准					

（二）产业异质性

既然阻碍产业发展的因素很多，那么不同的产业在这些维度上表现都相同吗？如果相同，意味着可以采用普适的政策，如果不同，则意味着要采用差异化政策。可以肯定的是，不同产业部门间有共性，但也存在巨大差异，前面的介绍也已经明确了这一点。如欧盟创新调查早已表明，知识密集型服务业和其他服务业在创新强度方面表现出巨大差异。Soete 和 Miozzo（1989，2001）可能是最早对服务业进行分类的学者，他们区分了四种类型的服务，即供给主导的部门、规模密集型的物理网络（如信息网络）、以科技为基础的提供商和专业化提供商。这种分类承认并非所有服务业都是由供给主导的，呈现不同的创新模式。国内一些研究也注意到产业差异，如任英华和邱碧槐（2010）揭示不同行业空间集聚程度存在差异，提出需要区别对待。国内也开始有研究，着重于研究现代服务业中一个或几个细分领域，如李琪等（2011）对现代服务业中电子商务发展战略的研究。

从欧盟政策实践看，早期的创新调查是普适性的，但从 2005 年欧盟启动了部门创新观察（Sectoral Innovation Watch）[①]，以支持

---

①　参见 Andreas Reinstaller and Fabian Unterlass，2008，"Sectoral Innovation Watch Synthesis Report"，Europe INNOVA paper N 8。

修改已有的政策，设计新的、个性化定制的政策。它的总体目标是使政策制定者和创新专业人士更好地理解当前欧洲部门创新动态，识别主要驱动力、新兴市场及企业层面组织变革、技能要求、结构变革和制度变革的特别要求。部门创新观察第一阶段（2005～2008年）的结果表明，国家与部门间存在巨大的差异，部门间创新程度与绩效的差异是一个根本问题。从后面几章对电子商务、创意产业和旅游业的情况看，表明不同产业间有共性，但同时表现出相当大的差异性及个性特点。欧盟支持服务业创新政策与工具项目（European Policies and Instruments for Supporting Innovation in Services，EPISIS）[①] 关于服务业分类的工作组也强调服务间的巨大差异，研究结果表明，可从产业特性、无形程度、服务对象、生产与消费同时性、与客户互动程度、劳动/信息/知识密集程度、标准化程度、持续/分散交易等维度对服务分类，据不完全统计，分类方法超过60种（Kuusisto等，2011）。因此，一个很大的挑战，是如何处理这种不同类型服务业间的差异及探索不同的方法（Tether，2004）。

虽然有些因素，可能会对所有产业都产生影响，如城市化进程、市场化影响要素能否自由流动等。但既然产业有差异，有些因素可能对特定产业的影响更强或更弱，影响制约不同产业发展的因素结构就可能不同，互动关系还需要研究（Thatcher，2006）。总之，产业差异意味着必须深入考察具体产业部门，政策需要针对产业差异及个性化需求，因此，第四章至第六章将分别对电子商务、创意产业与旅游业进行考察。

此外，Kuusisto等（2011）还提出了政策边界命题，即要将研究视角放在广义的背景下，如是否要延伸到关联产业、要素环境等。如果采取狭义的做法，将只集中于所讨论产业的特定环节；如果采取广义的做法，将涉及很多利益相关方。在本书的处理中，我们也将视产业实际情况需要，对这个问题采用较为灵活的权变处理原则。

[①] 　关于该项目组的具体介绍见第七章第五节的第一部分。

第四章 电子商务——细分
产业部门之一

一 电子商务的发展与特征

20 世纪 90 年代中期，互联网在商业领域的普及应用大大促进了电子商务的兴起。电子商务的一些特性依赖互联网，了解互联网的起源与简要历史有助于我们认识互联网及电子商务的特性，此外，也有助于了解产业发展与政策背景，因此我们先简要考察互联网发展简史。

（一）互联网的兴起

互联网起源于美国①。20 世纪 60 年代末，世界还处于冷战格局中，当时的美国军事命令系统通过一个回路与主机相连。如果核战争爆发，其中某一环节遭到破坏，可能导致整个命令系统受到影响进而影响导弹升空。为了避免这种情况的发生，当时提出了一个解决方法，即可以建造一个有很多连接的分散"网络"，有多个路径可以传递信息，网络某个部分出现问题时，可以自动寻找其他路径传递信息。这项研究得到了美国国防部高级研究计划署（Advance Research Projects Agency，ARPA）的资助。第一个计算

---

① 关于互联网起源与早期发展历史，许多著述都有涉及，包括克里斯·弗里曼等（2004）、Afuah（2001）等，本段内容在已有研究及资料基础上梳理。

机互联网络于 1969 年建成，即 ARPAnet，当时包括斯坦福大学和加州洛杉矶分校的 200 台电脑相连。ARPAnet 的关键技术，是成功开发了一种网络协议，即网络数据传输控制程序，包括远程登录以及远程文件传输和电子邮件，使不同的计算机系统互连。

但 APRAnet 并非是当时唯一的计算机互联网络。早期计算机成本高昂、稀缺，分散于不同的地点，对它们之间通信能力的需求也在增强。大的公司，主要是金融与保险机构，也建立连接其分支机构的计算机网络。当时大部分是回路连接，也有网络化连接的。IBM 等公司那时也在开发可互相连接的商用通用网络，美国国防部等认为这项研究很有必要，为其提供研究资金与技术支持，ARPAnet 的相关技术得以向民间公布。

在一个更小层次上，办公室内计算机网络出现于 20 世纪 70 年代施乐公司在硅谷的研究中心（Palo Alto Research Center，PARC）。在那里施乐公司开发了第一台高速打印机，为了充分利用它，需要将其与在同一栋建筑内的若干计算机相连，于是 1972 年以太网（Ethernet）技术诞生，接着施乐公司以很低的价格将其对外授权，并通过 IEEE 开发产品标准，大大促进了公司计算机网络，即局域网扩散。

由于 APRAnet 并非对所有大学和机构开放，于是 1979 年一些机构发起成立了计算机科学网（CSnet），1982 年和 APRAnet 相连，网络开始互连。进入 20 世纪 80 年代，互联网技术已经渐趋成熟，TCP/IP 协议（传输控制协议/互联网协议）产生，解决了数据传输和地址识别问题，许多企业也搭建起使用该协议的网络。工作站/服务器系统技术的发展扩散，也促进了网络的发展。1983 年，APPA 被分成民用和军用网络，使军用计算机和不断增加的民用计算机分离。美国国家科学基金委（NSF）于 1986 年建立 NSFnet，以连接美国 6 个超级计算中心。在它的鼓励下，很多大学、政府资助的研究机构甚至私营的研究机构纷纷把自己的局域网并入 NSFnet 中。1990 年，APPAnet 关闭，大量流量转向 NSFnet，后者彻底取代了 ARPAnet 而成为互联网的主干网。

1991 年，万维网（World Wide Web）技术问世，极大地方便了人们在网络上获得信息资源。网络上的资源可以有全域统一的资源标识，资源可以通过网页比较直观地表示出来，而且资源之间可以在网页上互相链接，通过超文本传输协议传递。由于美国国家科学基金委对商业活动并不感兴趣，NSFnet 最初采用严格限制使用的政策，到 20 世纪 90 年代早期，互联网还主要限于学术研究领域共享巨型计算机和相互交流通信。

随着互联网的商业潜力开始显现，美国在线等也开始为商业用户提供互联网连接服务。到 20 世纪 90 年代，个人电脑已经得到很大普及，有联网需求的还包括大量个人用户。1995 年，当美国国家科学基金委将其 4 个主要网络接入点的控制权移交给 4 个公司时，互联网的核心架构转由私人部门控制。同年，微软 Win95 桌面操作系统及网景公司的网络浏览器问世，使上网的可视化及方便性程度大大提高。这些都促进了 20 世纪 90 年代中期大量工商企业与个人联网的兴起，互联网开始爆发式发展。

从互联网演化历程可以看出，全球计算机网络的不断相互连接形成互联网。它有许多特性，首先是一种无处不在、消除时间局限的信息媒介，其他还包括网络外部性、销售渠道、减少信息的不对称、无限虚拟容量、低成本、创造性的破坏、减少交易成本等（Afuah 和 Tucci，2001）。正是由于互联网的这些特性，它改变了基本商业环境和经济规则，许多基于互联网的电子商务企业应运而生。

（二）电子商务的发展

人们通常会认为互联网电子商务是在 20 世纪 90 年代中期开始发展的。但此前，一些互联网服务或应用已经出现，如电子邮件最早于 1971 年产生，还有论坛、网络游戏、网络聊天等。从产业形态来讲，从 1994 年美国互联网电子商务逐渐兴起至今，经历起伏，但大体来说可以分成两个阶段。前十年为早期阶段，即传统的电子商务发展阶段。从 2005 年前后至今，为第二阶段。

在早期阶段，经历了一个发展的浪潮，1994 年后创立了许多互联网电子商务企业。20 世纪 90 年代中后期涌现的互联网电子商务企业可分为三大类，第一类是技术及市场均较成熟的，如在网络零售、在线旅游及门户网站（包括搜索引擎）领域新涌现的互联网公司，如 Amazon、Yahoo 和 eBay 等。第二类是已有技术和业态的发展，如网络游戏、即时通信。第三类是技术已经取得重大突破，但产业影响还不是足够大的，如网络电话，到 2003 年 Skype 的出现，才开始对传统电信业产生重大影响，还有网络出版、网络电视、博客等。早期出现的电子邮件服务等，并未形成独立产业，而是作为基本服务之一，融合在如门户网站所提供的服务里。此外，一些传统厂商，如零售企业也建立网站，采用"鼠标 + 水泥"的模式，涉足电子商务领域。由于过于乐观的预期及投资，2000 ~ 2001 年互联网市场出现泡沫，相当一部分企业倒闭。电子商务经历了一段低迷期。随着市场的逐渐复苏，主要互联网电子商务企业的商业模式也更加成熟。

从 2005 年前后至今，随着技术与产业的发展、消费者日益成熟与需求提高，电子商务出现了一些新的趋势特征，包括互动、移动、宽带、融合等。第一，web2.0 概念出现。个人用户流量增速更快，用户为中心主导、创造和分享信息与内容成为重要现象，更高级的互动交流服务出现，如博客流行、Facebook 等社交类网站兴起。第二，移动化。1999 年日本电信运营商 NTT DoCoMo 推出 i-mode，标志移动互联网的出现。到 2007 年，苹果公司推出 iPhone，大大推动移动互联网的发展，传统互联网公司进入移动通信领域的速度与程度大大加深，Google 也于 2008 年 10 月推出了它为智能手机开发的操作系统软件 Android。随着 2008 年后 3G 业务在全球范围内更广泛的普及，移动互联网带宽的增加极大地促进了移动电子商务的发展。第三，宽带的增加。互联网带宽增加，也促进网络电视等业态发展。第四，产业融合。随着互联网深入融合更多的产业领域，传统互联网、电信、广播电视网络间的边界更加模糊。

就我们重点关注的互联网电子商务来说，它基于互联网平台，面向用户提供产品和服务。从前面的介绍分析，我们也可以看出它的若干特征。第一，互联网作为信息高速公路，本质上是一般技术系统，具有基础设施的特性，因此，可被用于广泛的目的，既用于娱乐或提高工作效率，也可以服务人们的生活。这也表现为电子商务与其他产业的高度渗透交叉，已渗透到经济社会的各方面，如制造业、批发零售及其他诸多服务业部门，跨多产业和多业务领域。第二，高度创新性。从电子商务发展历程中，也可以看出技术创新在其发展中的重要作用，是典型的技术驱动型产业，也是需求导向型产业，呈现高度的产业动态性。第三，依然高速成长。移动增值、网络游戏、网络出版等传统领域，随着移动互联网技术等的发展应用，继续创新拓展，同时，一些如SaaS、民生服务等新兴趋势领域也在快速发展，许多细分领域市场格局尚未最终成型。

（三）电子商务的态势

美国是电子商务率先发展且领先的国家，这部分我们仍将主要以美国为研究对象，从产业部门的角度，考察电子商务的发展趋势及特征。

1998 年，美国开始统计电子商务，其电子商务统计的对象分为四类，即制造业、批发、零售及所选择的其他部分服务业①。电子商务指标反映的是通过在线销售的产品和服务的价值，包括互联

---

① 各产业部门数据分别调查获取，调查采用不同的经济活动指标，如对制造业采用的是按出厂价值计算，批发和零售业采用的是销售额，而对服务业采用的是收益。因此，这些产业部门所采用的经济指标概念及定义有所不同，但不影响结论。统计的范围大约包括了 70% 的美国经济活动，不包括农业、采掘业、建筑业、非商人批发业等及大约 1/3 与服务相关的产业。

网和专用的网络运行系统，如 EDI（Electronic Data Interchange）。可见，美国电子商务的概念、内涵更为广义，并不仅限于互联网电子商务。

　　表 4－1 是美国电子商务的发展概要，从表中可以看出美国电子商务总体发展的几个特征。第一，总体呈不断增长态势。从所统计的四类对象而言，电子商务规模变大，在总量中比重也呈提高态势。2010 年制造业的电子商务化率甚至高达 46.4%，批发业近年也超过 20%。第二，零售及其他部分服务业占比不断提高但仍偏低。与总体规模快速增长相应，零售及其他部分服务业电子商务化率提高。如零售业电子商务的销售额占总销售的比重，从 2000 年的 0.9% 增加到 2010 年的 4.4%，所统计的部分服务业从 2002 年的 1.2% 增加到 2009 年的 2.3%。但相对来说，零售及其他部分服务业的电子商务化率是偏低的，两者在本行业部门销售额或收益中的比重均不超过 5%，零售和其他部分服务业电子商务在整个电子商务中的份额也还较低。

表 4－1　2000～2010 年美国电子商务发展概要*

单位：百万美元

		制造业出厂值	批发业销售额		零售业销售额	服务业收益
			不含 MSBOs	含 MSBOs		
2010 年	总量	4916647.0	4132327.0	5773411.0	3841530.0	1066928.0
	电子商务	2283412.0	833019.0	1421790.0	168965.0	255008.0
	百分比（%）	46.4	20.2	24.6	4.4	2.3
2009 年	总量	4419501.0	3699214.0	5157837.0	3627628.0	10776635.0
	电子商务	1891533.0	757752.0	1269069.0	145260.0	239250.0
	百分比（%）	42.8	19.7	24.6	4.0	2.2
2008 年	总量	5468093.0	4431775.0	6148518.0	3946406.0	6847460.0
	电子商务	2170818.0	767817.0	1353164.0	142297.0	146486.0
	百分比（%）	39.7	17.3	22.0	3.6	2.1
2007 年	总量	5338307.0	4174286.0	5888989.0	3999256.0	6782136.0
	电子商务	1879424.0	749607.0	1346308.0	138108.0	128425.0
	百分比（%）	35.2	18.0	22.9	3.5	1.9

		制造业出厂值	批发业销售额		零售业销售额	服务业收益
			不含 MSBOs	含 MSBOs		
2006 年	总量	5015553.0	3904209.0	5626482.0	3874085.0	6385748.0
	电子商务	1566799.0	688824.0	1208625.0	115075.0	103835.0
	百分比（%）	31.2	17.5	22.8	3.0	1.6
2005 年	总量	4742076.0	3613384.0	5255388.0	3690162.0	5945930.0
	电子商务	1343852.0	630153.0	1219257.0	92964.0	88404.0
	百分比（%）	28.3	17.4	23.2	2.5	1.5
2004 年	总量	4308971.0	3316409.0	4846078.0	3473568.0	5549297.0
	电子商务	996174.0	515159.0	10631665.0	74212.0	79974.0
	百分比（%）	23.1	15.5	21.9	2.1	1.4
2003 年	总量	4015081.0	2971817.0	4371003.0	3262978.0	5118706.0
	电子商务	842666.0	454511.0	960755.0	58255.0	64381.0
	百分比（%）	21.0	15.3	22.0	1.8	1.3
2002 年	总量	3920632.0	2835528.0	4162169.0	3128552.0	4900985.0
	电子商务	751985.0	382254.0	873180.0	45249.0	59959.0
	百分比（%）	19.2	13.5	21.0	1.4	1.2
2001 年	总量	3970500.0	2785152.0		3062267.0	
	电子商务	724228.0	332551.0	—	34608.0	—
	百分比（%）	18.2	10.0		1.1	
2000 年	总量	4208582.0	2814554.0		2983275.0	
	电子商务	755807.0	280492.0	—	27761.0	—
	百分比（%）	18.0	10.0		0.9	

＊制造业仅包括有雇员的企业，批发业中的 MSBO（Manufacturers' Sales Branches and Offices）指制造商自己的销售部门。2009 年后，由于服务业统计范围扩展，包括了公用事业等，所以绝对规模相比 2008 年突然变大很多。

资料来源：美国国家统计局（U. S. Census Bureau）。

　　零售及所选择统计的部分服务业大多属于 B2C（Business-to-Customer），主要依赖互联网进行，而制造业和批发业则大多属于 B2B（Business-to-Business），相当程度上依赖电子数据交换系统 EDI。下面我们考察历史数据比较全的批发业（不含 MSBOs）EDI 的份额[①]，如

---

①　制造业企业 EDI 数据不可得，仅有 2007 年后 MSBO（制造业企业通过自己分支机构批发）的数据，其目前总体水平和不含 MSBO 的批发业相似。

表4-2所示。从表4-2中可以看出，一个总体趋势是，EDI 的份额在下降，总体上，份额由 0.88% 下降为 0.71%。2000 年有些产业部门超过90%，如五金、装修和加热装备，而到 2010 年时，有些产业部门的 EDI 份额已不足 50%，如金属和矿（不含石油）。这也意味着，利用互联网相关平台的电子商务份额在不断增加。

表4-2 批发业（不含 MSBOs）EDI 的份额*

单位：%

年 份	2000	2001	2002	2003	2004	2005	2006	2007	2008	2009	2010
耐用品	0.87	0.86	0.86	0.85	0.85	0.84	0.83	0.81	0.78	0.77	0.76
摩托车和汽车	0.99	0.98	NA	0.98	NA	NA	0.96	0.95	0.93	0.91	0.92
家具和家装产品	0.84	0.80	0.77	0.81	0.84	0.86	0.88	0.87	0.86	0.88	0.82
木材和其他建材	0.96	0.86	0.88	0.88	0.88	0.88	0.88	0.85	0.84	0.85	0.83
专业和商业装备	0.71	0.71	0.73	0.72	0.74	0.72	0.70	0.67	0.65	0.67	0.67
计算机	0.69	0.66	0.67	0.70	0.73	0.73	0.69	0.66	0.65	0.68	0.68
金属和矿（不含石油）	0.88	0.80	NA	NA	0.69	NA	NA	NA	NA	0.45	0.41
电子产品	0.84	0.80	0.82	0.79	0.79	0.79	0.78	0.78	0.76	0.74	0.68
五金、装修和加热装备	0.98	0.93	0.83	0.77	0.73	0.77		0.74	NA	0.75	0.73
机械装备	0.83	0.83	0.69	0.64	0.65	0.58	0.56	0.46	0.41	0.38	0.39
其他耐用品	0.90	0.91	0.89	0.88	0.89	0.88	0.87	0.89	0.86	0.86	0.81
非耐用品	0.88	0.85	0.84	0.80	NA	0.68	NA	NA	0.66	0.67	0.67
纸及制品	0.66	0.65	0.58	0.54	0.51	0.48	NA	0.48	0.58	0.59	0.59
药品	0.93	0.90	0.89	0.88	NA	0.70	NA	NA	0.69	0.70	0.70
服饰等	0.88	0.87	0.93	0.92	0.90	0.92	0.90	0.89	0.87	0.85	0.86
杂货及相关产品	0.73	0.66	0.60	0.54	0.52	0.49	0.45	0.47	0.48	0.53	0.52
农产品原材料	1.00	0.91	0.83	0.77	0.74	0.71	0.68	0.75	0.76	0.79	0.77
化学及相关制品	NA	NA	NA	NA	NA	NA	NA	NA	0.51	0.53	0.51

年　份	2000	2001	2002	2003	2004	2005	2006	2007	2008	2009	2010
石油及石化产品	NA	NA	NA	1.00	NA	NA	NA	NA	NA	NA	NA
酒及饮料	NA	NA	NA	NA	NA	NA	NA	0.45	0.42	NA	0.43
其他非耐用品	0.84	0.81	0.80	0.76	0.76	0.74	0.73	0.70	0.61	0.63	0.60
总　体	0.88	0.85	0.85	0.82	0.81	0.75	0.74	0.73	0.71	0.71	0.71

＊NA（Not Available）表示因数据质量或对所调查公司数据保密等原因数据不可得。

资料来源：美国国家统计局（U. S. Census Bureau）。

二　中国电子商务实证调研

（一）　总体状况

1. 早期四大网络建设

中国互联网发展源于 1987 年①，最早也是在学术研究机构，从个人电子邮件的尝试应用开始的。1987 年 11 月，中国代表团受邀参加了在美国普林斯顿举办的第六届国际学术网络会议。与会期间，美国国家科学基金委对美国大学网（BITNET）和计算机科学网（CSNET）的电子邮件延伸至中国一事表示欢迎，向中方代表杨楚泉递交了书面欢迎信。

互联网的正式起步，开始于国家四大网络的建设。最早的一个网络是中关村地区教育与科研示范网络（National Computing and Networking Facility of China，NCFC），于 1989 年 10 月正式立项，11 月正式启动。NCFC 利用世界银行贷款"重点学科发展项目"中的一个高技术信息基础设施项目，由国家计委、中国科学院、国家自然科学基金会、国家教委配套投资和支持。项目由中国科学院主持，

---

① 本节关于互联网早期发展的信息来源于中国互联网信息中心的互联网大事记。

联合北京大学、清华大学共同实施。当时立项的主要目标是通过北京大学、清华大学和中国科学院三个单位的合作，搞好 NCFC 主干网和三个院校网的建设。1992 年 12 月底，清华大学校园网建成并投入使用，是中国第一个采用 TCP/IP 体系结构的校园网。1992 年底，NCFC 工程的院校网，即中国科学院院网（CASNET，连接了中关村地区 30 多个研究所及三里河中国科学院院部）、清华大学校园网和北京大学校园网全部完成建设。1993 年 12 月，NCFC 主干网工程完工，采用高速光缆和路由器将三个院校网互连。

在此网络建设期间，1990 年 11 月，中国的顶级域名 .CN 完成注册，从此在国际互联网上有了自己的身份标识。由于当时中国尚未实现与国际互联网的全功能连接，中国 CN 顶级域名服务器暂时设在德国卡尔斯鲁厄大学。1993 年 4 月，中国科学院计算机网络信息中心召集在京部分网络专家调研了各国的域名体系，提出并确定了中国的域名体系。6 月，NCFC 专家们在 INET '93 会议上利用各种机会重申了中国连入互联网的要求，且就此问题与国际互联网界人士进行商议，获得大部分到会人员的支持，对中国能够最终真正连入互联网起到了很大的推动作用。1994 年 4 月，NCFC 通过美国 Sprint 公司连入互联网的 64K 国际专线开通，实现了与互联网的全功能连接，从此中国被国际上正式承认为真正拥有全功能互联网的国家。1994 年 5 月，中国科学院计算机网络信息中心完成了中国国家顶级域名（.CN）服务器的设置，改变了中国的 .CN 顶级域名服务器一直放在国外的历史。

1995 年 4 月，中国科学院启动京外单位联网工程（简称"百所联网"工程），12 月，工程完成。其目标是在北京地区已经入网的 30 多个研究所基础上把网络扩展到全国 24 个城市，实现国内各学术机构的计算机互连并和互联网相连。在此基础上，网络不断扩展，逐步连接了中国科学院以外的一批科研院所和科技单位，成为一个面向科技用户、科技管理部门及与科技有关的政府部门服务的全国性网络，并改名为"中国科技网"（CSTNet）。

第二个网络，是中国金桥信息网（CHINAGBN）。1993 年 3 月，朱镕基副总理主持会议，提出和部署建设国家公用经济信息通信网（简称金桥工程）。1993 年 8 月，李鹏总理批准使用 300 万美元总理预备费支持启动金桥前期工程建设。1996 年 6 月，电子工业部作出《关于计算机信息网络国际联网管理的有关决定》，将"金桥网"命名为"中国金桥信息网"，授权吉通通信有限公司为互联单位，负责互联网接入单位和用户的联网管理，并为其提供服务。1996 年 9 月，国家计委正式批准金桥一期工程立项。9 月 6 日，中国金桥信息网连入美国的 256K 专线正式开通。中国金桥信息网宣布开始提供互联网服务，主要提供专线集团用户的接入和个人用户的单点上网服务。

1994 年 8 月，由国家计委投资、国家教委主持的中国教育和科研计算机网（CERNET）正式立项，这是第三个网络。该项目的目标是利用先进实用的计算机技术和网络通信技术，实现校园间的计算机联网和信息资源共享，并与国际学术计算机网络互联，建立功能齐全的网络管理系统。1995 年 7 月，CERNET 第一条连接美国的 128K 国际专线开通，连接北京、上海、广州、南京、沈阳、西安、武汉、成都 8 个城市的主干网 DDN 信道同时开通，并实现与 NCFC 互联。1995 年 12 月，CERNET 示范工程建设完成，该工程由中国自行设计、建设。1996 年 11 月，在德国总统访华期间开通了中德学术网络互联线路 CERNET-DFN，建立了中国内地到欧洲的第一个互联网连接。

1994 年 9 月，邮电部电信总局与美国商务部签订中美双方关于国际互联网的协议，协议中规定电信总局将通过美国 Sprint 公司开通两条 64K 专线（一条在北京，另一条在上海），第四个网络中国公用计算机互联网（CHINANET）的建设开始启动。1995 年 5 月，中国电信开始筹建 CHINANET 全国骨干网。1996 年 1 月，CHINANET 全国骨干网建成并正式开通，全国范围的公用计算机互联网络开始提供服务。

在这些网络建设的同时，也开始了一些网络应用。1994 年 5 月，中国科学院高能物理研究所设立了国内第一个 WEB 服务器。1994 年 5 月，国家智能计算机研究开发中心开通曙光 BBS 站，这是中国内地的第一个 BBS 站。1995 年 1 月，由国家教委主管主办的《神州学人》杂志，向广大在外留学人员及时传递新闻和信息，成为中国第一份中文电子杂志。

1997 年 11 月，中国互联网络信息中心（CNNIC）发布了第一次《中国互联网络发展状况统计报告》，截至 1997 年 10 月 31 日，中国共有上网计算机 29.9 万台，上网用户数 62 万，.CN 下注册的域名 4066 个，www 站点约 1500 个，国际出口带宽 25.408M。

2. 电子商务起步与发展

可以说，1998 年前是我国互联网电子商务的酝酿准备阶段，主要是网络基础设施建设及对应用的探索和试验。这一阶段的网络应用主要限于为小范围的高等院校、研究机构提供电子邮件服务。此后，随着互联网在全国开始进入公众生活，真正意义上的互联网电子商务正式出现。1998 年，门户概念兴起，克隆美国的雅虎模式，新浪、搜狐、网易几乎同步出现。2000 年 4 月 13 日，新浪率先在纳斯达克上市，网易、搜狐也先后上市。大约同期，当当网、卓越网、蔚蓝网等零售业电子商务网站也出现，还有阿里巴巴等 B2B 电子商务平台。1999 年 6 月，中国知网由清华大学、清华同方发起并建立，网络出版业出现。我国的电子商务企业多分布在经济较为发达的城市，如北京、上海、杭州等地，得益于这些地方商业环境良好，包括人口聚集度高、收入水平高、网络渗透率高及各种商务、交易、金融、物流和相关的综合服务发达等。2001 年初，中国移动开通短信服务，为困境中的电子商务企业带来希望。借助短信、彩铃、网络游戏等收费业务，新浪、搜狐等也相继开始赢利。经历了互联网泡沫洗礼之后，零售等电子商务得到了进一步普及，主流客户快速增长，市场规模增加，交易规模高速递增，品牌企业涌现。

2003 年，网络游戏开始盛行。年底，搜索引擎成为国内互联网市场上的新竞争热点，百度、雅虎、Google 占据国内搜索引擎市场的前三位。2005 年前后，Web2.0 也带来了一些新兴互联网服务形态。博客、视频、互动社区成为新一轮发展重点。土豆网、开心网是这一时期出现的有代表性的电子商务企业。2009 年中国步入 3G 发展的元年，经过一年多的建设，中国第三代通信网络为移动互联网的发展提供了良好的基础通信条件。继 iPhone 之后，苹果公司的 iPad 终端再次加快了移动互联网应用的发展。

目前，中国已经超过美国，成为全球互联网人数最多的国家。根据中国互联网络信息中心发布的数据，截至 2012 年 10 月底，中国网民数量突破 5 亿，达到 5.55 亿人，互联网普及率达到41.4%，高于全球 34.3% 的平均水平[①]。庞大的网民基数，也为电子商务企业发展创造良好的条件，表 4-3 为全球排名前 25 位的互联网企业，其中绝大部分是美国的互联网公司或其分公司，如 Google、Facebook 等，中国的百度、腾讯 qq、淘宝、新浪新闻中心分别排名第 5、9、11 和 16 位，已进入世界前列。但总体来说，相比美国还是存在明显差距。

表 4-3 2013 年 1 月全球网站排名 *

1 Facebook. com	2 Google.com	3 Youtube. com	4 Yahoo. com	5 baidu. com
6 Wikipedia	7 Windows live	8 Amazon. com	9 qq. com	10 twitter. com
11 Taobao. com	12 Blogspot.com	13 Google India	14 LinkedIn	15 Yahoo! Japan
16 新浪新闻中心	17 MSN	18 Google 日本	19 eBay	20 Яндекс
21 Bing	22 Wordpress. com	23 Google. de	24 Google. com. hk	25 ВКонтакте

* Alexa 排名数据可以每日更新，本表根据 2013 年 1 月 15 日访问更新，相比 2012 年 3 月的访问，腾讯 qq、淘宝、新浪新闻排名位次均提前了。

资料来源：http://cn.alexa.com/topsites/global。

———————

① 资料来源于中国互联网络信息中心发布的第 83 期《互联网发展信息与动态》。

从用户行为的角度考察，中国互联网用户相比于美国，一个重要的特征是在线音乐、即时通信、网络游戏等休闲娱乐类活动的用户比例高于美国，而在线购物、旅行预订等商业活动比例要低于美国（Angelova，2009）。

从前面的讨论也可以看出，电子商务是由许多细分产业领域组成。下面我们将重点讨论对其中若干电子商务细分领域企业的调研结果。

（二）实证调研1：钢铁行业第三方电子交易平台

我国是钢铁生产和流通大国，粗钢产量连续13年居世界第一位，2010年达到6.27亿吨，同比增长9.26%。除了电工钢等少数品种外，自给率均达到或超过100%。当前的交易模式，主要采取现货市场交易的方式，由钢厂直供给客户的比例仅占20%，超过70%都经贸易商倒手，全国贸易商有数十万。钢铁企业、贸易经销商、零售商等多种主体分散经营、各自为战。钢铁的物流费用由运输、仓储、管理等费用构成，其中运输费用占60%。钢材产品从生产到终端用户的流通渠道长，物流量是钢产量的5倍[1]。而发达国家已是先有订单再生产，即按需生产，实现零库存。

有效的市场组织方式，中间环节的减少，可能意味着更低的买价和更高的卖价，可以为买卖双方创造价值。钢铁产业销售规模以万亿计，十个百分点流通成本的节约，意味着上千亿的节约，这些节约的成本则可形成买方、卖方增加的利润。

借助电子商务，消除中间商，钢铁行业早在尝试。拥有"我的钢铁网"的上海钢联于2000年接入互联网，初衷就是想建立钢铁行业的第三方交易平台，但在实际运作的过程中发现不可行，半年后转型做信息服务。2011年6月登陆深圳创业板，成为中国

---

① 参见晏希会《钢铁物流产业的发展及前景展望》，2011。

钢铁行业首家成功上市的 B2B 网站。目前钢铁行业网站还有很多，做得不错的还有"报春网"等，但它主要也还是做信息媒介。

近几年，随着钢铁行业总体产能过剩，供大于求，产品库存效率低、销售不畅通，行业利润率下降，企业都在寻找新的赢利点。许多企业在积极尝试第三方交易的电子商务模式，意欲打造钢铁业的"淘宝"。但从实际的运行情况看，情况并不乐观，一些第三方电子商务平台已经关闭，另一些也在为出路困扰。

诸多第三方电子商务平台尝试不成功的主要原因在于以下多个方面的困境。第一，目前老板群体的特征。他们总体受教育年限不高，用网络的很少，思维观念上对网络不信任。而且，他们熟悉当前的现货交易体系下的交易规则，经过多年的积累，客户关系已相对稳定，习惯于电话、传真等信息沟通方式。第二，既有利益链格局阻碍。当前的交易模式，给许多买卖方回扣操作等提供有利条件，特别是在许多买卖方是国有企业的情况下，拿回扣是许多购销人员的利益所在。如果采用集中的基于网络的第三方交易平台，价格等信息更加透明，许多人会失去拿回扣的可能，因此，他们会抵制。第三，难以建立信任关系，这一点也最为关键。在网络平台上，如果双方以前没有打过交道，对方的诚信、货物真实性、资金安全等存在严重的信息不对称。大宗商品的属性特点，通常交易金额大，双方怕遭遇欺诈，对于安全性要求高。卖方也难以进入物流园区市场，以解决实物保证问题，因为钢铁大宗商品属性的特点是吊装、存储等物流成本高。在供给短缺时期还可以囤积，而现在供给充分，价格很平稳，难以靠市场囤积获利。卖方为了回避风险，通常会要求买方交大于 20% 的保证金，钱打到专用账户。钢铁行业交易的资金周转率通常不超过 5 天，也不可能像"淘宝"那样，在整个交易过程中至少有 7 天由"支付宝"第三方资金托管，解决双方诚信问题，确保产品交易安全。

（三）　实证调研2：去哪儿网

去哪儿网（Qunar. com）由庄辰超与戴福瑞（Fritz Demopoulos）于2005年2月共同创立于北京，是中国首创的旅游搜索引擎。

2003年12月，创立于1999年的携程在美国纳斯达克成功上市，并创下它3年来开盘当日涨幅最高的纪录，表明了国外资本市场对中国旅游业前景的信心，这引起已在美国工作的庄辰超等人的极大关注。于是他和好友开始讨论旅游业和中国市场，分析旅游业电子商务模式及可能的机会。

旅游业规模很大，旅游产品有一些特殊的属性，如"快速腐烂"。某航班座位在飞机起飞时还没有卖出去，价值就是零；同样，酒店房间某天没人入住，创造价值也是零。因此，旅游销售显得尤为重要。旅游销售通常又不涉及仓储、物流等环节，可以大规模数字化。到2003年，美国已有多种在线旅游电子商务模式：和携程一样的代理人模式，帮助航空公司或酒店等销售产品，收取佣金，但不承担卖不掉的责任，多卖多得；商人模式下，很多代理找航空公司和酒店谈判，包销一定数量的机票或房间，承担卖不掉的风险，但拥有定价权，可以任意打包，组装成别的产品再卖；还有"最后一秒钟"模式，对于机票和酒店，临近房间要失效或者航班要起飞，这个时候对于航空公司和酒店来说能赚多少就多少，价格可以相当低，需要消费者立刻做决定买单。传统上，由于客户分散，航空公司和酒店要支付大量佣金给代理人，由他们在各地帮助销售。互联网出现后，他们发现也可以建网站做直销，节约代理人的费用等。2000年开始，在美国开始出现航空公司和酒店大规模直销浪潮。旅游销售创新导致多种交易模式并存。同样的，酒店、机票有不同的价格，不同模式下价格差可能高达40%甚至更高。面对这种情况，到底该怎么订机票、订酒店才是最便宜或者最好的选择？消费者选择范围、时间成本、难度大大增加。

2003 年，创立仅几年时间的 Google，广告收入已经超过 9 亿美元，让人们重新认识搜索引擎的力量与价值。Google 收入中相当一部分来自旅游网站，但 Google 并没有特别关注旅游这一细分市场。于是，2003 年后，一种新的模式，即媒体模式逐步发展起来，帮助消费者解决这个问题。媒体模式就是把所有的信息收集起来，以后站在专家的角度做比较，给消费者节约选择时间。有一些新公司，包括和"去哪儿"模式相近的公司 Kayak 在 2004 年成立。在美国看到这些，庄辰超就和国内好友戴福瑞商量，有没有机会在中国也做这样一个公司。中国当时的情况，跟美国早些年一样，携程在线旅游做得比较好，还有相对比较小的竞争对手艺龙。他们看到未来中国和美国都是很大规模的市场，本质上不会有太大的区别，可能发展时间、形态、业务环境有一些区别。

随着 2004 年国内一些公司开始陆续推出在线旅游服务，提供中立、智能、全面的比较平台的作用日渐突出，庄辰超等决定创办"去哪儿"。首先开始考虑的问题是，"去哪儿"的产品策略是什么，到底解决消费者什么问题，什么最优先？第一，国内机票有哪些行程、有哪些航班及准点率、机型、谁的价格最便宜；第二，各城市里有哪些酒店、酒店价格、消费者评价、酒店的地理信息、酒店周边的设施和环境。锁定消费者这两大需求，即明确了服务产品的定位，接着就是产品开发。庄辰超与合作伙伴的经历和背景，使他们在技术与资金方面没有太大挑战。庄辰超熟悉搜索引擎技术，曾在美国工作，设计并开发世界银行内部网系统，此前还为许多知名公司效力，1999 年参与戴福瑞等人创立的当时著名的中文体育门户网站鲨威（Shawei.com）并担任首席技术官，鲨威获得了英特尔、IDG 和软银的投资，后于 2001 年被 TOM 集团以 1500 万美元收购。在合伙创办"去哪儿"前，戴福瑞加盟网易并担任商务拓展高级副总裁。所以，他们有一定的资本积累，熟悉行业情况。他们两人作为技术出身、有过大机构工作经验和创业经验的人，一开始就做出很好的商业计划书，吸引投资者。2006 年 7 月，著名硅谷风险投资商梅菲尔德（Mayfield）、金沙江创投（GSR）完成了对"去哪儿"的投资。

2005 年 5 月，"去哪儿"机票频道上线。启动整个产业链是"去哪儿"最大的困难和挑战，当时对于旅游垂直搜索而言，中国市场的成熟度和接受度低。国内绝大部分航空公司都不直销，代理人网站通常不具备在线交易能力，它们也没有动力建立网站在线直销。庄辰超他们找了很多业内人士，试图说服大家试试针对"去哪儿"的平台做一个在线营销的网站。直到 2005 年底才有第一个业内人士相信并尝试开了个网站，结果业务量快速发展。所以，"去哪儿"要做的很大事情，就是塑造整个产业生态环境。一定程度上，"去难儿"把很多合作伙伴带上了一条在线销售的道路，催生了国内的旅游直销市场。

去哪儿网提供在线旅游搜索服务，与携程、艺龙等在线旅游代理商不同，搜索模式决定它是一个信息平台，并不参与订单和支付，交易流程可以通过去哪儿网链接，回到信息来源的供应商网站完成。去哪儿网的供应商合作伙伴有航空公司、酒店、在线代理商等等，包括携程、艺龙等在线代理商。由于能将流量和客户直接带到合作供应商的网站完成最后环节，相当于给它们带去直接客源，所以，它的价值在于帮助航空公司等在更广泛的范围内寻找消费者，省略中间代理环节，降低销售成本；同时凭借其便捷、人性且先进的搜索技术，对互联网上的机票、酒店等信息进行整合，提供及时的产品价格查询和比较服务，提供专业、全面、中立且准确的信息，帮助消费者做更好的购买决策，将消费者引导到航空公司、酒店、在线供应商网站，从而帮助其直接实现 B2C 交易。在多家专业调研机构所发布的报告中显示，去哪儿网在各类别的在线旅游服务中，均被确立为中国领先的旅游媒体之一。"去哪儿"快速发展，也引来模仿跟随者，甚至曾出现恶意模仿者及钓鱼网站。

（四）实证调研3：网络零售

网络零售在互联网领先的美国率先起步，最早分别是以亚马逊为代表的 B2C 模式和以 eBay 为代表的 C2C 模式。经过一年的准备，亚马逊公司作为一个完全基于互联网的企业于 1995 年 7 月开始营业，图书是突破口，在其网站分类目录上，列出了超过百万种的图书。另一代表性公司拍卖网站 eBay 也于 1995 年创立于加利福尼亚州圣荷西，人们可以通过它在网络上买卖商品。由于互联网的便利、选择范围广泛、低交易成本，它们从创立之初，就取得快速发展。亚马逊 1997 年 5 月，以每股 18 美元的价格首次公开发行其 12% 的股份，到 1998 年底，其股价甚至突破 200 美元。其后，亚马逊公司开始销售 CD、影碟等，公司长期方向逐步公开化，并扩张到节日礼物市场领域，开始销售电子产品、玩具、小物品和游戏等。

电子商务概念引入国内也鼓舞了第一批新经济创业者。在网络零售领域，受亚马逊商业模式影响，20 世纪 90 年代末，国内涌现出当当网、卓越网、蔚蓝网等电子商务网站，eBay 模式则催生了阿里巴巴后来于 2003 年所投资的淘宝网。2004 年 10 月，阿里巴巴投资成立支付宝公司，以解决在信用体系缺失条件下买卖双方交易安全问题。作为目前中国主流的第三方网上支付平台，支付宝为中国电子商务提供了"简单、安全、快速"的在线支付解决方案。截至 2012 年 12 月，支付宝注册账户突破 8 亿，日交易额峰值超过 200 亿元人民币，日交易笔数峰值达到 1.058 亿笔。支付宝的出现与发展，大大推进了网上交易中间商淘宝网的发展，也促进了许多其他网络零售业企业的发展。

自 2004 年初正式涉足电子商务领域，京东商城始终坚持以纯电子商务模式运营，缩减中间环节，其一直保持高速成长，连续七年增长率均超过 200%。京东商城在 2008 年初涉足销售平板电视，并于 6 月将空调、冰箱、洗衣机、电视等大家电产品线逐一扩充完毕，完成了 3C 产品的全线搭建，成为名副其实的 3C 网购平台。

2010年11月，图书产品上架销售，实现从3C网络零售商向综合型网络零售商转型。当当和卓越也都从销售少量品类产品开始，不断扩充产品线，向综合性B2C迈进，它们之间的竞争大大加剧。为了提升服务水平，它们也都纷纷扩大线下仓库规模，在物流、仓储等方面投入大量的人力、财力。

零售业的电子商务既包括纯电子商务零售商，也包括采用"鼠标加水泥"的零售商，它们往往也采用多渠道销售。面对不断增长的新兴网购市场，应对新兴网络零售企业的冲击，传统的零售商也涉足电子商务，比较有代表性的是苏宁电器，其旗下的苏宁易购B2C网上购物平台，也已覆盖传统家电、3C电器、日用百货等品类，国美也推出库巴网。传统制造商如海尔，甚至一些出版社，也纷纷推出自己的网上商城，进军网络零售。一些金融企业，也依托庞大的客户与金融能力，涉足B2C电子商务，如建行推出自己的网上商城。

2005年后，网络零售的另一趋势，是专用性网站的出现。"红孩子"网站2006年开始创建，已经成为中国最大的孕婴妈妈购物网站。另一代表性公司凡客诚品则于2007年10月正式上线运营，从价值链定位看，其活动主要集中在服装设计及销售方面，占据微笑曲线高附加值的两端。凡客诚品涵盖男装、女装、童装、鞋、配饰、家居六大类，不同于卓越、当当或者京东商城，其产品都专注于服饰类。

2005年前后，Web2.0的到来，使互联网出现另一些新气象——互联网的个人时代到来了。其重要的特点是以用户为中心，充分激发用户的主动性与原创动力，表现为博客、互动社区等兴起。即使非纯粹的社交类网站，也很重视网络社区对用户的黏住作用，如淘宝网等。市场力量也向消费者一方转移，突出表现为近几年流行的网络团购。

2007年，苹果iPhone的面世，大大推动了移动互联网的发展进程。2009年中国步入3G发展的元年。智能手机终端性能整体不断提升，价格上却更加经济，加速了移动互联网的发展。移动互联网最早兴起于日本，以 1999 年 DoCoMo 推出的 i-mode 手机移动互联网服务为代表。DoCoMo 代表官方内容服务提供商向用户收取 9% 的佣金服务费，降低内容提供商的成本和风险，可使他们专心于生产并提供有吸引力的产品，这种支付方式被称为微型支付系统。后来移动终端发展，集成了无线 IC 卡技术，使得手机钱包成为现实。这样用户将无需带现金和信用卡、会员卡、电影和音乐会的门票，直接可以用集成了 IC 卡的手机订票，并在影院的自动售票机前用手机刷卡购票，还可以用手机购物。手机已变成不会丢在家中的信用卡，给生活提供很多便利。

根据 CNNIC 测算①，2012 年上半年各类互联网应用中，网上购物排名第 5，用户覆盖数 3.57 亿人，覆盖率 82.15%。在 2012 年上半年，我国通过手机接入互联网的网民数量达到 3.88 亿人，相比之下通过台式电脑接入互联网的网民有 3.80 亿人，手机成为我国网民的第一大上网终端。虽然半年规模增长 59.6%，但手机网上购物用户仅为 3747 万人，一定程度上受制于移动支付的限制。因在一定程度上与银联存在竞争关系，目前对于手机支付依然有许多约束。

此外，现行工商登记制度对电子商务业发展也造成一定制约，根据现行规定，每一个货物囤积点需要办理一个工商执照。对于京东商城这样的电子商务企业来说，仅在北京就需要办理 100 多个工商执照，增加了企业的成本和负担②。背后更深层次的原因，则是财税体制，即各地争取税源的结果。

三 国际电子商务政策

美国电子商务全球领先，不仅得益于其互联网的率先发展，也得益于其政策推动。认识到互联网革命性的力量及电子商务蕴涵的

---

① 中国互联网络信息中心第 83 期《互联网发展信息与动态》，《第 30 次中国互联网络发展状况统计报告》。

② 可参见《中国战略性新兴产业发展报告（2013）》。

巨大增长潜力，时任副总统戈尔领导了一个跨部门工作小组，用了18 个月时间，在广泛征询意见后，提出《全球电子商务框架》（*A Framework for Global Electronic Commerce*）以加速互联网电子商务的发展，1997 年 7 月 1 日克林顿正式签署颁发该文件。《全球电子商务框架》是美国电子商务发展政策的纲领性文件，有着全球性影响，在相当程度上也可以说，它构成了全球电子商务规则的基础，因此，我们先来考察它。

（一）美国的政策

美国的《全球电子商务框架》，提出了推进电子商务发展的五个指导原则。第一，私人部门发挥领导作用。第二，政府应避免对电子商务过多的限制。第三，在需要政府干预时，政府目标应支持和实施一个可预见、干预最少、一致和简明的电子商务法律环境。政府干预应当确保竞争、保护知识产权和隐私、防范欺诈、提高透明度、支持商业交易和促进争端解决。第四，政府应承认互联网的特性，即非集中化和自下而上的治理传统。第五，互联网电子商务应在全球范围推动，其作为一个全球市场，支持电子商务交易的法律框架在不同地方和国家都应当是一致的、可预见的。在这些原则的指导下，框架涵盖 9 个问题领域，包括税收、电子支付、一致商业法则、知识产权保护、隐私、安全、电信基础设施和信息技术、内容、技术标准，以确保互联网作为一个非规制的媒介，由竞争和消费者的选择塑造市场。同日签发面向互联网用户的文件中，号召一起努力到 1999 年底就框架所提出的问题达成全球共识，并签署必要的协定。美国具体的政策也基本围绕这些问题展开，归为资金、法律和市场进入三类。

1. 资金方面

（1）关税和税收。

由于自由贸易的好处，在过去几十年中，国家间通过谈判降低关税，而互联网是真正的全球化媒介，而且不同于传统实物产品，互联网缺乏清晰和固定的交易地理边界①。因此，美国政府主张对网上交易免征一切关税，不应增加新税种。此外，担心许多寻求新税源的国家可能会对全球电子商务征税，在一些国家征税、既得利益形成前，美国积极加快推动互联网免税环境。

在国内，1998 年 5 月，美国国会通过《互联网免税法案》（Internet Tax Freedom Act），10 月 21 日，克林顿签署了该法案。该法案期限 3 年，禁止州和地方政府对互联网访问、带宽、电子邮件等征税。2001 年和 2004 年分别延长两次，2007 年，法案的有效期再次延长 7 年到 2014 年。

在国际上，1998 年 2 月，美国贸易代表向 WTO 提交一份实现电子商务永久零关税的提案。同年 5 月，克林顿亲临世贸组织部长级会议，敦促各国支持美国的建议。尽管一些发展中国家存在种种担心，但 132 个成员国还是签署了《关于全球电子商务的宣言》（*Declaration on Global Electronic Commerce*），承诺 1 年内继续维持原有实践，免征互联网上信息传输和服务关税。虽然宣言还敦促制订一个全面的工作计划以考察所有与电子商务相关的贸易问题，但多年来由于各方立场分歧，并未达成一个永久免关税的协议，不过，由于现阶段互联网上传输信息征税技术并不可行，实践中关税豁免被暂时延期（郭鹏，2009）。

（2）电子支付。

由于商业和技术环境变化迅速，政府难以制定及时和恰当的政策，不灵活和过分规定并不合适，可能有害。因此，美国政府认为近期合适的做法是对电子支付的尝试进行个案监督。但长期来看，市场和产业界自身的自我规制可能并不充分，需要政府采取行动，确保电子支付系统的安全性。

2. 法律方面

（1）一致商业法则。

总体来说，在互联网上各方可以以其所认同的条款做生意，但

---

① 《全球电子商务框架》对每方面的政策立场和依据都有较清晰的说明，后同。

只有在支持商业交易的可预期和广泛接受的法律环境下，私人企业和自由市场才能够繁荣。因此，美国政府认为，鼓励电子商务的发展，政府应该鼓励简单和可预测、国内和国际一致的商业规则的发展，使其成为电子商务交易的法律基础，即政府应该支持能够承认、促进和实施电子交易发展的商业法律框架。市场各参与方应该界定和阐述治理商业交易的大部分规则，充分知情的买卖双方可以自由选择达成合同。

在美国，各州政府早已采纳《一致商业法则》（Uniform Commercial Code，UCC），美国一些机构也在私人部门参与下，将其修改以适用数字领域。联合国贸发会，也制定了支持电子商务的国际合同法律模板。美国支持它们的原则为各国采纳，作为国际电子商务交易规则的起点。具体来说，美国认为以下规则应指导全球电子商务的规则起草。第一，各方自由决定合同内容关系。第二，规则应该坚持技术中性和前瞻性，不偏向既有的某种技术，也不阻碍未来新技术的开发和适用。第三，除非在必需或对支持电子技术适用时，才会修订既有规则和采纳新的规则。第四，该过程也应让高技术商业部门和还未上线的企业参与。

在这些原则的指导下，1999 年 7 月，美国统一州法全国会议委员会通过关于电子记录和数字签名的《美国统一电子交易法案》（Uniform Electronic Transactions Act of the United States），并建议在各州实施。2000 年 6 月，美国国会通过《全球和国内商业法中的电子签名法案》（Electronic Signatures in Global and National Commerce Act），使得电子签名与书面签名具有同等法律效力。国际方面，美国敦促联合国贸发会、国际商会等组织，制定其他模板条款和一致的基本原则，用于消除规制和管理方面的障碍，促进电子商务发展。具体内容包括，第一，鼓励政府承认、接受和促进电子通信；第二，鼓励一致的国际规则，以支持接受电子签名和其他认证过程；第三，推动其他充分、高效和有效的全球电子商务终端解决机制。

（2）知识产权保护。

电子商务经常涉及知识产权销售和授权，卖者需要知道他们知识产权没有被盗，而买者也需要知道获得的是正宗产品。虽然，技术可以帮助防止盗版，但建立清晰和有效的版权、专利和商标保护的国际协定也是必需的，以防止欺诈和盗用知识产权，案发时可以提供充分的法律资源。

保护知识产权已存在一些国际性协定，世界知识产权组织（WIPO）于1996年12月通过《版权公约》（*Copyright Treaty*）和《表演与音乐公约》（*Performances and Phonograms Treaty*）。这两个协定都包括技术保护、版权管理等条款，允许协定国设计适用于数字领域的新的免除和限制条件。为了实施这两个新的协定，美国起草立法，1998年10月，美国正式发布了《数字千年版权法案》（*Digital Millennium Copyright Act*）。

在专利保护方面，美国政府甚至对商业方法创新通过授予专利等给予积极的鼓励与保护。传统上，商业模式创新在各国是不能得到专利法保护的，而自1998年美国State Street Bank & Trust Company 对 Signature Financial Group 一案判决后，商业模式被广泛认为在美国是可以申请专利的。商业模式专利在美国被归入商业方法（Business Method）专利类（Class 705），以软件工程为基础、与一定的技术有关是这类专利的一个重要特点。1999年，美国国会在发明者保护法案中增加条款，以保护那些最初不相信其商业方法可以获取专利，而后来这些方法被其他公司申请了专利的公司。不仅是美国公司，日本、法国、德国等公司，也已经在美国为它们的商业方法创新申请专利。知识产权还包括商标和域名使用问题，冲突可以通过谈判和司法解决，美国政府政策立场是促进以契约为基础的自律体制发展来解决潜在冲突，以创造更加稳定的互联网商业环境。

（3）隐私。

美国人重视隐私，将其视为个人自由和福利的一部分，而隐私和信息自由流动间有矛盾，信息收集、使用、即时传输如果管理不当，可能会导致无隐私可言。因此，美国政府认为，确保隐私很关键，只有在隐私权和信息流动得到较好平衡时，全球信息基础设施才会繁荣。

在 OECD 的《关于个人数据隐私和跨界流动的治理原则》（*Guidelines Governing the Protection of Privacy and Transborder Data Flow of Personal Data*）基础上，1995 年，美国信息基础设施任务组（IITF）的隐私工作小组发布《隐私和国家信息基础设施：提供和使用个人信息的原则》（*Privacy and the National Information Infrastructure：Principal for Providing and Using Personal Information*）报告，提出一组关于隐私的原则，以治理信息时代的信息收集、加工、存储和再使用。

隐私原则主要包括建立在认知和选择基础上的公平信息原则，即数据收集者应该提醒消费者，他们在收集何种信息、使用该信息的意图、将采取何种措施保护信息、提供或保留信息的后果及他们所能拥有的权力。隐私原则强调信息隐私、信息一致和信息质量。具体来说，第一，个人对接触和使用其个人信息的合理隐私预期应该被确保；第二，个人信息不应被不合适地修改或扭曲；第三，对其所提供和使用的目的而言，个人信息应该准确、及时、完整和相关。

其他一些联邦政府部门也在具体的产业背景下研究隐私问题。如1995 年 10 月，国家电信和信息管理局（National Telecommunications and Information Administration，NTIA）发布《隐私和国家信息基础设施：保护电信相关的个人信息》（*Privacy and NII：Safeguarding Telecommunications-Related Personal Information*），建议在提醒和同意框架下的自愿选择。

由于儿童缺乏认知能力和隐私观念，美国政府也特别关心关于他们的信息使用问题，认为应该由他们的父母决定是否允许收集其子女的个人信息。政府还敦促产业界、消费者和儿童保护组织，利用技术、自律和教育等方式，提供针对特定危险和便于父母选择的解决方案。为了保护儿童的在线隐私，1998 年出台了《儿童在线隐私保护法案》（*Children's Online Privacy Protection Act*）。

隐私是许多国家都关心的问题，政策不同可能会阻碍信息自由流动。从具体的国际谈判中可以看出，美国政府的立场是，倾向于在隐私原则指导下，私人部门通过自律和技术来解决隐私问题。政府也支持私人部门在这方面的努力，以实施有效、消费者友善、自由规制的隐私框架。如果私人部门不能通过自律和技术来解决隐私问题，政府将会更多地直接干预。

（4）安全。

如果互联网用户的通信和数据可以未经授权访问或修改，用户就不可能在互联网上进行商业活动，因此，互联网必须安全可靠。安全的信息基础设施要求通信网络安全可靠，能有效保护与网络相连的信息系统，通过有效手段保证电子信息安全，免受未经授权的使用，训练良好的用户，知道如何去保护他们的系统和数据。

由于并不存在某一种特别神奇的技术可以确保信息基础设施安全可靠，需要综合利用多种技术，包括加密、认证、密码控制、防火墙等。此外，特别重要的是支持数字签名，以便用户知道对方的真实身份，签名和证书都依赖密码技术。美国政府鼓励自愿的、市场驱动的安全管理基础设施的发展，以支持真实、一致和可靠的电子商务环境发展，也和 OECD 等合作以推动可预测和安全的全球电子商务环境。

为了推动电子商务所需要的高度安全需求，政府已经采取行动，和产业界合作推动市场驱动的标准、公共密匙管理和加密恢复技术等发展，以及放松对商业化加密产品的出口。如商务部标准技术研究所（NIST）1997 年 6 月发布 FIPS 140 - 1 标准，确定软件加密框架，美国政府当月还规定，今后凡与政府部门联系业务的机构和公司只能采购支持 FIPT140 - 1 标准或其他类似标准的加密产品（袁勤俭，1999）。

3. 市场进入方面

（1）电信基础设施和信息技术。

全球电子商务基于现代、无缝的全球通信网络，以及与之相连的计算机和信息应用。真正的市场开放将导致竞争，改善通信基础设施，导致更多的选择和改善的服务。但许多国家电信政策阻碍了发达数字网络的发展，对于客户而言，电信服务昂贵、带宽有限、服务不可得或不可靠，同时许多国家限制信息技术进口，商人和客户难以买到所需的计算机和信息系统。为了消除这些障碍，1994年3月，美国副总统戈尔在世界电信大会（World Telecommunication Development Conference）上阐述美国认为应该构成政策基础的四个原则，包括通过私有化鼓励私人部门投资；在垄断的电话市场推动和保持竞争，确保低价互联，对外国投资者开放，实施反垄断；保证对网络非歧视性的开放接入；由独立规制者实施促进竞争的灵活规制政策，以适应技术变革。美国政府的目标，就是要确保在线服务提供者能以合理和非歧视性的条款达到终端用户，关心的领域包括线路租赁、当地接入定价、网络互联和非绑定、设备联网、互联网语音和多媒体等。

在国内，1996年，《电信法案》出台，全面放松对电信业市场准入、价格和业务范围的管制。美国成功在 WTO 的基础电信谈判中取得成功，在提供基础电信服务方面的全球竞争，不会有新的规制障碍。1997年3月，WTO 成员国达成消除几乎所有信息技术关税的《信息技术协定》（*Information Technology Agreement*）。《相互认证协议》（*Mutual Recognition Agreements*，*MRAS*），消除对单一产品的多次认证。

（2）内容。

美国政府主要关注四个优先领域，即对内容的规制、国外内容配额、广告管理和防止欺诈。关于内容规制，美国政府支持最大可能的信息跨国界自由流动，包括商业企业、学校、图书馆、政府和其他非营利实体创造的信息。政府与主要贸易伙伴通过非正式对话方式，确保各国的努力不构成新型非关税壁垒、不限制内容。不应对互联网广告过度限制，但要有措施保障儿童免受不良广告侵害。美国政府也探索国际合作机会，以保护消费者和防止欺诈。

新的技术可以使孩子避免接触敏感信息或限制访问特定网站，因此，在有效过滤技术可得时，传统的对广播和电视的规制政策将不适用于互联网，不必要的规制会阻碍互联网的发展和内容多样性。基于以上原因，美国政府支持产业界自律、采纳竞争性的分级系统和开发易于使用的技术解决方案，包括过滤技术和年龄认证系统，以帮助筛查在线信息。

（3）技术标准。

由于互联网需要来自不同厂商和服务商的协同工作，技术标准很重要，标准也会促进全球市场竞争和降低不确定性。在电子支付、安全服务基础设施、电子版权管理系统、视频或数据会议、高速网络技术、数据交换等领域，标准应该能够确保可靠、相互兼容、易于使用和可规模化，以确保全球电子商务成长。

但技术变化很快，如果政府尝试确立技术标准或过早确定标准，可能会锁定过时的技术，阻碍技术创新，技术标准也可能被用作非关税壁垒，排除非本土企业。因此，美国政府认为，技术标准和其他协同机制应由市场而非政府决定，政府指定电子商务技术标准并不明智和必要，也不认为需要单一的标准。在有些情况下，可以有多个标准相互竞争，另一些情况下，不同标准适用于不同的情况。美国通过政府间组织监测，支持私人部门成为全球技术标准的领导，如利用不同的谈判平台，反对将标准作为自由贸易壁垒的做法。

总体来说，与容易引起争议的直接财政和金融扶持政策相比，美国政府电子商务政策，更侧重于制定规则，若赢得制定电子商务规则的主导权，有利于将该领域的现有优势转化为永久优势（梅育新，1999）。

（二）日本与欧盟的政策

1. 日本

可以说，日本的电子商务政策在相当程度上是在效仿美国。1996 年它也专门成立了推动机构，即下一代电子商务促进委员会（Next Generation Electronic Commerce Promotion Council of Japan）[①]。但进入 21 世纪，其电子商务发展是在信息社会战略背景下提出的，先是 e-Japan，到 u-Japan，再至 i-Japan 战略，对于改善基础设施条件、促进电子商务发展起了重要的促进作用。

（1）e-Japan 战略。

2001 年 1 月，日本负责推动先进信息和通信网络社会的 IT 战略总部（IT Strategic Headquarters）成立，首相领衔，成员包括所有内阁部长及 8 个非政府专家。为了使日本在 2005 年成为世界上最发达的 IT 国家，它随即提出了 e-Japan 战略（e-Japan Strategy）[②]。e-Japan 战略提出 5 个优先的政策领域。第一，建设世界上最发达的信息与通信网络，为所有人提供低成本接入服务，采用 IPv6 协议的超高速骨干网络。第二，推动人力资源开发、教育与学习。第三，通过放松管制，为涉及电子交易和保护消费者的新规则立法，推动电子商务发展。第四，推动数字化管理，即在公共领域推动 ICT 技术的运用，实行电子政府。第五，确保先进信息和通信网络的安全与可靠，推动保护个人信息。日本在这 5 个政策领域分配资源，目的是要推动适应于 21 世纪的新价值及产业创造力，同时，政府要创造一个环境，让更多人连接到安全、用户友善的高速网络，使用新服务和享受各种内容。

在政府支持下，日本产业界努力构建一个能够实现 3000 万家庭高速及 1000 万家庭超高速互联网连接的环境。2003 年初，第一

---

① 已完成其历史使命，于 2010 年 3 月解散。
② 即 IT Strategy Headquarters，"e-Japan Strategy"，January 22，2001。

阶段 IT 战略目标实现，但实际应用率比较低，2003 年时，公立学校的互联网接入率仅为 29.2%。2003 年 7 月，e-Japan 战略 2（e-Japan Strategy II）发布，第二阶段重点向应用扩展，战略重点包括医疗服务、食品、生活方式、中小企业融资、知识、就业和劳工、公共服务 7 个领域，以实现"活力、放心、激动人心和更便利"的社会。这 7 个领域的进步为政府所支持的私人部门所驱动，每个领域都有详细的实施计划。

2004 年 2 月，日本政府采纳了 e-Japan 战略 2 加速方案，包括所谓的 ABCDEF，以加速实施，到 2005 年实现日本全球最发达的 IT 国家的目标①。A（Asia），指在亚洲的国际 IT 战略，即亚洲形成共同的 IT 基础，如电子护照，构建安全和低成本的网络基础设施。B（Block and Back-up），指强化安全措施。C（Content），指推动已有内容的利用，探索互联网作为内容提供的方式，强化内容生产基础，构建政府内容数字数据库并扩展它的用途等。D（Deregulation），指推动 IT 规制改革，倡议要求以电子形式存储记录文件，推动 IT 在医疗领域如医疗信息方面的电子存储应用。E（Evaluation），指对结果的评估，包括对政府措施评估，形成"计划—执行—审查—行动"的周期。F（Friendly e-Government and e-Local Government），指友好的电子政府及电子地方政府，推动政府雇员的电子沟通，对进出口和港口的一站式服务，让更多初创的 IT 公司加入电子政府过程等。2004 年 3 月，政府申请、通知及其他手续，电子化率为 96.1%，出台安全政策的地方政府有 80.9%。

2004 年 6 月，e-Japan 优先政策项目 – 2004 形成②，包括两个部分。前者为最后的方案，即确保 2005 年目标实现，具体来说，包括 e-Japan 战略 2 加速计划中政策发展与实施及进一步推动在 7 个前沿领域的 IT 应用。后者为预备方案，为 2006 年及以后的目标

---

① 即 IT Strategy Headquarters，"e-Japan Strategy II"，February 6，2001。

② 即 IT Strategyic Headquarters，"e-Japan Priority Policy Program – 2004"，January 19，2006。

充当起步作用，中长期的政策被放在一个更优先的位置。除了前面的 5 个优先政策领域，一些更一般的前沿问题被界定，如加强研发、建立新的以 IT 为中心的国际关系、消除数字鸿沟、解决由社会经济系统变动引起的问题。

随着 e-Japan 战略的贯彻实施，效果逐步显现，如宽带的普及和低连接费用，从 2001 年 3 月至 2004 年 8 月，高速宽带用户数量由 85 万增加到 1690 万，增加了近 19 倍，费用由 7800 日元下降到 2500 日元，约为原来的 1/3，宽带基础设施的目标基本实现。

（2）u-Japan 战略。

日本社会面临许多要解决的问题，包括在出生率下降和人口老龄化的社会复兴经济、环境、健康服务、交通运输、能源、就业机会、公共安全等。解决这些问题，ICT 被寄予很高期望。无处不在的网络技术逐步应用到实际和通用的领域，如智能家用电器、食品和药品追踪系统以确保食用安全。为了到 2010 年实现无处不在的网络社会，即下一代 ICT 社会，日本于 2006 年，推出 u-Japan 一揽子解决方案①。

u-Japan 中的 u 不仅是指"无处不在"（ubiquitous），而且是指"普适"（universal）、"用户导向"（user-oriented）和"独特"（unique）。"无处不在"指可在任何时间、任何地方（anytime，anywhere，by anything and anyone）连接，被任何人和物，包括人对人、人对物及物对物，甚至那些我们从未认为可能会成为通信装置的东西。"普适"指用户友善，能为任何人所用，消除了年龄、位置、语言的障碍，实现心对心的沟通。"用户导向"基于用户的视角，为用户便利着想，使数以亿计的用户既是消费者，也是生产者。"独特"指全新的社会，消除统一和标准化，能发挥个人的创造性和活力，实现更具创造性的商业方法和服务，让

---

① 即 IT Strategyic Headquarters，New IT Reform Strategy-Realizing Ubiquitous and Universal Network Society where Everyone Can Enjoy the Benefits of IT，January 19，2006。

整个社会及各地充满活力。

u-Japan 战略，包括三个方向，首先是建立无处不在的网络。过去基础设施的发展，主要集中于有线连接，在 u-Japan 计划下，全国范围无处不在的无缝网络环境将被建立，其中人们接受服务，但无需意识到网络是有线还是无线，结果 ICT 网络被整合渗透到人们日常生活的各个方面。这个方面的目标是到 2010 年，100% 的人口能够进行高速或超高速网络接入，消除了数字鸿沟。

其次，是加强 ICT 应用。用于解决各种社会问题，支持还未信息化的领域，如人口老龄化。ICT 应用于加强社会和商业、物流系统的改革，以及推动电子政府和电子市政。推动内容的创造、交易和使用，创造有吸引力的内容，创造与使用数字资料，增强日本的软实力。用于解决环境与能源、灾害预防系统、健康服务等，加强 ICT 人力资源开发。这方面目标到 2010 年，80% 的人口能欣赏 ICT 在解决社会问题方面的角色，数字内容市场规模增加 2 倍，老年人上网的数量增加 3 倍，ICT 领域的专家增加到 150 万人。

最后，是改善用户的环境。随着 ICT 逐步渗透到人们的生活，对个体隐私的担心、干扰和信息安全变得更为突出。为了解决这些负面影响，必须采取全面和具体的措施来改善用户环境。找出无处不在的网络社会中 10 类（如保护隐私、信息安全、电子商务基础设施、非法有害内容等）100 个负面影响，识别出其中 21 个突出的问题并制定战略加以解决。这方面的目标是 80% 的人口对 ICT 应用感到舒适。

围绕上面三个基本点，u-Japan 旨在实现 ICT 深入渗透到人们的生活，通过创造性应用，实现新的价值创造。作为政策的一部分，内务部还征询日常生活中或企业解决广泛问题的 ICT 服务系统的案例，编辑 u-Japan 最佳实践。2007 年度，编辑了 48 个案例，用案例提高公众的认知。从入选者中，挑选 5 个最好的，授予 u-Japan 最佳生活方案、最佳商业解决方案奖。

（3）i-Japan 战略。

2009 年 7 月，日本又发布了"i-Japan 战略 2015"[①]，旨在创造一个用户驱动、充满生机的数字社会，实现数字包容与创新。该战略的愿景，包括两个方面。第一，是要创造一个社会，其中数字技术就如同空气和水一样为人们所接受，创造一个渗透经济和社会领域的数字包容环境，丰富人们的生活，加强人们之间的联系。第二，数字技术和信息将导致数字创新和经济及社会方面新的活力，其中个人和社会作为一个整体，可以使用这种活力进行自发式的创造和创新，产生新的价值。实现该愿景的视角也包括四个新视角，即数字技术易于使用，打破数字技术使用的障碍，确保安全性，以及在经济社会扩散数字技术和信息以创造一个新的日本。

该战略首先聚焦于三大领域，即电子政府、健康保险与健康、教育与人力资源。在电子政府方面，要点包括两个方面，第一，在以前计划的基础上，确立计划、实施、检测和行动结构（Plan-Do-Check-Action，PDCA），创造实施电子政府的结构，如设立首席信息官等。第二，全面扩展国民电子信箱（National e-PO Box）2013年确立并与社会保障号/卡集成，以便于使用既有系统，提供一站式的管理服务和使政府更加透明。健康领域方面，要点有两个。第一，解决乡村地区医生短缺问题，具体措施包括使用远程医疗技术，维持和增强医生和其他人员的技能，实施局域间医疗设施协作。第二，实施日本人的电子健康计划（Japanese HER）。减少医疗错误，提供全生命周期的治疗，使用电子处方和药品销售商信息，使用匿名的健康信息用于流行病防控目的。教育与人力资源方面，要点也是两个。第一，管理在教室中使用的数字技术，提升儿童学习意愿、学术能力和使用信息的能力，也意味着要提高教师使用数字技术的能力及建立使用数字装备如电子黑板等易于理解的教

---

① 即 IT Strategic Headquarters，"i-Japan Strategy 2015—Striving to Create a Citizen-Driven，Reassuring & Vibrant Digital Society Towards Digital Inclusion & Innovation"，July 6，2009。

室。第二，开发稳定和连续的高技能数字人力资源。

该战略的第二方面，是要使地方社区充满活力，并培育新的产业。要点包括使用数字技术和信息转变所有产业的结构，并使地方社区重新具有活力，以及增强日本产业的国际竞争力。措施包括设立中小企业商业基金，推动绿色 IT 和智能交通系统（ITS），在地方经济设立新的企业类型，增加远程工作者数量，创造新的创意市场。

i-Japan 战略的第三方面，是数字基础设施的发展。这方面强调支持所有领域数字技术的应用和推动增长。具体措施包括建立宽带基础设施（移动网络超过 100Mbps，固定网络超过 1Gbps），确立信息安全保障，推动数字基础技术的发展，发展数字信息传播和利用基础设施。

从产业实际发展情况看，日本移动电子商务率先在国际上成功突破。在 20 世纪 90 年代，日本移动电话市场成长很快，近于饱和。三大运营商间激烈的竞争，导致来自单位用户的平均收益（ARPU）呈下降趋势。它们在 90 年代中后期，纷纷寻求新的收入来源。而同期计算机互联网及电子商务的快速发展，让它们看到可能的市场发展方向。1999 年，日本三大运营商 DoCoMo、KDDI 和 J-Phone 分别推出了手机移动互联网服务。如果说日本移动互联网产业的启动主要是市场行为的结果，那么其随后的迅猛发展，日本政府从 e-Japan 到 u-Japan 再至 i-Japan 的战略，对于改善基础设施条件、促进应用起到了重要的作用。

2. 欧盟

欧洲有较强的信息技术传统，万维网、移动电话的 GSM 标准、MPEG 数字内容标准和 ADSL 等技术均在欧洲发明。但横向比较，甚至在一些全球领先的领域，欧洲也有丧失优势的危险。其移动通信的成功也未延伸到移动互联网领域，欧洲宽带落后于日本和韩国。在互联网应用服务方面，新的互联网公司为美国公司主导。2000～2005 年，欧洲出台了《电子欧洲行动计划》（eEurope

Action Plan)①，重点是建设高速互联网连接，以刺激高级应用和服务的发展。

2005 年 6 月，欧盟委员会提出《i2010 战略》②，以推动欧洲在 ICT 领域的领导地位，并释放 ICT 对欧洲增长和就业的潜力③，具体政策领域有以下三个方面。

第一，推动对企业和用户的一体化市场。欧洲有 5 亿消费者，但市场分割、阻碍规模经济，不利于消费者和企业，需要给消费者更多选择，使其改进透明度。欧盟政策发力于消除规制障碍，确保公平竞争和各国规制的一致性。如在移动通信领域，欧盟出台两项关于欧盟公共移动电话网络的规定 Regulation （EU） No. 717/2007 和 （EU） No. 544/2009。2009 年 5 月发布的《电子指导手册》（eYou Guide）是另一重要步骤，它以通俗的语言解释欧洲适用于在线领域法律，赋予消费者更多力量。电视也是变革的重点领域，积极推动数字广播和移动电视。基于"原创国原则"，内容原则方面达成共识，出台《视听媒体服务法令》 （Audiovisual Media Service Directive，2007/65/EC），为新的视听服务开辟道路。在 EU Media 项目下，从 2007~2013 年，欧盟以预算 7.55 亿欧元的资金，帮助欧盟电影和内容国际化。

第二，刺激欧洲 ICT 研究和创新，维持技术优势并将其转变为竞争优势。在欧盟第 7 框架和 CIP 项目下，用于 ICT 研发和创新的预算资金超过 100 亿欧元。充分利用公共部门和私人部门的投资，并聚焦于欧洲已经或可能成为全球领导的领域，如防止汽车发生交通事故的电子稳定控制（ESC）。在主要的产业发展方面，如微电子和纳米电子、健康和道路安全，欧盟资助的研究起重要作用。

---

① 主要由 2002 年和 2005 年两个行动计划构成，前者侧重促进连接上网，后者侧重于在公共和私人部门利用宽带提供在线服务，主要利用第 6 框架等项目的资金。

② 即 "i2010-A European Information Society for Growth and Employment"，COM （2005） 229 final。

③ i2010 战略的 i 指代信息空间 （Information Space）、创新与研发投资 （Innovation and Investment in Europe） 及包容性 （Inclusion），具体政策领域也与之相应。

第三，确保公民从欧洲领先的 ICT 中受益，特别是通过顶级的对所有人可及的在线公共服务。i2010 战略第一次包括一些解决与人口挑战有关的项目，旨在表明 ICT 能够改善居民的生活质量，如电子健康。电子政府是另一个领先的政策领域。i2010 还提出三个生活质量旗舰行动，Ambient Assisted Living 项目旨在帮助解决人口老龄化问题；智能汽车项目于 2006 年启动；2008 年推出了 Europeana，它是欧洲多媒体在线图书馆、博物馆和文献库，有超过 300 万份资料。

i2010 战略被设计为欧洲信息社会和媒体政策领域的战略性框架，并取得多方面成效①。2005～2008 年，经常性互联网用户由 43% 增加为 56%，绝大部分使用高速连接；超过一半的家庭和 80% 的企业有固定网络连接；高速连接被转化为更高级的服务，80% 的经常性用户，使用交流、在线金融服务、共享和创造新的内容并参与创新过程；移动电话渗透率超过 100%，全球最高；漫游费价格下降超过 70%；在提供和使用标杆化的在线公共服务方面，约 1/3 的公民和 80% 的企业使用电子政府服务。ICT 政策日渐成为主流，这也被认为是 i2010 的主要成就之一，成员国已经认识到 ICT 对生产率增长及对实现广泛的社会经济目标方面的潜力。i2010 已经为所有成员国实施，有些国家的政策领域比较综合，有些更为具体，如宽带、电子包容、电子健康、电子学习和电子商务等，如芬兰提出 2010 年实现无处不在的 1M、2015 年 100M 的网络连接。从国别情况看，在 2005 年 i2010 被采纳后，各国推出第一波计划，几乎所有国家的计划都体现了 i2010 的目标，最近开始第二波。第一波各个国家的宽带战略，强调 100% 可及，第二波强调宽带。一些新的战略领域，超越了宽带、电子政府和数字图书馆领域，有些国家开始强调绿色 IT、电子权力、法律问题、数字文盲等领域。

虽然取得很大进展，但在 7 个方面依然存在不足，包括网络投

---

① 参见 "Europe's Digital Competitiveness Report"，COM（2009）1103。

资不足、缺乏兼容、网络犯罪上升与低信任、数字市场分割、缺乏技能、R&D 不充分、应对社会挑战的努力分散等。2010 年，欧盟发布《新的数字日程》（*A New Digital Agenda for Europe*）[①] 以系统解决这些问题，创造一个世界级的基础设施，释放互联网作为增长和开放创新、创意和参与的潜力。具体行动领域包括 8 个方面，即数字单一市场、兼容与标准化、信任与安全、高速互联网接入、研究与创新、增强数字技能与包容性、ICT 应用于社会领域、国际化。在实施方面，强调在欧盟层面成立协调组，并和成员国、欧洲议会等利益相关方密切联系，监测进展等。

　　缺乏大的内部统一市场，是欧洲相比于日本和美国很大的一个劣势。这是制约欧洲电子商务发展的重要原因，目前欧盟还在为 2015 年实现数字化的单一市场努力。因此，欧盟电子商务发展水平，依然滞后于美国。即使是日本，在电子商务发展方面也落后于美国，如表 4－4 所示，欧洲诸国和日本最频繁访问的网站和美国几乎相同，主要由美国公司主导。

表 4－4　2013 年 1 月若干国家排名前 5 的网站 *

国家	1	2	3	4	5
丹麦	google. dk	facebook. com	google. com	youtube. com	ekstrabladet. dk
德国	google. de	facebook. com	youtube. com	amazon. de	google. com
法国	google. fr	facebook. com	google. com	youtube. com	live. com
芬兰	google. fi	google. com	facebook. com	youtube. com	iltalehti. fi
瑞典	google. se	facebook. com	google. com	youtube. com	aftonbladet. se
英国	google. co. uk	facebook. com	google. com	youtube. com	amazon. co. uk
美国	google. com	facebook. com	youtube. com	yahoo. com	amazon. com
日本	yahoo. co. jp	google. co. jp	fc2. com	amazon. co. jp	youtube. com

　　* 本表根据 2013 年 1 月 18 日访问更新。
　　资料来源：http：//www. alexa. com/topsites/countries。

---

　　①　即 "A Digital Agenda for Europe"，COM（2010）245。

从前面对美国、日本和欧盟电子商务相关政策框架的介绍，可以看出，美国虽然名为电子商务政策框架，但内容广义，实际涉及多个方面，日本和欧盟的 ICT 政策也大体没有超出美国政策框架的范畴。三者具有许多共同点，包括加强基础设施①，政府促进自由和公平竞争的管制，积极发挥私人部门在满足公共部门需求方面的供给作用等。当然，日本与欧盟的政策，也有自身的一些特点，可以弥补各自短板。如积极发挥政府的作用，以实现单靠私人部门无法完成的目标，包括电子政府的实现、消除数字鸿沟、基础技术的研究开发，欧盟还要解决单一市场的问题。从政策发展态势看，也有趋同之势，包括高层统一的领导协调、强调绿色 IT、社会包容等。

四　制造与批发业 B2B 电子商务发展再讨论

（一）问题的提出

从表 4 – 1 对美国电子商务基于产业部门的考察分析表明，2010 年其所统计的制造业通过电子商务销售产品的比重高达 46.4%，批发业为 24.6%，远高于零售和服务业的水平，而且从电子商务销售构成看，它们的份额约占 90%，零售和服务业只占约 10%。也就是说，美国批发等行业流通环节电子商务化程度更高。

物流成本高是我国行业流通环节的突出问题，近年来，中国社会物流总成本相当于 GDP 比重的近 18%，远高于发达国家 8% ~ 10% 的水平②。电子商务可以帮助消除中间商，有助于降低流通成本，为此，2009 年商务部发布《关于加快流通领域电子商务发展的意见》，但成效有限。我国零售与服务业的电子商务已有较大发

---

① 2009 年，美国新任总统奥巴马宣布构建更新的全国宽带网络等。
② 参见陈德铭《物流费用占 GDP 比重较高　成本有减半空间》，《经济参考报》2012 年 3 月 8 日。

展，如前面对钢铁行业的分析表明，制造和批发业 B2B 电子商务则严重滞后。既然电子商务对于降低行业流通环节成本，提高流通效率很重要，而且美国也有成功先例，为什么我国制造和批发业 B2B 电子商务难以得到发展，需要什么条件，该如何破冰？

如第二章对已有电子商务研究的介绍表明，有关电子商务发展制约因素的研究较多，视角包括个体认知、企业规模、技术兼容、制度、文化、基础设施等。已有研究表明制约电子商务发展的因素多样而且复杂，发展中国家使用电子商务的障碍，包括经济的、社会政治和认知的，而且政策制定者面临许多挑战，社会政治方面比技术障碍更难以克服（Kshetri，2007；Braga，2005）。但较少有研究分析不同行业间电子商务化水平的差异，影响电子商务发展各因素的互动关系也还需要研究（Thatcher 等，2006）。行业流通环节的电子商务发展，本质上依赖电子商务企业的出现，而商业模式是其关键，而且商业模式作为一个系统性概念，可以分析多因素综合及互动关系。下文我们将首先从商业模式的视角，结合已有研究，探讨行业流通环节电子商务发展所需的条件。

（二）理论分析

行业流通环节的电子商务，主要指通过 EDI 或互联网等信息网络进行的销售活动。涉及的基本行为主体，是市场交易的买卖双方，我们先考察在第三方市场交易的情况。从买卖双方角度看，交易过程通常分为四个主要阶段，分别是搜寻、交易、运输、资金结算等。搜寻主要是考察有无自己所需的产品品类；交易，即下单成交；运输，指成交后将产品运输到买方指定的地点；资金结算是买方将货款支付给卖方，当然部分货款也可能在交易后、运输前先支付了。有的交易还涉及售后，鉴于我们关注的重点是流通环节，特别是制造和批发商的电子商务销售，主要涉及 B2B，因此，不考虑售后环节。

商业模式是企业价值创造的基本逻辑，即如何为客户提供产品及服务，并为自身获取收益。在第三方市场交易情况下，客户就是买卖双方。在交易过程中，从典型买者角度看，无论是个人消费者还是企业客户，在电子商务交易方式下，首先关心的是是否有其所需的产品品类与数量。就产品品类而言，价格、质量及交易风险是其所关心的主要方面。相对于传统的现货交易方式，买者期望更低的价格，产品质量有保证，风险低，产品能够及时、顺利送达指定地点，不被欺诈。从演化视角看，路径依赖也是重要的（Lefebvre，2005），选择电子商务的方式交易，还意味着放弃原有的现货交易，存在转换成本，涉及 IT 设施投资、行为习惯的改变等。因此，单个典型买主对电子商务交易的需求，与这些因素间的关系，可以用以下函数表示：

$$d = d(p, q, r_d, t_d) \qquad (4-1)$$

其中，p、q、r_d，t_d 分别代表价格及买方预期的产品质量、风险和转换成本。对于既定的产品品类，显然相对低的价格、高质量的产品、安全、转换成本低，在电子商务条件下交易的动机越强烈。由于意愿直接决定行为，因此，买方需求可以用 4-2 式更具体的函数关系表示，即买方需求与预期质量成正比，与价格、风险和转换成本成反比。

$$d = q/pr_d t_d \qquad (4-2)$$

对于典型卖者，其关心的主要问题则是价格、安全，此外，卖方也涉及转换成本，因此，卖方供给函数，可用 4-3 式表示，其中 p、r_s、t_s 分别表示价格及卖方预期的风险与转换成本。

$$s = s(p, r_s, t_s) \qquad (4-3)$$

通常来说，就某种产品品类，电子商务市场上交易的价格越高，风险越小，转换成本越低，则卖方愿意在电子商务方式下进行交易的意愿越强。在第三方电子商务市场交易方式下，卖方可能还要支付一定比例的交易佣金给第三方电子商务平台提供商。如果佣

金费率用 i 表示，则典型单方卖方的供给函数，可以用 4 - 4 式具体函数关系表示：

$$s = (1 - i)p/r_s t_s \qquad (4 - 4)$$

就某种产品品类，如对买方来说存在供给，对卖方来说存在需求，供需平衡时的成交量 T 则如 4 - 5 式所示，其中 n、m 分别表示买者和卖者数量，nd 为买方总需求，ms 则为卖方总供给。

$$T = nd = ms \qquad (4 - 5)$$

第三方电子商务交易市场，除了买卖双方，还涉及独立的第三方电子商务平台提供者，其商业模式可行，不仅要能为买卖客户双方创造价值，还要为自己获取利润，即收益高于成本。交易平台建立和运营需要成本，就其收入来源来说，可能是交易佣金或广告，交易佣金是最基本的，而且广告与佣金通常也存在正相关关系。为简化分析，我们只考虑交易佣金情况，交易佣金依赖实际的交易量与佣金费率。在既定费率情况下，则要求交易量 T 必须达到一定的规模，取得的收益才可能会高于成本 C，即第三方平台的商业模式可行要求：

$$iT > C \qquad (4 - 6)$$

将 4 - 2 式、4 - 4 式和 4 - 5 式代入上式，可得：

$$inq/pr_d t_d = im(1 - i)p/r_s t_s > C \qquad (4 - 7)$$

4 - 7 式是第三方电子商务交易平台提供者商业模式可行的必要条件。4 - 7 式中，i 高时，会降低交易量，其综合效益要依具体情况定。根据 4 - 7 式，我们也不难分析得出有利于第三方电子商务交易平台提供者商业模式可行的四个确定性条件，即①预期产品质量高；②预期风险低；③转换成本低；④买卖方数量多。但这四个条件又进一步受其他因素的制约与影响。

下面我们将进一步考察有哪些因素会影响有利条件的实现。有用性、易用性和风险的认知是影响接受电子商务意图最重要的因素，缺乏潜在好处的充分认识和知识，低技能和缺乏信任都影响电子商务的扩散①。我们认为电子商务潜在好处、技能与转换成本密切相关，IT 技能与经验值高则转用成本较低的电子商务交易方式。转换成本高低是相对潜在收益大小而言的，电子商务潜在收益体现在消除中间商、帮助在更广泛范围内寻找买者或卖者等方面，单笔交易产品的价值高，潜在收益也可能更大。

除了企业是否值得信任，产品标准化程度也会对产品质量预期产生重要影响。产品的标准化构成了产品质量的基础，产品是否标准化影响质量预期，标准化程度越高，产品质量预期则越积极。信任是社会行为的前提，特别是涉及重要决策时，而熟悉是信任的前提（Gafen，2000）。但许多时候，第三方电子商务交易方式下，对买卖对方并不熟悉，因此，产品标准化程度对认知行为产生的影响就显得特别重要。

关于风险预期，除了第三方等相关行为主体值得信任外，概括起来还有三个因素会降低预期风险。首先是良好的法律环境。法律和实施质量、债权人权益能否得到保障与电子商务的扩散水平直接相关，缺乏法律保障或实施不力，会增加欺诈的可能，增加交易成本（Ndubizu 等，2002）。其次，信息基础设施可靠安全。由于对隐私和安全的关心，而且开放网络环境内在是不安全的，所以，信息基础设施的可靠安全，即数据传输过程不会出错、安全性高很重要。最后，运输条件便利。即物流系统便捷、高效和安全，能够将物品及时可靠送达。美国电子商务的率先发展，受益于其发达物流体系（Thatcher，2006）。

再看转换成本，除了与潜在好处认知及技能高低有关，还与IT 技术设施投资高低及企业所有制性质有关。转型经济的问题和挑战，包括基础设施、技术和实用技术知识的可及性等（Lefebvre，2002）。企业应用电子商务，调整成本是最重要的制约因素之一

---

① 这些既有结论在第三章的电子商务已有研究综述中已说明，此外将直接应用。

（Hollenstei 和 Woerter.，2008）。调整成本涉及 IT 技术设施投资。支撑企业电子商务交易的 IT 技术设施投资低，则调整成本也会较低。电子商务会威胁既有的人际关系网络，可见利益集团阻碍也是重要原因，我们认为私营企业家比国有企业管理者更有动力去消除这方面的障碍。

　　再看买方和卖方的数量。在既定市场空间的买方和卖方的数量越多，则促成交易的可能性越大，两个因素会增加潜在买方和卖方的数量。第一，市场空间范围大。显然，市场空间范围越大，潜在买方和卖方的数量越多。第二，买方和卖方的密度高。

　　综上可知，影响四个有利条件的因素可概括如表 4 - 5 所示。可见，除了既有研究强调的企业规模、个体认知、制度、基础设施和市场大小等因素外，还依赖产业与产品特性方面的因素，包括产品标准化、单笔交易价值高低等。

表 4 - 5　驱动条件的诊断树分析

有利条件	影响因素		
	企业与个体特性	产业与产品特性	制度、市场及基础设施
预期产品质量高	企业值得信任	产品标准化程度高	
预期风险低	企业值得信任		法律环境良好
			信息基础设施可靠安全
			物流系统高效安全
转换成本低	IT 技术设施投资低	交易产品单笔价值高	私有企业比重高
	技能与经验值高		
买卖方数量多			市场空间范围大
			买卖方密度高

　　表 4 - 5 中各类因素间，有的会交叉影响，如交易产品单笔价值高低，不仅影响转换成本，也影响风险预期。价值越高，购买和销售者越会关注风险，因为如果被欺诈，损失越大，越可能超出承受范围。因此，在既定的法律、基础设施、市场范围条件下，行业的电子商务化水平，则在相当程度上会取决于产品标准化程度、单

位交易价值高低等行业特点，即低风险时，行业产品标准化程度高，单位交易价值高，电子商务化水平会更高。

上文讨论的是通过第三平台电子商务交易的情况，那么，对于非第三方交易，即直销方式来说，影响因素也基本相同，分析也可以得出同样的结论。直销模式下，如通过 EDI，与第三方交易方式的主要区别是企业间直接的数据相连，双方可选择性下降，潜在收益会减少，但由于企业间数据系统连接常发生在熟悉的企业间，风险会降低，综合效应怎样，则视具体情况而言。

（三）经验证据

分行业电子商务统计数据，目前可获得的只有美国。从 1999 年起，美国开始发布电子商务统计数据，大约涵盖了 70% 的经济活动，分制造、批发、零售和服务业四大类及其部分细分行业。由于数据获取的限制，对前文理论分析结果进行系统计量检验并不可能。但美国既有数据，可以揭示行业间电子商务化率的差异及演变态势，支撑上一部分的分析结果。

美国各类产业总体电子商务化率，制造业最高，2010 年高达 46.4%，批发业为 24.6%，远高于所统计的零售业的 4.4% 和服务业的 2.3%。为什么服务业总体最低？通常来说，不同于有形物质产品，服务具有无形性、生产和消费同时、需要客户互动参与、不可存储等特性。这些特性决定服务标准化程度低、质量难以事前判断、服务单位价值低、潜在的益处有限，加之，服务需求的即时特性，通常无法及时运输传递给其他地方，因此服务业电子商务化率总体最低。但有少量服务产品，标准化程度高，也容易传输，那就是信息品。美国所调查统计的细分服务业电子商务的发展构成变化态势也表明这一点，如表 4－6 所示，旅游安排及预订服务，证券、期货和中介，出版业（包括软件），计算机系统设计在发展早期份额较高，2000 年分别为 16.6%、15.2%、12.7% 和 9.5%。旅行安排及预订服务也是最早实行大规模电子商务化的，1998 年电子商务化率就高达 13.4%，远高于其他产业通常不足 1% 的水平。这得益于它所销售的机票及酒店客房等就是服务消费权的凭证，是信息品，可以大规模数字化，而且旅游分销公司也都早有很多 IT 设施，转换成本也很低。

表 4 - 6　美国统计的部分服务业部门电子商务构成 *

单位：%

产业＼年份	2000	2001	2002	2003	2004	2005	2006	2007	2008
运输仓储业	9.9	10.5	8.3	8.6	8.4	6.3	6.4	7.4	6.0
#货车运输	3.1	3.6	5.8	6.6	6.8	5.5	5.6	6.6	5.8
#邮政/快递	6.6	7.0	2.2	1.8	1.3	(S)	(S)	(S)	(S)
#仓储	(S)	(S)	(S)	(S)	(S)	0.7	0.7	0.8	(S)
信息业	24.9	28.0	26.6	25.3	25.6	27.8	27.5	35.5	34.6
#出版(不包括互联网)	12.7	13.3	12.9	12.0	10.7	12.6	11.8	15.0	14.0
#电信	5.4	7.0	6.1	4.8	4.0	(S)	3.9	(S)	4.2
#互联网及搜索服务	—	5.0	4.4	4.6	7.4	2.0	3.6	(S)	(S)
金融业	16.0	10.1	10.1	8.9	11.8	6.4	6.5	7.1	7.6
#证券、期货和中介	15.2	9.6	9.8	8.8	11.6	6.1	6.4	6.9	7.2
租赁服务	(S)	(S)	(S)	(S)	(S)	5.7	5.6	5.9	5.8
专业及科技服务	14.9	14.2	15.6	16.3	16.2	22.8	21.8	15.2	16.3
#计算机系统设计	9.5	9.7	10.3	10.9	8.2	(S)	3.4	3.7	3.6
管理支撑服务等	25.9	25.8	25.2	23.2	17.5	15.0	12.8	10.3	9.6
#旅行安排及预订服务	16.6	17.0	15.4	13.5	10.6	10.3	7.4	5.9	5.1
健康社会救助	(S)	(S)	(S)	(S)	(S)	1.6	(S)	0.8	0.8
艺术、娱乐休闲业	(S)	(S)	(S)	(S)	(S)	2.0	2.1	2.5	2.5
住宿与餐饮	(S)	(S)	(S)	(S)	(S)	7.8	8.4	9.9	11.2
其他服务	1.5	2.0	2.6	3.8	3.8	4.7	5.6	5.3	5.7
#维修	0.7	0.6	0.6	0.6	0.4	1.0	0.9	0.8	0.7
#宗教/慈善等	0.7	1.0	1.5	2.6	2.6	2.3	3.0	3.3	3.7

* S 表示由于样本差异或回馈率低，估计数量质量达不到出版标准。表中互联网与搜索服务栏 2004 年前的数据为在线信息服务业，2009 年后统计产业范围增加，包括公用事业、航空运输等，为了数据可比，我们只考察截至 2008 年的数据。

资料来源：美国国家统计局（U.S. Census Bureau）。

零售业相比服务业，产品通常有形、可运输、标准化程度高，因此，总体上零售业电子商务化率高于服务业。在互联网普及前，零售业态已经形成包括超市、百货商店、专卖店及便利店在内的销

售体系，便于比较确定产品质量，可以满足大部分零售需求。零售
交易单位价值低、潜在的益处有限，也使得零售业电子商务化率不
高。从表4-7中可以看出，美国的零售业电子商务中，非实体店
铺的销售形态是最主要的，占所有零售业电子商务的份额已超过
80%，而非实体店铺中又基本上由在线和邮购商（Electronic
Shopping and Mail-OrderHouses）组成。实体商店的电子商务零售业
2009年已不足20%，而其中，汽车及零部件商店又是最主要的，
占整个零售电子商务业的比重超过10%，其产品也正是标准化和
单位价值较高的。单个实体商店的销售，产品品类可选择性方面，
相比第三方电子商务平台有劣势，对消费者缺乏足够的吸引力。而
且实体店需要一定的IT基础设施投入，存在高的转换及运营成本，
限制了实体店的电子商务化率，行业汽车和零部件代理商的电子商
务化率2010年也只有2.8%。

表4-7　2000~2010年美国零售电子商务业销售构成[*]

单位：%

产业＼年份	2000	2001	2002	2003	2004	2005	2006	2007	2008	2009	2010
汽车及零部件商店	16.1	15.6	16.3	17.1	16.1	17.9	18.8	18.6	14.1	11.8	12.2
家具及家装店	(S)	(S)	(S)	(S)	(S)	0.6	0.6	0.6	(S)	(s)	(S)
电子产品店	1.9	1.7	1.8	1.4	1.5	1.4	1.1	1.0	0.8	0.8	0.6
建材及园艺设备店	1.6	1.5	1.4	0.8	0.4	(S)	0.6	0.4	0.4	0.3	0.3
食品饮料店	(S)	(S)	(S)	(S)	(S)	0.6	0.7	0.8	0.6	0.6	0.5
健康及个人护理店	(S)	(S)	(S)	(S)	(S)	(S)	(S)	(S)	(S)	0.1	0.1
加油站	(Z)	(Z)	(Z)	(Z)	(S)	(S)	(S)	(Z)	(Z)	(z)	(Z)
服装饰品店	0.9	1.2	1.1	1.3	1.2	1.9	1.9	1.7	1.8	2.0	2.1
运动品/玩具/书/音像店	1.5	1.5	1.5	1.5	1.9	1.2	1.4	1.3	1.4	1.3	1.3
综合性商店	(S)	(S)	(S)	(S)	(S)	(S)	(S)	(S)	0.1	0.2	0.2
其他零售店	1.4	1.5	1.5	1.7	1.8	1.9	1.6	1.5	1.5	1.6	1.5
非店铺销售	74.9	75.2	74.8	74.6	75.6	73.0	72.8	73.4	78.2	80.3	80.2
#在线及邮购	74.1	74.7	72.7	72.5	73.6	70.1	70.6	70.2	75.3	77.7	78.0

　*S表示由于样本差异或回馈率低，估计数据质量达不到出版标准，而Z表示估计
结果低于0.05%或低于50万美金，后同。

　资料来源：美国国家统计局（U.S. Census Bureau）。

在线零售及邮购商所销售的商品种类是较繁多的，包括书籍杂志、服饰、食品饮料等等。就非实体店的电子商务企业销售产品线演化态势看，份额较高的也是图书、计算机硬件和音乐影视等标准化程度高的，特别是图书，亚马逊最早也正是从图书业务起步的。一旦电子商务发展启动，物流系统也会随着发展完善，预期风险下降，信任度提高，消费习惯形成，对其他产品的接受度也会提高，突出表现为其他商品份额的提高。如表 4 - 8 所示，衣服饰品、电子产品、家装产品份额从 2000 年的 9.4%、5.0%、3.9% 上升为 2010 年的 17.6%、13.3% 和 9.0%。

表 4 - 8 美国在线及邮购零售商按商品线的电子商务销售构成

单位：%

商品＼年份	2000	2001	2002	2003	2004	2005	2006	2007	2008	2009	2010
书籍杂志	9.7	6.8	5.7	5.3	4.7	4.9	（S）	4.7	4.8	4.6	4.7
衣服饰品	9.4	12.5	13.3	13.7	13.7	12.1	15.6	15.3	16.0	17.3	17.6
计算机硬件	28.4	22.1	18.2	16.7	18.0	13.9	11.9	12.5	11.1	9.8	8.7
计算机软件	5.2	4.7	4.5	2.9	2.9	2.8	2.9	3.2	2.4	2.7	2.5
健康美容品	3.1	3.7	4.5	4.9	4.3	9.9	5.6	5.4	5.2	5.3	5.5
电子产品	5.0	5.6	6.3	7.2	8.9	9.2	9.3	9.4	12.2	12.6	13.3
食品饮料	2.6	1.7	2.0	2.2	2.1	2.1	2.6	2.6	2.2	2.0	1.8
家装产品	3.9	6.5	7.6	8.5	8.2	7.8	9.3	8.8	9.2	8.8	9.0
音乐影像	6.0	5.1	4.5	4.3	3.8	3.3	4.2	3.4	3.7	4.7	4.6
办公装备	6.7	7.7	7.6	8.6	7.8	6.6	6.5	6.4	5.5	5.1	4.1
运动品	0.0	1.8	2.8	2.9	2.7	2.4	3.2	3.4	3.7	4.3	4.4
玩具及游戏	3.7	3.6	3.9	4.1	3.4	2.8	2.5	3.1	3.1	3.2	3.3
其他商品	11.1	11.9	12.0	12.3	12.6	15.2	14.8	14.1	13.4	12.5	12.9
非商品受益	5.1	6.1	7.0	6.5	6.8	7.1	7.2	7.7	7.5	7.1	7.7

资料来源：美国国家统计局 （U. S. Census Bureau）。

相比零售业与服务业，制造业和批发业单笔交易规模要大得多，采用电子商务交易潜在收益也更大，而制造企业销售又是批发的前一个环节，单笔交易价值可能更高。单笔交易价值高，潜在收益会更高，但风险也更大。在美国的商业与制度环境下，有相对完善的法律环境防范商业欺诈及隐私保护，商业环境也相对更加成熟，会大幅度降低风险预期。当然，转换成本下降也是重要的促进因素，互联网出现后，出现多种新型的电子商务技术平台，比如集成式互联网平台，相比 EDI 可以大大降低制造业的技术投资成本，批发业非 EDI 销售的份额增长也可以反映出这一点。在风险低且转换下降的情况下，预期的高潜在收益会激励制造业企业，有更强的动机选择电子商务化交易。这也是为什么制造企业电子商务化率比批发业提高得更快，并高于零售和服务业的重要原因。2002 年批发业电子商务化率为 20.3%，高于制造业的 19.2%，到了 2010 年，制造业增长到 46.4%，而批发业只增长到 24.6%。

当然，总体来说，美国各类产业部门十余年来电子商务化率的提高，也得益于发达的物流系统，信息基础设施的进一步完善，对电子商务潜在益处的认识提高，互联网用户的增多，技能水平的提高，买卖双方对电子商务交易更加习惯等。

通过前文的分析可知，行业流通环节电子商务发展，从商业模式的视角看，由多种因素共同决定，既有个体认知与企业方面的，也有制度、基础设施与市场方面的，行业及产品特性方面的因素，如标准化程度、单笔交易价值高等也有着重要影响，这些因素共同作用造成了行业间的差异与发展演化路径的必然性。电子商务企业商业模式的可行，需要多方面条件的同时满足。对于一些制约电子商务发展的因素，如小国缺乏规模经济、信息基础设施限制 ICT 及技术可获得性等方面，在目前中国的背景下，这些问题并不突出。我国互联网用户增多，对电子商务潜在益处的认识及用户技能水平提高，交通物流系统也有很大的发展，这些也不是制约我国行业流通环节电子商务发展的主要因素。制造业和批发业由于所售产品标准化程度及单笔交易价值高，电子商务潜在益处也更大，风险也更被企业所重视。我国制造业和批发业电子商务发展的主要障碍，在于制度和法律环境方面的缺陷，风险难以被充分防范，这是我国与美国存在差距的主要原因。

第五章　创意产业——细分
产业部门之二

一　创意产业的发展与特征

（一）创意产业的发展

创意产业（Creative Industries）的概念历史不长，20世纪90年代初期最早出现于澳大利亚，但真正让其产生全球性影响的，是英国文化部①。英国文化部成立创意产业处和工作组，并于1998年发布《创意产业地图》（*Creative Industries Mapping Document*）以加强人们对该产业部门以及这些产业部门对经济的贡献和所面临的问题的认识。《创意产业地图》界定的创意产业，包括广告、艺术与古董市场、建筑设计、手工艺、设计、时尚、电影、娱乐软件、音乐、表演艺术、出版、软件、电视与广播13个细分产业领域，使用统计数据描述各细分产业的收益、规模、就业、进出口、产业结构，并探讨增长潜力和需要考虑的问题等。

创意产业一词在英国的概念化，具有意识形态的性质（Garnham，2005）。20世纪90年代，英国社会正经历重要转变，向更加具备自由价值观的社会转型。在英国国家层面上，创意产业最早为新当选的新工党政府所采用，它寻求与以前的保守党政府和

---

① 全称文化、媒体和体育部（Department of Cultural，Media and Sport，DCMS）。

99

具有社会主义思潮色彩的老工党有所区别，创意产业与"第三条道路"等成为与它们区别的概念标识工具之一。

英国文化部认为，创意产业是那些起源于个人创意、技能和才智，并具有通过产生和利用知识产权创造财富和工作岗位潜力的产业（DCMS，2001）。Caves（2000）认为创意产业是指生产文化、艺术或娱乐产品和服务的产业部门统称。UNCATD（2004）报告认为创意产业是艺术、商业和技术融合的结果。从这些代表性的定义可以看出，文化创意产业的几个关键特征，第一，与文化产业关联，是其发展演化，如 Cunningham（2001）指出，创意产业包含着新经济时代的活动，而传统的艺术、媒体或文化概念不能涵盖它们；第二，与艺术或文化有关，但与文化概念不同，创意产业更强调的是商业价值（European Commission，2010）；第三，具有技术元素，受现代技术影响；第四，是许多相关联产业的集合。

至于文化产业和创意产业的关系，有不同的看法。如 UNCATD（2004）、Cunningham（2001）、Marcus（2005）等，认为文化产业是创意产业的一个部分。也有的报告，如《欧洲竞争力报告 2010》（*European Competitiveness Report 2010*）则认为创意产业与文化产业有区别，文化产业并非从商业角度界定。由于文化产业和创意产业密切相连，当前一个趋势是倾向于将两者一起使用，如欧盟 2010年《释放文化和创意产业的潜力》（*Unlocking the Potential of Cultural and Creative Industries*）绿皮书。本部分的讨论，也将使用内涵相对宽泛的创意产业概念，即包含文化产业和传统意义的创意产业。

具体来说，创意产业可以有不同范围的界定，狭义的创意产业，即艺术和文化产业，是指核心产品是音乐家、画家、作家、演员、建筑师、手工艺人或设计师等艺术活动结果的产业；较广义的创意产业涉及许多产业，包括核心产品是艺术活动结果的特征并不明显，而是其产品具有部分艺术和文化的特征，如出版业、广播电视、娱乐和职业体育等；最广义的创意产业，包括经济活动依赖或涉及艺术和文化业的相关产业，如旅游业（FORA，2010）。

在实际工作中，由于对创意产业部门并没有一致的标准，根据不同的理解、目的和数据可获得性，不同的研究或报告中，所采用的边界划分也存在差异。《欧盟竞争力报告 2010》基于 NACE Rev.2 的分类体系，采用的创意产业概念包括三类，一是部分信息服务，包括类别 J58（图书、期刊和软件出版活动，电影，视频和电视节目制作）和 J60（录音和音乐出版活动）；二是部分商务活动，包括 M71.1（建筑和工程服务活动及相关的技术咨询）、M73.1（广告）、M74.1（专业设计活动）、M74.2（摄影活动）、M74.3（翻译活动）；三是艺术和娱乐，包括 R90（创意、艺术和娱乐活动）。由于就业中与信息服务相关的产业占大部分，如软件不仅份额高，也是增长最快的子部门，而软件过于宽泛。此外，FORA（2010）还指出，虽说该报告很大程度上借鉴了《创意产业地图》的方法，但欧盟产业分类体系中，并无与设计对应的分类，手工艺人所属的企业规模绝大部分都很小而没有纳入企业调查对象。而这些被忽略的部分，可能对创意产业来说又很重要，如设计被视为以用户为中心创新的驱动力（Commission of the European Communities，2009）。

2010 年的《文化与创意产业的集群观察》（Priority Sector Report：Creative and Cultural Industries）则基于 NACE Rev.1.1 的分类体系，剔除了服装、鞋类、家具、珠宝、皮革制品、装备、纺织品等制造业部门，但这些产业部门的主要驱动力包含越来越多的独特产品设计的元素。

还有一些研究，特别是美国学者，则从更微观的创意工作者的角度进行考察，如 Florida（2002）。他认为工程师、科学家、建筑师、艺术家和作家等形成一个创意阶级，他们产生想法和知识，成为地区增长的动力。与产业的视角相关，但又有所不同，创意产业并不垄断所有的创意岗位，其他产业也有创意产业工作者，而创意产业中，并非所有的雇员都是创意工人或从事创意活动。FORA

（2010）对丹麦大哥本哈根区的数据分析表明，采用集群概念的就业数量大约为 3.8 万人，产业概念下为 8 万人，职业概念下则不足 1 万人，可见不同界定及视角下的巨大差异。

关于创意产业兴起的驱动力，UNCATD（2004）的报告表明，与全球化有关的多种趋势促进产业的快速发展。一是国家文化和媒体政策放松管制，如 1990 年初开始的广播和规制框架的自由化，公共资源减少，导致产业界要最大化利用市场获取收益。二是更加富有，导致需求和就业模式发生变化，对收入弹性较高的具有文化内容的产品有利。在这些产业领域内工作的年轻人有较高的消费倾向，而且将这些产业视为有吸引力的就业领域，它们具有丰富的生活方式和高收入潜力特点。三是技术变革，特别是信息技术的广泛扩散，使许多新产品提供方式有所创新，对许多创意产业的整个产业链产生深远的影响。四是服务经济的兴起，某些部门，如商业服务、信息通信技术、计算机软件和视听产业，在发达的市场经济中作为领先的经济活动兴起，对创意产业产出需求增加，特别是如设计、广告和营销等。五是扩张的国际贸易，服务出口扩张。

对独特体验的全球市场的快速成长，使创意产业成为成长最快的产业部门之一。根据《欧盟竞争力报告 2010》，2000～2007 年，欧盟创意产业就业年均增长 3.5%，高于 1% 的总体经济增长率，2008 年创意产业部门就业人口数为 670 万，占整个就业总量的 3%，2006 年创意产业占 GDP 的 3.3%，创意产品出口占 4.3%。另一些研究估算结果更为乐观，如 Work Foundation（2007）认为每年增长率达到 5%～20%，OECD 国家的创意产业占 GDP 的比重为 5%～6%，但各国差异很大，美国超过 11%，英国占 8%，其计算机游戏和电子出版业最为发达。

虽然从统计意义上说，创意产业并未被很好地界定，但如创意产业本质上是否存在、是否已经被准确或近似测度或创意产业一词是否是理解这些产业特性最好的方式等并未成为争论焦点（Galloway 和 Dunlop，2007）。2010 年 2 月，荷兰阿姆斯特丹"向一个支持欧洲创意产业的欧洲项目迈进"① 会议参会者联合发表《阿姆斯特丹宣言》（The Amsterdam Declaration），呼吁推动改善创意产业发展的生态环境。事实上，欧盟统计局也在就文化和创意产业的统计协同问题进行协调推动。创意产业概念已经成为一个全球性的现象，许多国家采取战略加速或推动创意产业发展。这种现象既是全球知识经济兴起的结果，也是各种政治、技术圈行动主体和网络积极参与的结果（Prince，2010）。

（二）创意产业的特征

创新产业有一些独特的特点，已有的一些研究和报告对此特别强调。Caves（2000）指出，创意产业在 7 个方面不同于其他一些产业。第一，因为消费者对产品的反应事先难以预测，事后也难以理解，所以需求不确定性存在。第二，生产者在意创意产品的艺术性，即原创性、技术前卫或美感，而不是只关心工资和工作条件。第三，有些创意产品复杂，需要多样的技能投入。这对于选择合适团队成员、协调活动和维持合作是个挑战。第四，产品根据质量和独特性区分，每种产品都是投入的独特组合，组合可能是无限的。第五，技能垂直划分，根据艺术家们的创意过程或产品生产方面的技能、原创性和熟练程度分级。第六，当协调需要多种技能投入的复杂产品时，时间是个关键，时间就是金钱。第七，如果能得到版权保护，创意产品有耐久的特点。

文化产业和服务具有有形的元素，表现为平台或产品的形式，如 CD、电影胶片等，但同时具有无形的要素，意义与符号表达决定内容，而后者消费时具有公共产品的特性，即非竞争性和非排他性。文化产业产品也是体验品，它的价值随着时间变化，通过消费者的口碑或专家评价，又使它的价值依赖信息。此外，有些文化实践贡献于构建集体认同、凝聚力和社会团结，文化品表达价值、符

---

① 即 Towards a Plan-European Initiative in Support of Creative Industries in Europe。

号和生活方式，使它们赋有社会价值，难以进行市场定价。它们的消费产生许多重要的外部性，包括网络外部性、交叉产品外部性、商业外部性和区域外部性（Dayton-Johnson，2000）。

《欧盟竞争力报告2010》则表明了创意产业与经济周期的关系、产业组织、劳动力市场等几个方面的特性。第一，高的收入弹性，消费支出的下降，对艺术和娱乐业等影响更大。此外，由于和其他部门有强烈的供应链联系，如在衰退期，大多数企业都削减广告支出。有证据表明，2009年，每个创意产业部门的销售额和就业率都下降，广告业下降最多，达12.4%，出版业为6.7%，计算机程序员、咨询和建筑服务业受影响最少。因此，创意产业高度依赖经济周期，受衰退影响更大。

第二，创意产业为大量微型企业所主导，自我雇佣、兼职比例高，而且有高学历特征。2007年欧盟统计局SBS调查数据表明，创意产业部门的120万家企业中，95%的企业雇员不足10人，比例远高于制造业的80%。总体来说，拥有大量中小企业是不同创意产业的一个共同特点。产业动态及创新性依赖大量的小公司，微型企业和自由职业者也扮演重要角色。和艺术家直接打交道的可能是许多小的专业性公司，更大的企业可能主要在产业链的下游。第二个共同的特点是自我雇佣比例，创意产业平均为24%，比非创意产业高出9个百分点，作家和创意者或表演艺术家的比例最高为44%，艺术、娱乐和运动相关专业人士为38%，这两个领域同时兼有多个岗位的比例也最高，分别为10%和9%。不足10人的微型企业及自我雇佣者雇用了35%的劳动力。受过良好教育的人和熟练工人是创意产业的关键资源，对欧盟15国的劳动力调查表明，不同创意产业部门的第三个共同的特点，就是高等学历的比例高，最低的艺术、娱乐和体育相关的专业人员也有42%，平均为78%，远远高于非创意产业的24%。

第三，从产业间联系看，不同的创意产业有不同的供应链联系。首先是出版与广告业，两者关系紧密。广告是传统媒体的两个主要收入来源之一，另一个是消费者和终端用户支出。丹麦 2005 年的投入产出表表明，广告业 48% 的中间投入来自出版业，休闲和文化业贡献了 17%。这清晰表明广告和视听部门的关系。而软件咨询与供给和其他创意产业部门则联系很少。

创意产业的空间集聚也呈现自身的特点。Currid（2007）计算美国主要大都市职业区位商①以说明不同城市的专业化程度，虽然商业服务提供最多的工作岗位，但各大城市间差别并不大，在每个城市都有许多管理和专业服务活动，创意产业也是重要的就业创造者②，但各城市间差异巨大，集中度较高。纽约是艺术和文化领域最具专业化的城市，2004 年，纽约区位商为 4.4，即 4.4 倍于平均水平，洛杉矶以 2.7 位列第二。纽约的艺术家和剧院表演，更是高达 19.3，时尚设计为 16；洛杉矶的影视编导则最为突出，高达 8.8，其他与电影相关的职业区位商也相似。相比其他职业，艺术与文化区位商也是最高的，媒体和专业服务次之，如纽约专业服务区位商为 3，金融业为 2.4，管理服务仅为 1.1。从历史演化趋势看，创意产业的集中趋势还在进一步加强。Dolfman 等（2007）利用美国劳工统计局就业和工资 1990~2006 年共 17 年的季度调查数据分析，纽约和洛杉矶两地创意产业部门就业占全国创意产业部门就业的 25.8%，其中纽约为 10.2%，洛杉矶为 15.6%，3/5 的影视人员集中于洛杉矶；而 1990 年时，两地合计只有 20.4%，其中纽约为 8.7%，洛杉矶为 11.7%。

Power 和 Nielsen（2010）利用欧洲集群观察的数据分析，认为大城市区和首都地区主导着创意和文化创业，但有些地区表现更好，也表明了高度集中性。欧洲超级集群地是伦敦和巴黎，其次是米兰和阿姆斯特丹。文化与创意产业高度集中的地区，也是欧洲富

---

① 区位商（Location Quotient），衡量某地产业专业化程度的指标，数值越高则表明产业在该地的集中度越高。

② 如艺术、文化和媒体领域的创意工作者占纽约总劳动力的 4.5%，金融服务业占 5%，管理和专业服务业的高技能工作人员占 20%。

裕的地区。如在伦敦，从创造就业和经济重要性来说，创意产业是可以和金融业相媲美的地方。2000 年，超过 50 万人在创意产业领域工作，与商务服务业相当，而金融部门只有 30 万人（FORA，2010）。NESTA（2010）的研究表明，伦敦是英国创意产业的核心，几乎主导所有创意产业部门，特别是每个部门的价值链高端。但考察更小的地理范围，发现还有其他 9 个创意产业热点地区。英国南部城市有不同的专业化，北部城市更为相似。这份研究也表明，虽然创意产业高度集中于大城市区，但一些地区也可能在细分领域或环节具有发展条件。此外，他们的研究也表明，创意产业倾向于地理共存，如广告和软件企业集群经常彼此临近，还有音乐、电影、出版和广播电视企业。广告和软件企业，经常临近高技术制造企业和知识密集型服务业，其他提供内容和文化体验的产业与知识密集型服务业的关系相对弱一些。

正是由于创意产业有自身一些独特的特性，而一些特性意味着市场力量不能导致这些产品的有效供给，需要政策干预，因此，创意产业有独特的一些政策需求。如许多创意企业家和管理团队缺乏融资方面的信息，也不知道如何利用它，投资者也常感觉一些创意产业的企业难以规模化、缺乏知识产权保护、难以估价、管理团队缺乏营销和管理技能，因此，对许多创意产业中的企业而言，融资被视为核心的障碍（Tooth，2010）。

创意产业劳动力成本比重高，是劳动和人力资本密集型产业。对于创意生产过程，物理和社会环境是重要的背景条件，艺术和文化只有在它们的社会生活中才最有效率。创意人群聚集在一起，在合适的地方集中，如小的画廊、音乐会等。最有创意的地方就是画廊、咖啡厅和丰富的工作－生活混合使用空间，并且价格能付得起。少量的和相似的群体难以形成创意集群的基础，临界大众和多样性是重要的，其中不同的人和产业相互激励（Currid，2007；FORA，2010）。这就意味着，发展创意产业集群，需要改善物理和社会环境，也需要更传统的激励创意公司形成的方法，促进交流和合作的平台也很重要，但传统的会谈和会议的方式并不合适。

艺术与文化，与其他绝大多数创意产业一样，既非研究驱动，也非基于来自用户新知识的解决方案驱动。创意产业基本上是口味驱动，最有创意的工作者渴望设立用户口味和选择的新标准（FORA，2010）。但创意产业的产品不仅仅是艺术表达，更是对艺术表达的体验，因此，设计用户体验的方法也很重要。

二　中国创意产业实证调研

（一）总体状况

2002 年 11 月，党的十六大报告明确提出："发展文化产业是市场经济条件下繁荣社会主义文化、满足人民群众精神文化需求的重要途径。"① 为贯彻落实十六大精神，2003 年 7 月，在中宣部的推动和直接领导下，成立了由国家统计局牵头，文化部、广播电影电视总局、新闻出版总署、国家文物局等单位参加的课题组，进行文化产业统计研究。2004 年，在共同研究的基础上，依据 2002 年的《国民经济行业分类》，制定了《文化及相关产业分类》，并作为国家统计标准颁布实施。文化产业被界定为为社会公众提供文化、娱乐产品和服务的活动，以及与这些活动有关联的活动的集合。行业范围覆盖 2002 年版国民经济行业分类中的 80 个中小类，共 9 大类别，包括新闻服务、出版发行和版权服务、广播电影电视服务、文化艺术服务、网络文化服务、文化休闲娱乐服务、其他文化服务和文化用品、设备及相关文化产品的生产，以及文化用品、

①　关于如何促进文化创意产业的政策简述，可参见最后一章相关部分内容。由于我们讨论的是广义的包括文化产业的创意产业，而且在我国更多的是文化创意产业的提法。因此，后面我们也采用文化创意一词，将其等同于创意产业的概念。

设备及相关文化产品的销售等。

2006 年 5 月，国家统计局依据 2004 年的第一次经济普查数据，发布的《我国文化产业发展情况的报告》（以下简称《报告》）表明，2004 年我国文化产业当年实现增加值 3440 亿元，占同期 GDP（15.99 万亿元）的 2.15%。其中，法人单位实现增加值 3102 亿元，占文化产业增加值的 90.2%；非法人单位实现增加值 119 亿元，占 3.5%；个体经营户实现增加值 219 亿元，占 6.4%[①]。《报告》还指出内资和公有单位仍是文化产业的主体，并指出我国文化产业从业人员人均创造增加值低于第二产业和第三产业的水平等问题。

2010 年，党的十七届五中全会提出推动文化产业成为国民经济支柱性产业的战略目标，党的十七届六中全会进一步强调推动文化产业跨越式发展，使之成为新的增长点、经济结构战略性调整的重要支点、转变经济发展方式的重要着力点。联合国教科文组织《文化统计框架—2009》的发布，新业态的不断涌现，2011 版新的《国民经济行业分类》的颁布实施，都对文化产业统计提出新的要求。

2011 年 9 月，中宣部、国家统计局在北京召开文化产业统计研讨会，会议认为，要适应我国文化产业发展的新情况、新变化，总结近年来各地区、各部门统计工作的实践经验，对现行分类进行必要调整，使其更加符合发展需要。修订工作于 2012 年完成，7 月《文化及相关产业分类》发布。新的分类方法下分为 10 个大类、120 个小类，文化及相关产业的具体活动类别直接用《国民经济行业分类》（GB/T4754—2011）相对应行业小类的名称和代

---

① 据 2008 年第二次全国经济普查数据计算表明，2008 年我国文化产业实现增加值 7630 亿元，占同期 GDP（314045 亿元）的 2.43%。国家统计局发布的报告还表明，2011 年，我国文化及相关产业法人单位增加值为 13479 亿元，比 2010 年增长 21.96%，继续保持快速发展的态势。法人单位增加值占当年 GDP 的比重达 2.85%，比上年提高 0.1 个百分点。

码表示①。新的分类中，增加了文化创意，包括建筑设计服务（指工程勘察设计中的房屋建筑工程设计、室内装饰设计和风景园林工程专项设计）和专业设计服务（指工业设计、时装设计、包装装潢设计、多媒体设计、动漫及衍生产品设计、饰物装饰设计、美术图案设计、展台设计、模型设计和其他专业设计等服务）。可见，此处的文化创意产业是很狭义的，主要是指设计行业。

在过去近10年中，文化产业统计并未常态化，计划从2012年统计年报开始正式实行，因此，目前还难以获知近年全国文化创意产业各细分领域的规模等情况。但因文化创意产业有集中于大都市的特点，代表性城市的发展情况可以在相当程度上反应我国文化创意产业的总体发展规模与水平。把文化创意产业正式作为统计对象的城市并不多，但就我们重点关注的北京市来说，则有明确的统计。北京是我国首都，长期定位为全国的政治中心和文化中心。2004年北京新版城市总体规划，补充了四个城市的发展目标，即国家首都、国际城市、文化名城、宜居城市，提出弘扬历史文化，大力发展文化产业，形成具有高度包容性、多元化的世界文化名城。从2004年起，北京开始进行文化创意产业统计，如表5-1所示，统计范围包括文化艺术、新闻出版等9类。需要注意的是，北京的统计口径中采取了比较广义的概念，包括软件、网络和计算机服务，以及旅游、休闲服务②。从表5-1中可以看出，北京文化创意产业快速发展，到2011年，北京文化创意产业创造的增加值已经达到1990亿元，是2004年的3.5倍，而软件、网络及计算机服务占其半壁江山。就从业人员而言，平均人数为140万，约为整个就业人口的13%。

---

① 具体产业划分及与2004年的区别，可参阅国家统计局网站的统计标准关于文化产业部分的介绍。

② 还需要注意的是，北京的分类及统计口径和国家统计局的也有差别。

表 5 - 1   2004～2011 年北京文化创意产业增加值

单位：亿元

年份行业	2004	2005	2006	2007	2008	2009	2010	2011
文化艺术	23	32	35	39	43	49	54	68
新闻出版	108	107	135	142	154	160	172	192
广播、电视、电影	55	78	74	103	120	125	139	154
软件、网络及计算机服务	229	267	376	483	703	711	847	1042
广告会展	48	51	52	65	112	99	127	159
艺术品交易	12	7	10	14	21	31	43	56
设计服务	30	32	40	49	53	76	84	91
旅游、休闲娱乐	27	38	48	50	58	61	70	79
其他辅助服务	42	63	53	63	83	180	162	149
合　计	573	674	823	1008	1346	1490	1698	1990

资料来源：《北京统计年鉴》相关年份。

就文化创意产业各领域占 GDP 的比重而言，从表 5 - 2 可以看出，2004～2011 年，北京文化创意产业增加值占地区生产总值中的比重由 9.50% 上升为 12.24%，而份额最高的软件、网络及计算机服务 2011 年超过一半，为 6.41%，其他的新闻出版，广播、电视、电影，广告会展比例也较高，均约为 1%，一定程度上能体现出北京文化中心的特点。

表 5 - 2   2004～2011 年北京文化创意产业构成

单位：%

年份行业	2004	2005	2006	2007	2008	2009	2010	2011
文化艺术	0.37	0.46	0.43	0.39	0.38	0.40	0.38	0.42
新闻出版	1.79	1.53	1.67	1.44	1.38	1.31	1.22	1.18
广播、电视、电影	0.91	1.12	0.91	1.04	1.08	1.02	0.98	0.95
软件、网络及计算机服务	3.80	3.83	4.63	4.91	6.33	5.85	6.00	6.41
广告会展	0.79	0.73	0.64	0.66	1.01	0.81	0.90	0.98
艺术品交易	0.19	0.10	0.12	0.14	0.18	0.25	0.30	0.35
设计服务	0.50	0.45	0.50	0.50	0.48	0.63	0.60	0.56
旅游、休闲娱乐	0.45	0.54	0.60	0.51	0.53	0.50	0.49	0.48
其他辅助服务	0.70	0.91	0.65	0.64	0.75	1.48	1.15	0.92
合　计	9.50	9.67	10.14	10.24	12.11	12.26	12.03	12.24

资料来源：《北京统计年鉴》。

　　虽然说北京的文化创意产业绝对规模已经很大，但从人均水平而言，如表5-3所示，文化艺术业和娱乐业各行业业务利润率不高，相应的税负水平和职工工资水平也较低，均不超过10万元，职工工资最高的广播业，工资水平为9万元。电视业营业税、所得税和增值税最高，人均为7万元。相比金融业的人均营业利润52万元、上缴所得税14.5万元、人均工资15.8万元明显要低许多。相比伦敦、纽约等国际性大都市，北京的文化创意产业在城市经济中的地位没那么突出，这在一定程度上也反映了我国文化创意产业发展还不充分，水平还比较低。

表5-3　2008年全部文化和娱乐业按行业分法人单位财务状况

单位：万元

	主营业务利润	营业税、所得税和增值税	职工工资
新闻出版业	15.6	3.7	6.7
新闻业	9.3	1.2	1.5
出版业	15.6	3.7	6.7
广播、电视、电影和音像业	17.4	3.6	4.9
广播	14.7	1.4	9.0
电视	27.0	7.0	5.9
电影	11.3	1.2	4.2
音像制作	9.2	1.8	3.2
文化艺术业	7.6	1.0	2.9
文艺创作与表演	6.0	0.8	2.6
艺术表演场馆	12.3	1.8	3.6
图书馆与档案馆	15.7	0.5	5.9
文物及文化保护	2.0	0.2	3.5
博物馆	11.7	3.0	5.8
群众文化活动	5.2	0.7	2.1
文化艺术经纪代理	10.1	1.2	3.0
其他文化艺术	7.0	1.0	2.9
娱乐业	6.8	1.0	2.3
室内娱乐活动	5.5	1.5	1.7
游乐园	12.4	1.8	4.2
休闲健身娱乐活动	6.8	0.8	2.4
其他娱乐活动	9.1	1.0	2.5
合　计	12.3	2.5	4.7

　　资料来源：《北京经济普查年鉴-2008》。

如北京所表明的我国创意产业发展水平还比较低、不充分的话，那么制约文化创意产业发展的主要瓶颈在哪里？下面，我们将分别介绍对温州鞋业、电视业和视觉数字产业调研考察的结果。

（二）实证调研 1：温州鞋业

温州被誉为中国鞋都，拥有一大批国内著名品牌。2009 年，受到金融危机的强烈冲击，目前的制鞋行业，形势很严峻，被人难招、市场在哪、产品是什么等问题所困扰。如果说以前是人难招，现在则招不到人，许多"90 后"独生子女不愿到制造企业上班。此外，随着经济的发展和人们生活水平的提高，需求也在变化，以前需求层次比较低，只要有鞋穿就行，现在对品牌、时尚、舒适性、功能等要求不断提高。国内市场皮鞋的规模约在 20 亿双，行业经过多年发展，包括奥康、红蜻蜓、蜘蛛王等许多制鞋企业已经实现规模化、集团化、品牌化发展，生产能力大大增强，一些企业的销售已经达到数十亿元的规模。

产业提升的突破口在于设计，即融合文化和科技。设计的文化元素潜力，已经被一些企业很好地挖掘。如"红蜻蜓"品牌创建于1995 年，创造一个有历史感，表达东方时尚的高端品牌，是红蜻蜓鞋业的初始之梦。"品牌开路、文化兴业"战略，使"红蜻蜓"在温州上万家鞋企中脱颖而出，迅速成长为中国鞋行业的领军品牌之一。"红蜻蜓"以"传承鞋履文化，专注鞋业科技，创造顾客体验"为企业使命，独树一帜、坚持不懈地挖掘、研究、传播中华鞋履文化。连续开创多项全国第一，包括成立首家鞋文化研究中心，建成首家国家级鞋文化博物馆——中国鞋文化博物馆，展示制鞋工艺技术和鞋类研发科技的鞋科技馆等，打造企业文化软实力。

设计的时尚元素，也被很好地挖掘。如"红蜻蜓"秉承"从距离中寻求接近"，目前，已在米兰、巴黎、东京、首尔等时尚都市设立了研发信息中心，在北京、上海、广州建立了品牌工作室、设计工作室、时尚信息转化中心，利用全球的设计信息和资源实现"红蜻蜓"产品与国际时尚同步。"红蜻蜓"在中国浙江、广东、上海、重庆布局了产品研发生产基地，终端网点覆盖全国各重点经济城市；研发团队 300 多人，分布于温州、广州、意大利（信息中心）。跟踪国际时尚前沿，也可以说是温州领军鞋企的一个共同特点。

近年来，一些企业也开始将科技作为突破口，加大投入，提升产品档次和效益。鞋企奥康从机制上成立领导小组，出台知识产权管理办法，有 8000 多平方米的研发基地，专利有 70 多个，发明专利 2 个。它加大信息技术应用，从比利时引进最早应用于耐克的功能产品设备，如儿童鞋装有 GPS 定位系统，让父母随时知道他们在哪里，健身的运动鞋有计步器功能等。"红蜻蜓"先后与国内著名高校、欧美顶级科研机构合作，2005 年建立鞋科技实验室，进行人体足部力学实验研究及鞋类检测，并研发生产出中国第一双运动皮鞋，率先应用"3D"量脚制鞋技术，并与世界最大的化学公司巴斯夫合作开发高档新品类鞋款。2009 年，"红蜻蜓"的鞋科技实验室是行业内首个被评为国家级的实验室。目前"红蜻蜓"已拥有中国制鞋行业首家院士工作站。2008 年研发投入达到高新技术企业标准。当前，"红蜻蜓"每年设计款式大约 1.2 万个，进入市场的有 5000 个以上，有力支撑其销售，2011 销售增长 15%，达 40 亿元左右。

制鞋业的科技主要体现在两个领域，清洁生产涉及相关行业的皮革能否用等离子处理，车间使用高质量胶水，不让企业进行二次污染。除了清洁生产的科技研发，科技对于鞋的设计也很重要。国外耐克、阿迪达斯的鞋为什么穿着舒服，舒服点在哪里，这既需要工艺流程改进，也需要设计与科技很好地相融。中国人的脚平，高跟鞋导致女性脚畸形的事例比男性多。做好鞋很难，特别是设计环节，需要多学科交叉，涉及人体医学、生物力学、新材料，如新纳米材料透气鞋，可以改善微循环，排除脚汗。

企业想追求科技，但不是想变就变，在进行设计环节突破提升时，受到许多因素制约。国内对制鞋进行深入研究的科研院所、高校很少，仅四川大学有 2 个硕士点，鞋领域的院士只有 1 个。"红蜻蜓"、奥康等企业也在进行产学研合作，但从合作对象看，也只是浙江大学、皮革研究院、四川大学等有限的几个高校及科研院所，如脚型测量仪器合作对象均为浙江大学。设计方法上也需要改变，吸收引进国际上一些新的技术。国际大品牌的做法，不是一个师傅设计一双鞋，而是联动合作。利用数字化技术带来的变革力量，基于人体力学的数据库，进行 CAD 三维设计，用鞋子打印机很快打出三维样品，这方面国内刚起步，与国外差距很大，需要一代人的努力。鞋设计应用信息技术方面，大学还不如企业。由于文化娱乐设施、房价、子女教育配套条件约束，人才留不住，来 6 个人能留下 2 个就不错了。复合型人才稀缺，企业想培养大学生，但他们多数都耐不住性子。走原创道路，国内解决不了，想到国外去找国际上的专业人士，但不知信息在哪里，这方面想得到政府支持，找不到路子。

（三）实证调研 2：电视业

我国电视行业 20 世纪 80 年代中后期在竞争中发展，那时主要是中央台和地方台之间的竞争，各地方台无法覆盖到其他区域。1998 年后，电视业体制改革进程大大推进，许多电视台被完全推向市场，电视台不再靠财政拨款生存，而是依赖广告收入。同时，各省级台纷纷开设卫视频道，打破了中央电视台的垄断，标志着多频道电视时代来临。随着频道数量的增多，观众、节目制作商、广告商的选择性大大增加，各频道对观众、广告商和优秀节目资源的竞争日益激烈。

如今，全国及省、市、县各级覆盖的电视节目总套数已超过3300 个。在市场化运营情况下，电视台或电视频道的商业模式，主要收入来源是广告。大部分情况下，电视节目对观众免费播放，穿插广告。所播节目既可以由电视台自己制作，也可以外购。电视台通过向企业收取广告费获取收益。而企业做广告的目的，就是要让电视受众通过看广告而了解自己的产品从而增加销售，电视观众多寡成为广告是否投入及费用高低决策的重要依据。频道节目受众多寰的主要指标就是收视率，收视率是指在某一时段和空间内收看某一节目的人数（或家庭数）占电视观众总人数（或家庭数）的百分比。一般情况下，收视率越高，广告收入就越高。收视率不仅对电视台或频道、广告商有重要参考价值，对节目制作者也有重要参考价值，收视率高就表示看的人多，节目受欢迎，片酬也就会更高。

正因为电视频道、广告商及节目制作方对收视率无可选择的依赖性，收视率在电视业发展中有重要的作用。随着 20 世纪 90 年代后电视台或频道数量的增多，行业竞争的加剧，对收视率产生大幅度增长的市场需求，我国收视率调查进入快速发展及市场化运作阶段，产生具有国际资本背景的央视－索福瑞（CSM）和尼尔森两家调查公司。它们占有绝大部分市场份额，其中央视－索福瑞更高。2009 年初，随着尼尔森退出我国市场，出现央视－索福瑞一家相对意义上垄断的局面。

目前收视率的统计方法主要有两种，一种是日记卡法，另一种是收视测量仪法，后者被认为更为准确。日记卡法，即由样本户中家庭成员填写各自的收视日记卡，随时记录每天收看电视的情况（包括频道和时间段），调查员每周一次上门收集数据，并进行统计。收视测量仪法，即在样本户家中安装类似机顶盒的测量仪，不同家庭成员分别按下遥控器上代表个人信息的按钮，测量仪会把收看电视的信息数据以每分钟为单位储存下来，然后传回，调查公司及时进行统计归类。

据央视－索福瑞官网信息，它已拥有世界上最大的广播电视受众调查网络，覆盖 6 万余户样本家庭及超过 19.8 万样本人口。截至 2012 年 8 月，它已建立起 184 个提供独立数据的收视率调查网络（1 个全国网，25 个省级网，以及包括香港特别行政区在内的 158 个城市网），对 1200 多个电视频道的收视情况进行全天不间断调查。其电视收视率调查网络所提供的数据可推及中国内地超过 12.5 亿和香港地区 640 万的电视人口数。

2010 年，我国广播电视总收入达 2301 亿元，调查数据市场规模估计有几十亿元。与制作节目相比，"制作"收视率低成本、隐秘而且难以查证，成为一些电视台、频道或节目在激烈竞争中提高收视率排名的"幕后法宝"①。收视率依赖样本户，调查公司保证样本户数据可靠是其工作的基础，但已经出现人为操控样本户、改写收视率数据的现象。

2010 年 7 月，《人民日报》就曾连续刊登了多篇报道"样本户"造假的消息。央视－索福瑞公司在西安地区设立了 300 余户固定样本户，通过追踪调查其收视行为，来推断电视收视率，公司与员工签订相关保密协议，要求员工对这些样本信息户予以保密。而其员工王某作为西安办事处技术人员，知道具体样本户信息，并将 17 户样本户信息透露给电视制作人，制作人对上述样本户进行收买，以提高收视率，获得更高片酬②。《大祠堂》出品人王建锋在微博上爆料收视率数据被造假一事：有电视研究机构以合作推广名义来游说，称可以以推广费换取收视率，表示只要通过交钱就可轻而易举地帮助其拿到至少全国前 10 数据。

电视媒体对收视率有着无可选择的依赖，收视率是其"通行货币"。收视率失真，结果就会使我国电视行业如同足球，患上"足球病"。中国足球上不去的重要原因就是裁判不公，许多球队不是致力于提高自身足球水平，而是去琢磨如何收买裁判。收视率对于电视就如同裁判对于足球，指导市场价格的形成，收视率失真，会形成扭曲的激励约束机制，激励一些人利用公关收买等方式改写收视率，打击认真做节目的群体。而出现收视率造假现象，与我国收视率调查缺乏第三方监督与相应管理惩戒机制，收视率造假的风险与成本降低有关。

（四）实证调研 3：视觉数字文化产业

作为一个历史悠久的文明古国，中国在融入现代世界的进程中

---

① 《电视收视率发现造假行为》，《人民日报》2010 年 7 月 1 日。
② 关于该案例，有研究专门进行分析，如马治国（2011）。

也失去很多，如很少有城市能够保留其历史原貌①。保护文化，发掘历史，拯救身边的非物质文化遗产和重现历史文化原貌，是一项伟大而艰巨的任务。同时，迫切需要发掘中国文化经济价值，花木兰代父从军在中国是脍炙人口的故事，我们自己没有将这个题材做成动画片，美国做成功了，人物表情和动作非常生动。近年来，根据中国文化元素制作的系列电影《功夫熊猫》又在全球取得巨大成功，而制作它们的也不是中国人。

现代的数字技术，对于文化传承与保护有重要作用。如传统艺术中的戏曲、国画堪称中国文化的代表，以动画形式表现的京剧、水墨效果、清明上河图等都是数字文化领域的有益尝试。数字技术不仅对于文化传承有重要作用，还可应用于其他广泛的领域，如电影产业。电影对模拟真实有很高要求，也对特效制造者提出严峻挑战。现代数字技术，使电影产业开始了一个新纪元，视觉特效（Visual Effects）已经成为当代电影必不可少的元素。目前国外一些电影投资上亿美元，其中相当部分就是用于特效，如《阿凡达》的技术支持团队高达5000人。许多专家甚至为电影编写专门的软件，这些程序下一部影片仍可继续使用并升级。

无论是用数字手段表现传统文化，还是电影中模拟真实场景，还原各种环境是一个基本工作。如电影特效可以模拟自然界的景观，人们可以在一个镜头里同时看到成千上万棵树，但当接近某一棵树时，往往就要对其单独处理，以显示足够的细节。

在虚拟仿真场景的制作中，除了人物以外，还有人工制品和自然物。人工制品包括建筑、车辆等硬表面对象类人工制品，其本身往往就是通过工业设计软件制造出来的，其原始数字文件也可以利用，因此表现上没有问题，已经可以精确地模拟。自然物包括生物、土壤、岩石、水面以及大气状况等，这是目前数字化的难点，

---

① 本案例内容整理参考了北京尚德嘉宝数字科技公司总经理陈大刚的文章——《深入开展数字文化产业在视觉领域的研究和标准建立》。

通常以简单的方式进行模拟难以达到大众期望的水平。细节级别只有与肉眼分辨率相当才能够达到较高的满意度，在足够的软硬件支持下，数字技术完全能够实现，影响土壤结构与形态等正确表现的主要障碍是理论基础。数字技术由于素材短缺，很多时候，一块石头在不同角度反复出现，让观众察觉到其存在明显的重复，大大降低了可信度。用数字表现文化，这个问题不加以解决，就会滞留在较低的水平，无法表现到位。

由于数字文化表现的工作量极大，要对每一个对象都研究和制作到细致入微，需要创建高标准的数字素材库为全行业服务。全系列"数字标本"，可对所涉及类别的对象实行分级处理，分高中低三种精度级别。低级别满足网络需求，中级别满足动画、游戏和虚拟现实需求，高级别满足影视特效需求。每个级别应符合行业标准，可直接将成果转化为现实生产力，解决行业缺乏专业素材的现状，大幅度提高数字文化内容的品质。准确的数字标本，也可提供给学习人群，进而提高生产能力，支持产业研发、扩大规模。

然而，对于目前的中国来说，文化数字化表达，很多情况仍属于个人探索或者个别节目的需求，没有成为系统性的工作。为了一次性的需要临时研究有关资料，没有将获得的方法和经验形成一个可持续发展的流程，用来支持未来类似的工作，这使该类技术资源的社会效益与经济效益未能充分发挥出来。

更深层次的问题，则是人才制约。我们并不是没有好故事，而是缺乏掌握数字技术、具有历史文化以及相关艺术修养的人。目前从事数字制作的人员有相当一部分并不是在学校接受数字技术专业训练，有的靠自学，有的通过参加相关培训掌握技术。在人才培养方面，文化内容的学习还未形成一门科学的学科，可以用量化的方式进行教学。如果通过数字技术研究发现文化艺术的规律，如黄金分割是世界公认的美学比例，并加以量化用于学习而不是靠个体天分和悟性，那么教学效果将大大提高。可以说，更为根本的问题，则在于科技、教育和产业的脱节，未能实现很好的融合。

三 国际创意产业政策

在政府及学术界的相互交流与影响下，政策推动创意产业发展已经成为全球性现象，最早在英国，随后扩展到新加坡、新西兰等（Prince，2010）。从创意产业发展及政策实践看，英国无疑最有代表性。英国是个创意国家，文化与创意产业已是重要的就业部门和国家财富创造的来源，并提供独特的文化和社会价值。英国文化创意产业增速是其余经济部门的两倍，在过去的 10 年中均增长 4%，如今对 GDP 贡献超过 7%（DCMS，2009）。英国的许多文化创意产业部门也处于国际领先地位，如融合艺术与数字技术的视频游戏和视觉效果产业，全球销售超过 20 亿英镑（NESTA，2011）。英国能成为国际领先的文化创意国家有很多有利条件，包括文化遗产丰富，英语是国际化的商业和娱乐传媒语言，有国际领先的金融产业，教育系统鼓励质疑与原创思想，人力资本素质高，有良好的通信基础设施，有尊重知识产权的法律传统等（DCMS，2009）。

英国也是国际上最早提出重视文化创意产业，并积极进行政策干预的国家。如 1998 年的《国家彩票法案》（National Lottery Act 1998），规定 40% 的彩票收益用于艺术和国家遗产，依据该法案成立国家科技与艺术捐助机构 NESTA（National Endowment for Science，Technology and Arts），旨在推动科技和艺术领域的创新。它通过帮助有天赋的个人或群体实现他们的潜力；帮助将发明或想法转变为可以被有效利用的产品和服务，并且权力被有效保护；提供科技和艺术的公共知识。

继 1998 年和 2001 年的《创意经济地图》（Creative Economy Mapping Documents），以及 2001 年《文化和创意：下一个 10 年》（Culture and Creativity：the next 10 years）绿皮书后，英国又于 2008 年发布第四个重要的报告《创意不列颠：面向新经济的才能》

（*Creative Britain*：*New Talents for a New Economy*）。2009 年的《数字不列颠》（*Digital Britain*）白皮书发布，数字世界的创意产业再次成为重要的内容。在这些纲领性政策文件中，创意产业成为重要政策议题。虽然我们认为英国政策实践是最具代表性的国家，但下面我们的分析介绍并不仅限于英国。具体来说，国际上支持促进文化创意产业发展的政策，主要体现为以下几个方面。

（一）加强创意人才培养

1. 加强儿童和年轻人的艺术与文化教育

1999 年，英国国家创意与文化教育顾问委员会发布一份有影响力的报告《我们的未来：创意、文化和教育》（*All Our Futures*：*Creativity*，*Culture and Education*），指出国家课程中过于强调数学与语文，会排挤创意教育及儿童的创造力，而这些有利于让他们在将来更好地适应现代世界工作的挑战。艺术教育会激发学生的想象力和激励他们的学习兴趣，帮助他们取得更大的成就，也可以导致对艺术的终生热爱和鼓励年轻人选择创意职业。2002 年 4 月，英国文化部出资 4000 万英镑启动创意伙伴项目（Creative Partnerships）。最初 16 个试点地方，既有位于曼彻斯特这样的大都市，邻近丰富文化基础设施的贫困地区，也有乡村偏远地区。项目通过结对子的方式，将创意工作者，如艺术家和建筑师，带入课堂，和教师一起激励儿童和年轻人并帮助他们进行艺术学习，发展他们的创意潜力。创意伙伴是英国代表性创意学习项目，自 2002年以来，超过 100 万个儿童、9 万个教师参与项目，对参与的学生、教师等产生积极影响，如学生自信心、沟通技能和进取心改善，经济上预期产生收益 40 亿英镑，产出投入比超过 15。

文化在线项目（Culture Online）和创意伙伴项目对应，是学习和文化之间数字化的桥梁，它和创意伙伴项目同期推出。它利用数字技术，通过互动活动，创造新的文化形式，提供参与文化与艺术学习和教育的机会。文化在线项目并非要代替物理的文化设施，而是充当桥梁的作用，利用创新性技术使艺术对许多新的受众，特别是难以达到的群体可及，同时也提供不同的文化体验。2002～2007 年项目期间，文化在线项目委托了 26 个互动项目，通过其网站和扩展项目连接超过 1500 万人，迄今该项目已获得 25 个大的奖项。

2008 年英国文化部与儿童、学校和家庭部联合发起《发现你的天赋》（*Find Your Talent*）项目，投入 2500 万英镑，在 10 个地方试点。儿童和年轻人第一次由法律规定，每周至少有机会体验 5 个小时的高质量校内或校外、由创意和文化部门的专业人士提供的文化活动。

2. 数字技术同时也成为教育重要内容

2009 年英国政府批准《罗斯法案》（*Rose Review*），在小学阶段课程中，将数字（ICT）能力升级为和英语、数学、个人发展同等重要的核心能力。在中学阶段，政府推行大的课程改革，强调现实背景条件下的数字应用知识。2010 年起，关于英语、数学和信息通信技术，包括应用技能的新中学教育通用认证（General Certificate of Secondary Education，GCSE）实施，面向 14～19 岁年龄阶段、IT 和创意与媒体方面的新文凭认证将帮助增多专业化数字劳动力大军数量。

虽然已经取得进展，但英国依然有有待改进的地方。2010 年 7 月，文化、通信和创意产业部部长要求 NESTA[①] 进行一项研究，评估英国的视频游戏和视觉效果产业的技能需求。尽管这两个产业有相当的差异，但两者都融合艺术和数字技术，依赖高度专业化但又灵活的、能够适应激烈技术变革的劳动力。评估报告《下一代：将英国变为世界领先的视频游戏和视觉效果产业人才集聚地》

---

① 作为世界领先的机构，它利用 2 亿英镑的捐赠资金，每年投资产生 1000 万～2000 万的资金，用于资助进行试验性项目、分析研究和投资于早期阶段的公司。NESTA 也聚焦于那些在近年可能改变商业和生活的新思想和技术，进行一系列热点问题的研究，如大脑传感器技术及潜在应用。

（*Next Gen.：Transforming the UK into the world's leading talent hub for the video games and visual effects industrie*）指出，如果英国要保持在高技术创意产业和数字产业的领先地位，必须解决学校更严格的计算机教育问题，即产业受制于教育系统的问题，教育并不了解它们的需求。这方面情况，被新的课程体系所强化，即强调 ICT 办公技能，而非更严格的计算机科学和编程技能。该报告认为英国这方面需要学习新加坡、芬兰，高技术创意产业关键的计算机和艺术技能，在这两个国家已经得到所需的推动。

3. 加强人才实际技能培训

这方面代表性项目为创意学徒（Creative Apprenticeship），于 2008 年 9 月正式发起，是第一个产业界赞同、政府资助、专门面向创意和文化产业的学徒计划。项目设立的一个重要原因，是毕业生能力并不能符合创意产业的如企业家才能或技能要求。对雇主来说，有实际工作技能比没有经验的毕业生更有价值。对于缺乏工作经验的人，不付报酬的文化主导着文化和创意产业，这种实践，对一些经济条件不好、不能承担无偿工作的人不利。该项目旨在给那些有天赋的年轻人在文化与创新产业起步的机会。项目主要以在职和脱产学习结合的方式进行，在职学习是重要的组成部分，使年轻人获取技能和知识，并取得合格证书，这些证书由产业界设计并认可。

创意学徒项目，是创意和文化技能部门委员会（Creative & Cultural Skill）工作的一部分，该委员会代表手工艺、文化遗产、设计、文学、音乐、表演和视觉艺术领域，沟通产业界、教育机构和政府，提供给雇主真实的对教育和技能开发的影响。它于 2004 年 5 月成立，2005 年 6 月得到部门技能开发局的批准运营。它既非半官方机构，也非资助机构，而是服务部门的一部分，其指导委员会由来自产业界的代表组成。该组织愿景，是要使英国成为世界上的创意和文化中心，使命则是要将技能转变为生产力和工作机会。

（二）推动数字化转变

1. 电视服务全部数字化

2008～2012 年，英国模拟电视服务将被数字服务所取代。这个过程，被称为数字转变过程，由独立的非营利公司数字英国（Digital UK）领导实施。它的目的，是通过提供全面的宽带服务，一是让人们有更多内容选择，二是更有效率，三是保持领先。当前的目标，是到 2012 年，所有的家庭至少实现 2Mbps 的连接速度。对于需要实际帮助的，2009 年成立专门的数字转变帮助计划（The Switchover Help Scheme）项目，资助两亿英镑用于低收入家庭的电视接入，以确保数字化推进。

2. 图书馆服务现代化

1 亿英镑的国家彩票基金，被投资于 2000 年发起的人员网络（The People's Network）项目。通过提供 3 万台连接互联网的计算机，使所有英国图书馆到 2002 年联网，以支持在公立图书馆 ICT 学习能力的发展。2009 年 12 月 1 日，英国文化部关于公立图书馆的未来广泛征询意见，《公立图书馆现代化政策宣言》（*Public Library Modernization Review Policy Statement*）描绘了英国公立图书馆服务的蓝图，帮助确保它满足 21 世纪的需求。它旨在帮助图书馆适应于互联网革命，把握数字技术的机会，应对既有服务使用下降挑战、当前经济形势和公众对客户导向公共服务的预期。政府建议所有图书馆提供支持数字化参与，从 2011 年 4 月所有图书馆提供免费的互联网接入服务，尝试电子书阅读等新的服务。继《数字英国》之后，2010 年 3 月，英国又发布国家数字参与计划，3 亿英镑项目主要面向家庭接入、面向学校儿童。2010 年 10 月，数字可及计划（e-Accessibility Action Plan），通过可及性规制，旨在数字内容人人可及。

3. 电影院数字化与现场表演直播

随着 35 毫米胶片正在被数字化拷贝所代替，电影流通到电影院的方式在不断变化。数字流通便于使用，降低流通成本（数字拷贝仅为胶片的1/10），确保安全存储。英国电影委员会出资建立共有240块屏的数字电影院线，支持非主流节目上映。这也促进了其他电影院利用数字技术，许多院线采用同样的方法升级电影院。这种技术变革，使得观众可以在电影院享受其他内容，最早尝试是一些音乐表演。

2009年开始试点的国家大剧院数字影院广播项目（National Theatre Live，NT Live），标志着现场剧院表演第一次可以被覆盖全国。此前，已有积极的关于数字媒体被用于提供表演艺术体验的讨论。2010年，英国艺术委员会在《让人人享有伟大的艺术》（*Achieving Great Art for Everyone：A Strategic Framework for the Arts*）中，将数字创新列为优选主题，旨在确保更多人体验并为艺术所激励，并宣称对通过使用数字技术实现该目标的组织提供支持。

（三）促进创新与数字化研发

1. 支持建设研发创新平台

作为"数字不列颠"的一部分，英国技术战略委员会领导协调下一代数字实验平台（Nest Generation Digital Test Beds）建设，第一期预算资金为1000万英镑。这些平台为产业界提供低成本、低风险的实验区，用以支持它们尝试探索在真实世界环境下新的想法，开发和尝试新的在线服务，理解用户对这些新的设备或服务的反应，并用于探索最有可能成功的条件、未来赢利性及商业模式强弱。第一阶段主要关注四个领域，一是在线内容新的商业化方法，如视频点播的微支付、嵌入式或个性化广告等；二是鼓励共享和利用知识产权，以降低盗版和其他非法使用的新商业模式，最大化内容效益；三是新的身份识别、安全和隐私管理模式，以增强人们接受新商业模式、应用和服务意愿；四是背景和内容网络运营，使知识产权管理成为可能，以改进服务质量、产权保护和安全性。项目2009年开始发起，雇用产业界伙伴进行网络建设和维护，2010年

10 月在线测试平台（IC tomorrow）投入运行，所有规模的企业都可以来测试其新产品，判断想法的商业可行性。它也给注册的大众用户提供尝试新应用和服务的机会，给潜在消费者在产品正式销售前提供反馈及影响产品的机会。

2. 对艺术与文化机构研发活动的支持

艺术与文化数字化研发基金（Digital R&D Fund for Arts and Culture），由英国艺术委员会、艺术和人文研究委员会、NESTA 联合发起和支持，用以支持那些想和数字技术公司合作的艺术与文化组织，利用数字技术拓展和深化观众参与，或使新的商业模式成为可能。作为一种协作型研发基金，要求艺术和文化组织联合技术公司提交项目申请。项目申请从 2011 年 7 月 7 日开始到 9 月 2 日结束，得到文化与创意部门的热烈响应，收到 494 份申请，其中 393 份（寻求资助资金超过 2400 万英镑）被认为符合条件。这也表明艺术与文化部门对数字化研发有高的需求。资助主题包括用户创造的内容和社会媒体；艺术与文化体验和内容的数字化提供；新一代移动和基于位置的体验和服务，包括游戏；可为其他艺术和文化机构或大众利用的数据库；艺术与文化机构利用数字技术改善运行效率、创收及合作；教育与学习等。

3. 知识产权

拥有它（Own it）创立于 2004 年，提供面向创意企业的免费知识产权建议服务。它是公立服务机构，基于伦敦艺术学院，是和伦敦发展局合作的项目。它提高创意产业对知识产权的认识和理解，有 1.1 万个企业会员、3000 个组织会员，每月有超过 7000 次访问，被认为特别成功。它有一个专业化、专用的知识产权支持网站，服务英国的创意企业需求。此外，它还和国家、区域和地方领先的 14 个法律企业和学院合作提供服务。它旨在提供给创意企业家可及的专业化知识，使它们可以保护和利用知识资产，充分利用既有的资产，使用知识产权支撑、维持和保持企业增长。但它只能服务于终端企业，Own it 相信，知识产权教育应该是所有本科生艺术、设计和通信课程的必修部分，学生也应该有知识。因此，它也参与其他项目，旨在增加学生和专业人士的知识。

它提供关于版权、设计权、专利品牌、授权和签订知识产权有关的合同等建议、信息和学习资源。它帮助创意实践者，保护和管理它们的知识产权，认识到它们企业成长的价值。具体来说，其服务包括多个方面。在线资源提供服务，包括情况介绍、知识产权指导、视频和最新新闻等。查询系统，可以提交在线问题，或者通过书面建议、建议现场访问方式反馈。IP诊所，可和一个合作律师企业预约45分钟的咨询，提供授权和机密协定等样板合同。组织活动，包括研讨会和培训班。还有新闻更新，包括每周精华和月报。注册完全免费，对伦敦艺术学院师生和近年毕业生免费，外部用户对某些服务，如现场咨询、合同样板或一些活动，需付少量的象征性费用。

4. 交叉实验室

交叉实验室（Crossover Labs）是一个国际化项目，将电影、电视、互动和新媒体部门的人带到一起，以产生融合和跨媒体的项目。它最早产生于2002年的美国，纽约网络实验室（Weblab）将数十个电影制片人、互动艺术家、设计师、作家、技术人员、动画、游戏设计、网页设计者和文化理论家会聚于佛罗里达的一个乡村橡树园。第二个实验室于6月后在澳大利亚产生，2005年在澳大利亚南部产生另一个。2006年，Heath Crall从南澳大利亚到英国时，她将该项目带入英国，和Frank Boyd一起，在英国、欧洲和加拿大等组织一系列的实验室。自2007年在英国开始发起，它得到了广播、广告机构、电影、地区和国家资助机构的支持，英国、瑞典、加拿大和澳大利亚超过200人参与相关活动及项目竞争。

实验室将来自多背景的创意专业人士带到一起，共享他们对快速变革媒体领域的体验，形成新的跨领域合作，并产生新项目想法。它以一种平时生活中可能缺乏的方式，使专业人士参与，挑战他们所不熟悉的方法，并取得以前所不太熟悉领域的经验。它是独特的、真实的和个性化的，来自不同部门的人以一种创新和互动的方式，参与跨部门的交流，形成一群关系良好、被激励和创新性的伙伴关系，有益于他们的职业生涯。实验室鼓励尝试不同形式的媒体，创造新的组合和方法，在这个意义上，它是创新实验室。

不像其他实验室方法，它并不事先规定预先想好的项目，而是包括一组强的方法论，旨在探索一种实用和动态、为开发多平台项目所需的技术，并为开发具体项目提供框架。它组织 5 天的活动，最多选择 25 个个人参与者，此外，还有专家导师团队。导师团队来自全球，具有不同创意技能、职业生涯、多样化文化背景，帮助实验室成为对参与者而言的变革场所。参与者个人围绕项目开发、法律、商业模式和公司结构等，形成新的伙伴关系，探索新的跨领域合作。活动分为四个阶段，第一阶段的主要目的是交流知识，产生早期阶段的概念原型。第二阶段，参与者创造关于产品和服务的原创性想法，产生跨平台想法。不同的交流方法被应用，而参与者和不断变化的交叉团队合作。在最后两个阶段，从个人提议的项目中，团队选择、评价和完善要进一步发展的项目，在最后一天，团队专于开发单一项目。

5. 创意产业知识转移

创意产业知识转移网络项目，是特定技术或商业应用领域国家级网络的一部分[①]。网络由伦敦艺术大学领导，合作伙伴包括伦敦帝国学院、英国皇家建筑研究所及英国游戏开发者商会 TIGA，合作者的技能和经验，使它特别适合英国的创意企业。网络将商业界、大学、研究、金融和技术组织的人们带到一起，通过知识转移激励创新。通过人员、知识和经验在企业间和跨部门的合作交流，增强技术知识转移到英国企业的深度与广度，并加快转化速度，提

---

① 英国技术战略委员会资助了 24 个知识转移网络（Knowledge Transfer Networks，KTN）。

升英国的创新绩效。领导的活动，展示最新的技术和创新，也为英国创新产业提供技术和创新相关的资助支持，推动和支持其他创意产业活动。2009 年启动的"创新之火"（Beacons for Innovation）是第一阶段 14 个项目的总称，识别出关键的创新和企业需求，使组织能够将想法转变为实际，解决创意产业的挑战。总体来说，是要刺激和鼓励创意产业的创新，帮助人们实现创意产业的潜力，以刺激持续的变革。

促进交流的平台还有跨平台开发实验室（Cross Platform Development lab），它基于伦敦，提供一个动态、让成员感到安全的环境，以产生和交流想法，遇到可以将想法转变为产品的人。它组织的活动，如将有影响力的未来展望者和前沿的创意工作者会聚在一起交流。它还给感兴趣的参与方提供参与如 2009 年的品牌竞赛等机会。

（四）支持融资与集群

1. 融资支持

创意产业产品无形和动态的性质，使获取投资支持处于不利地位。英国创意投资基金（Advantage Creative Fund）于 2003 年创立，是第一支专注于创意产业的风险资本。不像绝大多数风险资本，它是公立的，旨在在英国中西部地区加强和发展创意产业，项目由欧盟的区域和发展基金资助。基金对创意公司的投资规模在 1 万 ~25 万英镑，占少量的股权份额。它对所有的创新企业开放，包括初创企业和已有公司。项目投资特别关注那些对所运营的市场有良好的理解、有赚钱愿望且愿意承担风险的企业。目前，基金已经对 55 个公司作了 81 笔投资，能体现创意产业的深度和广度，投资额达 540 万英镑。它也提供对创意产业公司所需的商业支持，提供专家和咨询建议支持，帮助企业最大化它的创意潜力。具体服务领域，包括制定商业计划、起草投资建议书、找投资来源及财务计划、培训、针对部门的建议，投资后的支持包括导师、商业开发等。

　　法国文化与通信部和财政部联合设立了 IFCIC，以贡献于文化产业的发展。IFCIC 是个独立的机构，以服务于公共目的的私人化公司运作。它并不提供补贴，而是提供贷款担保服务，通常是担保50% 的贷款金额，能够满足不同阶段的公司绝大部分需求。自有资本权益及两支担保基金，使其能提供超过 2.7 亿欧元的担保。

2. 集群支持

　　数字网络（Cap Digital）是法国巴黎和法兰西岛数字内容和服务领域的非营利性企业集群组织，有超过 600 个成员，代表数字内容领域最活跃的参与者，主要是创新性中小企业，但也包括重要的大学、高等教育机构、研究实验室和大公司。9 个有活力的社区，包括图像、音响与互动、视频游戏等，对集群战略及方向有关键贡献。它提供给成员关键的信息、网络和资源，包括当前竞争性人才、培训、伙伴关系、资助机会、项目评估。和其他欧洲领先集群的伙伴关系，无论在战略还是项目层面，都是其战略活动的一个关键要素。

　　政策机构间注重经验交流与合作，是欧洲创意产业政策制定和传播的重要特征。如分享经验（Sharing Experience Europe-Policy, Innovation & Design），是一个共享知识和经验以产生新思想，传播好的实践，以及影响当地、区域和国际在设计和创新方面的政策和创新，由 11 个组织所结成的网络，于 2007 年成立。它起源于2005～2007 的 SSE 设计项目，最早由 7 个国家组成，以增强对中小企业的设计支持。目前网络伙伴来自英国、比利时、丹麦、芬兰等 11 个国家，它们一起讨论支持和推动项目，推动将设计整合为创新政策的一个部分，进而成为区域和国家政策的一部分，以推动创新、可持续、社会和经济发展。所有成员都是它们创新政策的有机组成部分，并且所有的地方政府都承诺探索通过独自或联合政策改进创新、企业家精神和设计。

　　英国代表组织 Design Walse/UWIC-University of Wales Institute

由 Cardiff 领导该网络。活动及服务包括会议；参与伙伴和政策制定者间的研讨会；研究调研；案例、研究报告和政策文件图书馆；政策手册；内部联系信息；双年快报。尽管该网络并不提供直接对中小企业的支持，但在文化和创意产业部门，它通过研讨会的方式，成功提供给公司关于如何将设计整合到大战略计划的知识。它提供给管理人员一个接触设计师，并在公司间建立网络联系的平台。同样通过研讨会和培训，该项目也能改进新的区域能力，如创造设计俱乐部。

第六章　旅游业——细分产业部门之三

一　旅游业的发展与特征

（一）旅游业的发展

旅游（Tourism）是旅行的一个子集，指人们出于休闲、商业和其他目的，至超出他们通常生活环境的某地，并停留时间不足一年的旅行活动（European Communities，1998）。从活动空间范围分，存在三种基本形态，包括国内游、出境游和入境游。旅游目的，既可以是度假，也可以是商业或其他目的[①]。旅游目的地，则可以是乡村、城市或与运动有关的地方。根据期限，则又可分为当日游和过夜游，过夜游又分为长期和短期。旅游业涉及范围广泛，包括直接给游客提供产品和服务的传统旅行和旅游服务商，如提供交通服务的汽车租赁、飞机、游船；提供住宿和餐饮服务的旅店和餐厅；旅行社和导游；旅行目的地等。

从全球范围看，旅游及其增长的持续是现代一个重要的经济和社会现象，从过去十多年的趋势看，旅游部门的就业增长比其他部门要更快。如图6-1所示，旅游业发展受多种因素影响，包括影

---

① 商业等目的的旅行和通常所说的纯粹游玩性质的旅游不同，但由于许多商业旅行也穿插游乐观光活动，因此，两者边界很模糊，加之人次相对较少，所以也常将以商业等为目的的旅行计入旅游的范畴。

响消费者行为的可支配收入、可利用时间、技术和人口等，也有政策方面的因素及供给需求的互动等①。许多有利的因素，如总体来说人们可支配收入的提高，可利用时间的增多，互联网平台提供旅游目的地的更好的信息，交通、住宿基础设施改善等，对消费者权益保护的加强等，都促进了旅游业的快速发展。一些国家人口结构对旅游业的趋势和需求也产生巨大影响，如发达国家 60 岁以上人口的比例上升，他们更富有，如果旅游目的地能提供好的生活条件，他们愿意停留更长的时间。

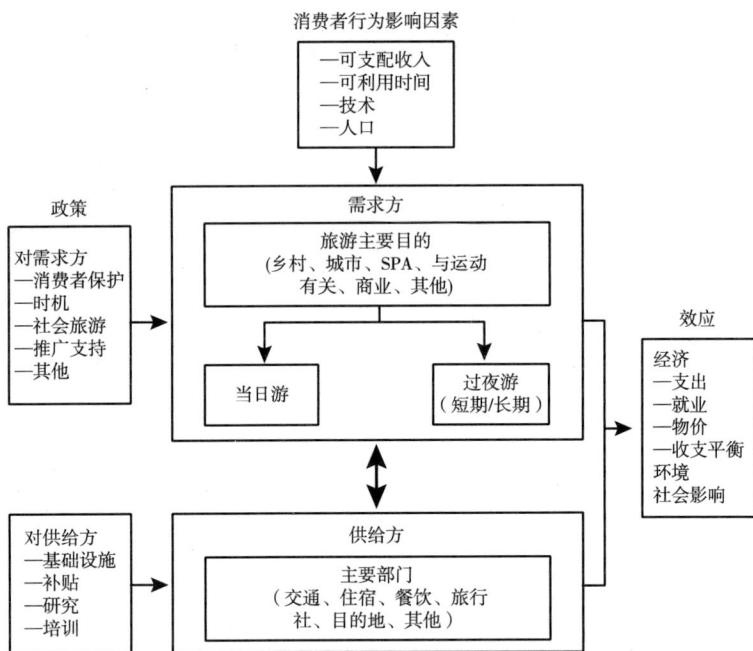

图 6-1 旅游业发展的影响因素及效应

可以说，当前的旅游业对经济和就业等有重要意义，其环境和社会影响也很重要。以欧盟为例，从事旅游服务的企业有 180 万

---

① 根据 European Communities，1998，"*Community Methodology on Tourism Statistics*"中第 3 页关于旅游业领域的图改编。

个，主要是中小企业，雇用了大约970万人，其中相当一部分是年轻人，占整个就业劳动人口的5.2%，创造超过5%的GDP，而且还在稳定增长（ECORYS SCS Group，2009）。从欧盟旅游业构成看，超过80%的旅游收入来自个人和家庭，其余的是商业目的。从来源地看，2008年国际游客3.7亿人，约占全球份额的40%，带来的收益超过2600亿欧元，其中750亿欧元来自非欧盟国家游客。如果考虑与之相关的部门，特别是运输、建筑、文化等产业部门，旅游业贡献更大，估计超过10%的GDP及提供12%的就业岗位（European Commission，2010①）。

根据世界旅游组织（World Tourism Organization）的统计，就全球而言，2011年，国际游客达到破纪录的9.83亿人，比2010年增长4.6%，来自国际游客的收益增长3.8%，达到1万亿美元②。而且这种增长是在全球经济不景气、中东和北非政治局势不稳定与各地自然灾害多发的情况下，2012年，国际游客预计将达10亿人次（UNWTO，2012）。

（二）旅游业的特性

旅游活动并非是要满足人们的基本生存需求，因此，旅游容易受外部因素变化，甚至旅游者心理、敏感性等影响③。只要价值链一个环节受到影响，整个旅游价值链都会受影响。如欧洲海边原油泄露、中国非典、日本核辐射，对旅游目的地和区域印象的负面影响会立即影响旅游业的发展。2008年的金融危机，对旅游需求服务产生相当大的影响，尽管人们还旅游，但行为在改变，更偏好短途旅行，减少在外停留的时间或支出，旅游活动下降了5.6%。

---

① 即 European Commission，"*Europe, the World's No. 1 Tourist Destination—a New Political Framework for Tourism in Europe*"，2010。

② 世界旅游组织的官网数据还表明，全球旅游业对经济贡献率约为5%，提供的直接和间接就业岗位为所有工作岗位的6%～7%。

③ 欧盟2001年的报告《一起为欧洲旅游业的未来而努力》（Working Together for the Future of Europe Tourism）也特别强调了旅游业这些行业特点。

2009 年在有些地方，特别是东欧和北欧，旅游活动的下降甚至高达 8%。2010 年 4 月和 5 月，由艾雅法拉火山爆发产生的火山灰使航空中断，情况更加恶化，国际游客取消旅游活动超过 200 万人，不包括酒店及汽车租赁等其他相关部门，仅旅游服务商损失约为 10 亿美元（European Commission，2010）。

季节性，是旅游消费模式的另一个重要特点。这种季节性一方面是由于一些目的地仅在特定季节才最有吸引力，如国庆前后的九寨沟色彩最绚丽、海南是理想的过冬地等，另一方面也是受节假日的影响，如寒暑期学生旅游。在欧洲，旅游者最主要的需求集中于 7 月和 8 月。这种季节性影响，不仅影响旅游业收益流，也导致对既有基础设施和人员的非优化使用。

旅游业还是一个有特别复杂的产品、依赖极端分散供给的服务部门。旅游目的地是旅游者的主要消费场所，但旅游并不仅仅涉及目的地，作为一个活动过程，还需要其他多种产品和服务，涉及许多不同利益相关方。在价值链的每个环节，旅行社、包价旅游服务商、交通运输商、旅馆、餐厅等，只提供整个产品的一部分，所有这些元素一起决定旅行者的体验及他们对服务质量的评价。与之相关，旅游企业间的垂直依赖也比其他大部分行业部门更为明显。这样的相互依赖，也存在于国际层面，导致一些复杂结构和商业关系。

旅游业分散，不仅是指旅游活动过程的各种服务商分散，作为旅游核心产品的旅游目的地，也是旅游企业主要所在地和活动场所，分散于各地。分散于各地，决定了旅游业活动在相当程度上是地方和区域层面上的事情。目的地的企业、社会和相关政府部门，都是重要的利益相关方。自然和文化资源、旅游设施、交通通信基础设施、住宿和餐饮，是目的地的基本资源，它们也是极端多样化的。当地旅游资源和所提供的服务组合决定目的地属于何种旅游，如海边、山区、运动、宗教、温泉、美食或商务等。

从供给角度看，作为旅游核心产品目的地的一个重要特点，即旅游服务供给，必须考虑生态多样性的压力及对文化遗产的风险。

自然与文化遗产目的地是游客增长最快的地方，也就是说，目的地的供给并非无限，而是有承载力约束的，必然要考虑承载能力与环境的可持续性。一些目的地，也容易受气候及人流增多的影响，如冬季欧洲降雪下降，可能会导致冬季滑雪旅游下降；过多的人流参观，会影响对岩洞壁画的保护等。在全球气候变化的背景下，环境责任意识的提高，还需要考虑气候变革约束与水资源稀缺性，减少温室气体排放，在干旱地区旅游企业需要减少对饮用水的使用。

二　中国旅游业实证调研

（一）总体状况

过去的十余年中，中国旅游业发展的基本情况如图 6 - 2 所示。从图 6 - 2 中可以看出，星级饭店数量和入境旅游人数经过一个快速发展期，已经趋于稳定。从旅行社数、出入境人数、国内旅游人数、国内旅游收入看，过去的十余年间，则呈现快速发展的趋势特征。到 2010 年，中国的旅行社增至 22784 家，为 10 年前 1999 年 7326 家的 3.1 倍；星级饭店数量增至 13991 家，较 2001 年 10481 家增长超过 30%①。到 2011 年，国内居民出境人数、国内旅游人数和国内旅游收入分别为 7025 万人次、26.41 亿人次和 19305.39 亿元，分别约为 1999 年的 923.24 万人次、7.19 亿人次和 2831.92 亿元的 7.6 倍、3.7 倍和 6.8 倍②。

国内旅游增长是中国旅游业近年发展的主要驱动力。即便不考虑人民币升值因素，2009 年，国际旅游（外汇）收入为 484.64 亿美元，较 2005 年仅增长约 65%，而国内旅游收入增长超过两倍。我国居民国内旅游花费虽然总体上呈上升趋势，但水平还是比较低

---

① 2000 年及以前的星级饭店总数为涉外饭店数，故此处以 2001 年为比较基年。

② 数据来源于《中国统计年鉴》或根据其中数据计算。

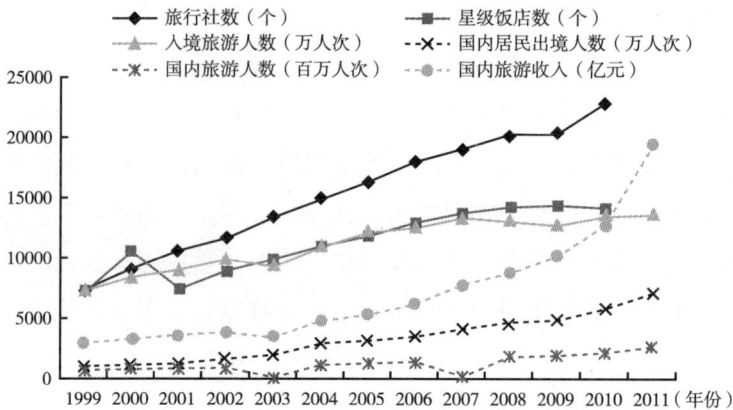

图 6 - 2　中国旅游业发展基本情况

的。2011 年，城镇居民旅游花费人均为 877.8 元，农村居民人均为 471.4 元，整体平均水平为 731 元。2011 年国内旅游总收入只相当于 GDP（47 万亿元）的 4%。入境旅游人均消费则为 358 美元，消费水平要数倍于国内游客消费水平。因此，总体来说，国内旅游还处于成长初级阶段，还有很大的成长空间。作为国内旅游延伸和发展的出境游同样有很大发展空间。

　　中国旅游近年来的快速成长，一个重要的原因，是经济发展水平提高。改革开放以来，中国经济快速发展，几年前就已经迈入中等收入国家行列，到 2011 年，人均 GDP 已经达到 35181 元。随着人民收入水平的提高，由于需求的层次性，人们对旅游等需求自然会增长，从而拉动中国旅游业的快速发展。但我国经济还不够发达，人民收入水平还不够高，决定我国居民旅游消费能力受限制，总体处于成长期。

　　基础设施完善，人们出行更加方便，也从供给的角度，加速了我国旅游业的快速发展。如表 6 - 1 所示，我国铁路、公路、民航运输线路长度都呈增长趋势，特别是公路和民航里程。到 2011 年，中国公路、民航里程分别达到 411 万公里和 349 万公里，较 2000年的 140 万公里和 150 万公里，分别增加了 194% 和 133%。除了运输线路的长度增长，其质量也在提高，突出表现在交通的高速化趋势。如火车的若干次大提速；高速公路里程 2011 年达 8.5 万公里，为 2000 年的 5.3 倍；民航业的发展，从表 6 - 1 中客运量情况看，民航客运量增长最为迅猛，2011 年比 2000 年增长 337%。

表 6 - 1　中国交通运输部分指标情况

指　标　年　份	2000	2001	2002	2003	2004	2005	2006	2007	2008	2009	2010	2011
线路长度（万公里）												
铁路营业里程	6.9	7.0	7.2	7.3	7.4	7.5	7.7	7.8	8.0	8.6	9.1	9.3
公路里程	140	170	177	181	187	335	346	358	373	386	401	411
高速公路	1.6	1.9	2.5	3.0	3.4	4.1	4.5	5.4	6.0	6.5	7.4	8.5
民航航线里程	150	155	164	175	205	200	211	234	246	235	277	349
客运量总计（亿人）	148	153	161	159	177	185	202	223	287	298	327	353
铁路	10.5	10.5	10.6	9.7	11.2	11.6	12.6	13.6	14.6	15.2	16.8	18.6
公路	135	140	148	146	162	170	186	205	268	278	305	328
民航（万人）	67	75	86	88	121	138	160	186	193	231	267	293

资料来源：《中国统计年鉴》相关年份。

　　从旅游者角度看，旅游目的地、旅行社及酒店是比较核心的三个部分。下面我们对这三个领域的调研结果进行更细致的介绍。

（二）实证调研1：大丰麋鹿国家级自然保护区

　　麋鹿，因其角似鹿非鹿、头似马非马、身似驴非驴、蹄似牛非牛，俗称"四不像"。它原是我国特有物种，苏北南部沿海是其故乡。传说中麋鹿是姜子牙的坐骑，自古被视为祥瑞的神兽，但由于人类狩猎等原因，约 100 年前麋鹿在中国绝迹。

　　新中国成立后，国内外专家学者多次呼吁让麋鹿回归故乡，野生放养，并建立自然保护区。1985 年 5 月，世界野生生物基金会与国际自然和自然资源保护联盟等官员和专家在沿海考察后，选定江苏省中部黄海之滨的大丰市川东港以南的一片黄海冲积平原沼泽地。这里海天相接，河港蜿蜒，盐蒿遍野，芦苇遮天，有裸地、草地、蒲荡、竹园以及刺槐林，是太平洋西岸古生境保护最完好的半原始湿地，而且气候温和、雨量充沛、四季分明、无霜期长，是麋鹿理想的放养地。国家林业部和世界野生生物基金会合作，并由林业部与江苏省农业厅出资 300 多万元，共同建立了大丰麋鹿自然保护区①。1986 年 8 月，林业部和世界野生动物基金会合作从英国伦敦 7 家动物园引种 39 头麋鹿至保护区。

经过保护区工作人员 25 年的艰辛探索与努力，麋鹿数量迅猛增长，已近 1800 头，保护区拥有世界最大的野生麋鹿群和基因库。保护区内生物物种十分丰富，除了主要保护对象麋鹿外，还自由栖息着大天鹅、牙獐等 400 多个动物家族，生长着近 500 种海边植物，是一所天然的海滨博物馆，为候鸟重要越冬地之一，具有典型的沿海滩涂湿地生态系统及生物多样性特征。

保护区总面积 7.8 万公顷，其地貌由林地、芦荡、草滩、沼泽地、盐裸地组成，属于典型的黄海滩涂型湿地。这里孕育着种类繁多且在全球具有重要意义的多样性生物，1995 年加入中国人与生物圈保护区网络，1997 年成为国家级自然保护区，2002 年被列入国际重要湿地名录。

保护区充满了原始、古朴的风貌，含有大量沼泽、盐裸地和水域的森林草滩，成群结队的珍禽飞鸟，芦荡，连片的盐蒿，构成了一幅美丽的生态风景画，具有较高的观赏价值和旅游价值。保护区已初步建成具有海滨特色，以麋鹿为主、多种动物共存的海滨野生动物园，被中国野生动物保护协会确定为江苏唯一的中国野生动物保护科普教育基地。

随着麋鹿保护事业的发展，为开发生态旅游、提高综合效益，大丰地方政府在保护区另辟了 300 亩土地，建立了有原野风韵的麋鹿苑景点。在经济方面，保护区已经成为滩涂旅游的重要景点，带

---

① 保护区的官网也有多篇关于其发展历史及情况介绍的文章，也是本案例梳理的重要参考对象。

动了周边乡镇的餐饮、旅馆、交通和特色产品的发展，成为附近农民致富的重要依托。而每年一度的大丰麋鹿节，已经成为展示盐城生态形象和生态保护成果、促进招商引资的重要舞台。

保护区有科研、管护、宣传等部门，工作人员有 70 多人。平均每头麋鹿所吃的食物约 10 元/天，环绕 4 万亩湿地的围网由于土壤盐分较高，需要经常更换。国家每年拨付经费约 400 万元，仅能补偿其维护运行成本的一半，其他主要靠旅游门票等收入。目前保护区每年接待旅客 30 万人，门票收入 100 多万元。作为拥有世界级品质的生态旅游资源，可及性是制约其旅游发展的主要问题。资金投入不足，到达保护区的基础设施，特别是道路不是很顺畅，没有专门的直达旅游班车，标牌也不清楚。交通不发达，难以与临近的丹顶鹤自然保护区等协同联动，共同构成一条具有国际水准的精品旅游线路，制约其成为中国颇有影响的生态旅游胜地。

（三）实证调研 2：环球旅游

环球旅游是出境旅游的一种，出境游指公民跨越国境到其他国家或地区进行的旅游消费活动。1984 年前，在国家追求创收外汇目标的背景下，可以说我国没有真正意义上的出境游。那时，被积极鼓励的是入境游，我国对国内旅游都采取了"不宣传、不提倡、不鼓励"的政策，至于出境游，更是明确通知不宜组织群众自费出国旅游。

20 世纪 80 年代中期，中国才开始孕育出境旅游。最早是 1984 年国务院批准同意可以组织归侨、侨眷和港澳台眷属赴港澳地区探亲。同时，边境游开始放开，边境居民可以到相邻国家边境城市进行商贸和短期旅游活动。1987 年后，开展边境贸易和边境旅游的地区不断增多。1990 年 10 月，我国率先开放公民自费赴新加坡、马来西亚和泰国三国出国探亲旅游。1992 年后，我国改革开放进程加快，开始试办我国公民自费出境旅游，以改善和提升我国对外开放的整体形象，并在关贸总协定的服务贸易谈判中取得更多主动权。1997 年，经国务院批复同意，国家旅游局、公安部联合发布的《中国公民自费出国旅游管理暂行办法》于 7 月 1 日正式实施，同期还规定了中国公民自费出境旅游目的地国家（地区），标志着中国出境旅游市场的正式形成。随着经济的发展，人民生活水平的提高，国家政策的放松和逐步放开，目标重点也从探亲访友、商贸活动向休闲观光发展。

自香港和澳门之后，内地公民出境旅游目的地国家和地区数量增加。特别是 2002 年后，出境旅游目的地开放步伐明显加快，2004 年，同申根协议国家的谈判通过，2007 年美国正式成为目的地国家。截至目前，中国公民出境旅游目的地国家和地区已超过 100 个，涵盖亚洲、欧洲、美洲等许多国家和地区，具有地域上的广泛性。

经营出境游的旅行社，也由最初的特许经营逐步放开。1997 年，出国旅游组团旅行社由 9 家变为 67 家，2002 年变为 500 多家，2008 年底近千家。2009 年 2 月颁布的《旅行社条例》，规定"旅行社取得经营许可满两年，且未因侵害旅游者合法权益受到行政机关罚款以上处罚的，可以申请经营出境旅游业务"，进一步放松管制，出境旅游经营市场化程度大大增强。

中国不仅已是世界重要的旅游目的地，而且已逐步成为主要客源地之一。随着经济实力的不断增强，人民生活水平的提高，消费观念的增强，出境旅游还会保持快速增长。出境游不仅规模变大，内涵也在变化，市场在不断细分。休闲观光旅游，也从当初对国外的好奇，即出国去看看，向深度转变。旅游产品的不断丰富与发展，使游客有机会可以在某个国家和地区深度旅游，以深入体会生活，体验一个国家的文化魅力。

目前由于经济的快速增长，中国已经成为经济大国，出国旅游已是一种时尚。与深度游同时发展的另一趋势，则是环球旅行的兴起。全球众多供应商包括酒店、航空公司以及全球地接社，都非常重视中国的出境旅游市场。加之各国使馆签证的宽松，穿梭于各国已不再困难，环球旅行目的地成为新兴市场。著名科幻作家凡尔纳的《八十天环游世界》《海底两万里》等一系列作品，风靡于全球各地，把人们的思想带到了环游的梦想里。如今，国内已有的出境游旅行社如携程旗下的高端品牌鸿鹄逸游将《80天环游世界》的科幻电影以及小说变为现实，虽然目前还不太丰富，但已有这样的产品出现。环球旅行的游客有机会做一天地道的法国人，做一天地道的德国人，做一天地道的美国人。

鉴于环球旅行细分市场潜力巨大，目前市场供给不足，难以满足很多客户环球旅行的愿望，有些新创公司则尝试专注于该领域。北京天美环球旅行社在开发常规环球旅行线路的基础上，也同时尝试开发一些特色主打产品，如环球旅行之世界遗产，环球旅行之单身派对，环球旅行之幸福家族，环球旅行之浪漫红酒，环球旅行之宗教圣地，环球旅行之音乐盛会等一系列产品，以满足不同客户的需要，让中国中高端游客能够在实现自己环球旅行梦想的同时，体验更多不同国家的文化。

环球旅行面向的是高端客户，传统上困扰出境游的一些问题，如低负团费损害出境旅游者合法权益、滞留不回等问题不太可能出现，客户对质量更敏感。真正制约市场发展的问题是，如何确保旅行服务的高质量。2002年我国《中国公民出境旅游管理办法》《出境旅游领队人员管理办法》《旅行社出境旅游服务质量》等管理办法和标准的出台，在一定程度上规范了我国出境旅游市场，保障了服务质量。距离环球旅行的客户期望而言，这些保障质量的国家标准还有差距。大规模启动市场，需要提高质量标准，虽然难度较大。

（四）实证调研3：旅游饭店

中国旅游饭店业从1978年开始到现在，取得了很大发展。1978年，我国仅有137家饭店，其中绝大多数是国宾馆和国有招待所，仅有1万多间客房，住宿设施严重短缺，供不应求，利润率很高。当时的解决方法是尽快多建旅馆，进入市场培育阶段。比较有代表性的是建国饭店，1980 年投建，1982 年 4 月使用，该饭店聘请香港半岛集团管理，到 1984 年总结出了一套既引入国际科学管理方法又适合中国国情的管理制度。其后，建国饭店经营管理方法在全国被推广，是我国饭店管理体制改革的重大突破，最重要的意义在于使相当一部分饭店向企业转变，企业化进程大大加快（魏小安等，2009）。

经过近十年的发展，到 20 世纪 80 年代末，中国饭店已经达到一定规模，虽然通过学习建国饭店等，全行业经营管理水平有了很大提高，但突出问题就是饭店的设计、装修、经营、管理、服务等各个环节缺乏规范，海外客人投诉始终居高不下。国家旅游局对此问题高度重视，1987 年开始组织制定《中华人民共和国旅游涉外饭店星级标准》，1988 年 9 月 1 日开始执行，1989 年 5 月我国第一批 22 家星级饭店名单公布。1993 年 10 月饭店星级标准上升为国家标准《旅游涉外饭店星级的划分与评定》[①]（GB/T14308—93）。它是一个完全和国际接轨的标准，规范了饭店行业的经营与管理，提升了行业经营管理水平，推进了国际化发展。

1989 年政治风波的后两年，入境游客减少，饭店发展经历几年低谷，但也培育了市场意识。1992 年后，在我国提出发展社会主义市场经济的大背景下，饭店行业发展进入快速发展期。1993～1997年，饭店总量翻了一番，客房平均每年增长 10 万间。各种资本进军饭店业，1993 年上海新锦江大酒店作为第一家旅游企业上市。经过多年的探索与实践，1993 年 7 月，国家旅游局发布了《饭店管理公司管理暂行办法》，并于 1994 年审批公布了 16 家饭店管理公司，标志着饭店行业开始走向专业化、集团化阶段，饭店企业的管理水平上了一个新的台阶。但前几年酒店业发展过快，也造成行业的供大于求，经营效益持续下滑，全行业又经历了一次市场竞争的洗礼。

---

① 1997 年和 2003 年两次修订，现为《旅游饭店星级的划分与评定》。

1998 年，旅游业被中央确定为国民经济新增长点，被大部分省、市、自治区确定为支柱产业或重点产业，调动了各方投资饭店的积极性，推动了新一轮的投资。其后的政府机构改革和政企分离，使更多的国有饭店进入市场。随着 2001 年中国加入世界贸易组织，酒店业呈现国际化加深趋势，出现了国际竞争国内化、国内市场国际化态势，市场更加细分。比较有代表性的是经济型连锁饭店的快速发展，如家酒店于 2002 年创立，2006 年 10 月在美国纳斯达克上市。经济型饭店以住宿为核心功能，去除或简化了餐饮、娱乐、会议等辅助设施，经济型饭店也通过连锁方式品牌化发展。写字楼和公寓配套投放市场，吸引了饭店相当一部分长住客商。城市周边也出现环城市的休闲度假带，有大量度假村。社会旅馆规模本身就很大，很多也在逐步改造升级，但有些还主要是服务于大众客人。郊区的农家乐，有的也有住宿功能，满足城市居民休闲需要。

从目前发展态势看，信息技术的发展，也促进旅游酒店呈现智慧与精益化[①]的态势。智慧旅游，指利用移动云计算、互联网等新技术，合理安排和调整旅游计划。携程、去哪儿网、途牛等网站，提供真实点评服务，使网络更加公开透明，游客和酒店、目的地等之间的信息不对称问题大大减少。许多酒店将客房信息化服务外包，促进酒店客房信息化供应商的兴起。如浙江慧达驿站网络有限公司创立于 2005 年 12 月，已经成长为中国顶级的酒店数字客房服务商，业务已覆盖全国 31 个省市区，110 多个城市，4500 多家星级和经济连锁酒店。该公司在酒店运营领域积累了 6 年的专业经验，包括全国范围标准运维服务、4500 多家酒店满意度服务、1400 多万名住客不同需求和实时资讯信息服务等方面的综合考验和知识沉淀，为精益服务提供了良好基础。

针对不同细分市场的饭店类型，如经济型饭店、主题饭店、会

[①] 2012 年 4 月 22 日，中国旅游科学年会之精益服务促进智慧旅游研讨会在北京召开，年会综述可参见中国旅游研究院主编的《中国旅游评论 2012》。

议型饭店的相关标准也相继出台，为饭店个性化、专业化经营提供了指导。在中国饭店业发展初期，星级标准形成全行业共同品牌，其实质是一种准市场品牌。从类型上讲，星级饭店、度假村、农家乐、招待所、办事处、经济型饭店、社会旅馆、出租公寓等都属于住宿业的概念，目前在国家层面还没有开始从饭店管理到住宿管理的转变。比如一个外地人到北京出差，商务活动需要住好酒店，生意谈完想休息一下便到郊区住度假村，档次可能就下来了（魏小安等，2009）。在大的住宿业市场面前，需要重新定义星级饭店，不仅需要修订星级饭店标准，也需要针对不同类型的酒店制定一系列专项标准。

三　国际旅游业政策

旅游业有较长历史，但由于它多样和分散的性质，在相当长的时间内旅游部门并未被清晰界定，也未引起政策部门的重视。最近几十年，旅游在经济、社会方面的重要性，才逐渐被认识[①]。从经济角度，旅游创造就业和增长，产品与服务多样性提供多样的工作岗位和就业机会，也为企业发展提供大的潜力空间。旅游也是人们提高生活质量的一个重要方面，通过发现和分享价值，将人们更紧密地团结在一起。许多旅游目的地位于乡村、偏远的欠发达地区，旅游业发展可以帮助其保护文化遗产并发展地方经济，对促进这些地区的发展和团结也有着重要意义。

欧洲是世界上吸引国际旅行者最多的地方，它有特别多样性的文化财富，被列入联合国教科文组织（UNESCO）名录的900多个自然或文化遗产中，约1/3位于欧盟[②]。如同其他部门，欧盟旅游

---

① 旅游不仅具有经济价值，还有文化与社会价值，这正是欧盟推出社会旅游政策项目的重要依据。

② 由于资源禀赋条件在经济中的重要性，对旅游业的政策干预方面，日本和美国不及欧洲，因此，本部分我们重点讨论欧盟政策。

也面临更强的，特别是来自新兴的或发展中国家的国际竞争。一个重要挑战是人口趋势的变化，新的旅行行为和预期的变化，要求产业也随之变革以维持其竞争力。如老龄人口的比重，预期到 2020 年 65 岁及以上老人将占全球人口的 20% 以上，他们有更多购买力和休闲时间，意味着更大的市场潜力，也要求部门的变革以满足他们特定的要求。信息技术的发展和消费者对它的更多使用，会根本改变旅游产业和客户关系。控制环境的压力，对环境责任意识的提高，也会导致更严格的规制。面对这些挑战和机会，该部门中的企业，特别是中小企业，由于财力或人员素质的约束，并不能快速做出调整①。在这样的背景下，主要是过去的十余年间，欧盟已经采取措施，以发挥其比较优势，提供可持续和高质量的旅游。

1986 年 12 月 22 日，欧盟理事会决定，成立旅游顾问委员会（Advisory Committee on Tourism），以促进旅游业的信息交流、咨询及合作任务。其后的欧盟协定，要求欧盟委员会在旅游业领域采取行动，实现包括可持续发展和增长、更高水平的就业、社会凝聚、经济绩效趋同、提高生活质量和欧洲团结等目标。更主要的政策推动，则开始于 1997 年，11 月 26 日欧盟就业委员会和旅游部长会议前举行的欧盟关于旅游和就业的会议，承认实现平衡、可持续发展旅游的好处，并号召更深远的行动。1998 年，欧盟委员会成立关于旅游和就业的高层工作组，在它被广泛赞同的建议基础上，欧盟发布《增强旅游的就业潜力》（*Enhancing Tourism's Potential for Employment*）报告，得到议会、经济社会委员会和区域委员会的支持。1999 年 6 月，欧盟理事会要求欧盟委员会和各成员国密切合作，最大化实现旅游对增长和就业的贡献，特别涉及四个主题，包括信息、培训、旅游产品质量和可持续。2000 年 2 月到 2001 年 7 月，旅游顾问委员会组建若干工作组，由不同成员国牵头，就这些

---

① 关于旅游业发展的环境态势与挑战，欧盟委员会文件《欧洲可持续旅游的基本方向》[*Basic Orientations for Sustainability of European Tourism*，Com（2003）716final] 附录 1 和附录 2 有更详细的描述。

问题展开深入研究，并就许多共同问题达成共识，特别是信息、知识及其传播的基础性角色；需要服务于中期及长期目标的有能力的人才资源；与环境政策整合、推动可持续旅游；需要旅游服务和基础设施质量概念、评估和监测的协调；需要加速将信息技术和服务应用于所有旅游活动和企业中，特别是中小企业；需要一个利益相关方广泛参与的网络，以及更一般的伙伴关系，确保建议能够被实施。这些工作组的报告为 2001 年欧盟委员会的文件《一起为欧洲旅游业的未来而努力》（Working together for the Future of European Tourism）提供重要基础。这份文件的出台，标志着前几年工作告一段落，也勾勒了欧盟所要采取的一系列政策行动。其后，欧盟委员会 2003 年的《欧洲可持续旅游的基本方向》（Basic Orientations for Sustainability of European Tourism）、2006 年的《新的旅游政策：朝向服务欧洲旅游更强的伙伴关系》（A Renewed Tourism EU Policy：towards a Stronger Partnership for European Partnership for European Toursim）、2007 年的《可持续和有竞争力的欧洲旅游》（Agenda for a Sustainable and Competitive European Tourism）和 2010 年《欧洲，全球第一的旅游目的地——欧洲新的旅游政策框架》（Europe，the World No. 1 Tourist Destination-a New Political Framework for Tourism in Europe）等文件报告，可以说是 2001 年文件的延续与深化，一起界定了欧盟的旅游政策框架。

由于产品分散，商业环境、公共部门及私人等利益相关方的多样性，许多政策领域都可能对旅游产生相当的影响。特别是交通（可持续移动性、乘客权力和安全、运输质量）、竞争（问题涉及企业集中度，特别是提供在线旅游服务的、垂直整合、公共资助）、内部市场（自由设立和提供旅游相关服务、提升旅游质量、发展电子商务）、税收（消除内部市场的税收障碍、如何对待旅行社等企业、税收减免）、消费者保护（合同有关的权力、不公正商业实践、远程销售）、环境、就业和培训、文化或地区和乡村发展政策（European Commission，2010）。虽然旅游也会从市场一体化等政策中受益，但尊重自然和文化区的承载能力，推动可持续、高质量和有竞争力的旅游，是与旅游业最密切相关的政策核心领域，也是本部分讨论的重点①。

（一）提升产业竞争力

为了增强欧洲旅游业的竞争力，加强该部门动态和可持续增长，欧盟从多方面采取措施，包括多样化旅游服务供给，强化供给质量，加强创新，提高专业技能，克服需求季节性特点，帮助改善旅游统计和分析等，下面我们做具体考察。

推动旅游服务产品提供多样化。利用主题旅游产品的发展，帮助推动供给多样化，鼓励入境游。主题旅游包括遗址文化、现代文化、受保护的自然地点等各类遗产，健康（包括SPA），教育，饮食，历史，运动或宗教，农业，乡村，海洋，工业，甚至某地的经济结构。在文化旅游领域，欧盟已经采取行动，近年来成立一些跨国界项目，如 Via Francigena、Santiago de Compostela。这项实践，还可能被扩展到 Natura 2000② 所列的部分地区，它们是旅游目的地，涵盖欧洲 17% 的地域。又如欧盟认识到海洋和海岸旅游对于许多地方经济发展、经济多元化的重要性，特别是对于由渔业和造船业下降所导致的收入下降的地区。作为区域发展战略的一部分，支持这种多元化，欧洲渔业基金推出一个新的优先主题，即可持续发展渔业区。目的是充分利用航海和游船的潜力，促进海岛和海岸及海洋区发展探索，小规模渔业和旅游基础设施也可能被支持。乡村发展农业基金（European Fund for Rural Development），可以支持乡村旅游企业成立，在乡村地区发展和推动农业旅游，包括山区文

① 当然，实际中提升竞争力和推动可持续是密切相关的，政策边界也有交叉。欧盟委员会、理事会、议会等发布的各种文件、法律决定，以及欧盟委员会官网发布的信息为了解其政策提供了较好条件。

② Natura 2000 是欧盟自然和生态多样性政策的核心部分，它是欧洲范围的自然保护区网络，根据 1992 年保护区法令（Habitats Directive）设立。

化和自然遗产的商业化。

促进旅游业信息技术应用。未来的数十年，旅游业的一个重要趋势，是从大众化向个性化旅游转变，创新信息技术，成为旅游业竞争力和加强与关联产业联系的决定性因素。大的旅游公司已经作出反应，发展电子商务应用与自己的预订和销售网络，但欧盟认为还需要加速信息工具和服务在旅游活动中被公共和私人旅游机构，特别是被那些中小企业使用。旅游业是《电子欧洲计划》的优先领域，当前采取的行动，是为利益相关方发起 ICT 和旅游平台，通过最大化利用两部门可能的协同，促进旅游业和企业对新的信息技术使用的努力，提升竞争力。该平台由政策、技术和运营三个部分组成。政策部分主要是成立一个专家组；技术部分主要是一个旨在促进旅游产业链不同环节公司间合作、中小企业可以低成本参与的示范项目；运营部分是一个实用的支持性门户，将帮助企业进行每一步的决策和商业过程，一站式提供市场开发、立法、资助机会、统计数据等①。示范项目已于 2012 年 1 月启动，计划周期 30 个月，门户计划到 2013 年底投入使用。

改善从业人员专业技能。改善旅游部门从业人员专业技能，以维持欧洲世界第一的旅游目的地地位，并适应新技术、新市场需求，增强流动性。在短期，欧盟在 EURES② 中专门有一部分面向住宿餐饮部门，目标为该部门提供一个统一的在线平台，让雇主评估员工候选人的技能和经验，促进需要和供给更好的匹配，并增强流动性。为了支持旅游部门的培训，中期欧盟委员会将努力推动不同欧洲项目所提供的机会，如终身学习项目（Lifelong Learning Programme）和年轻企业家项目（Erasmus for Young Entrepreneurs）等。长期，则构想发展一个旅游业技能框架项目。

---

① 关于该项目的更详细的信息，可参见欧盟官网 2012 年 3 月 27 日专家组第一次会议有关的文件资料。

② 欧盟增强工作流动性的门户网站。

鼓励季节性延展。在淡季更好地利用旅游基础设施和人员，能够使企业提高生产率，提供更稳定的和被激励的劳动力。2008 年欧洲议会采纳 3 年期（2009 ~ 2011 年）、至少在 2 个成员国或候选国家之间自愿参与的淡季旅游互换计划项目（CALYPSO），前两年预算分别为 100 万欧元，第三年预算为 150 万欧元。项目主要面向年轻人、老人和低收入人群等。作为社会旅游的准备性项目，项目另一主要目的是提高社会福利及欧盟认同感。区域互换项目，是鼓励地区间和跨界合作的标志性项目[1]。在国际层面，2010 年，和西班牙、法国等成员国政府、旅游业和航空公司及南美国家进行合作，启动"5 万旅行者项目"（50000 Tourists Initiative），从 2012 年 10 月至 2013 年 3 月鼓励 2.5 万名南美游客赴欧洲，从 2013 年 5 月至 10 月鼓励 2.5 万名游客赴南美。在未来，该项目可能会向北扩展到更多国家。

改善旅游的知识基础。1995 年 12 月，欧盟采纳了《关于搜集旅游业信息的法令》（*On the Collection of Statistical Information in the Field of Tourism，Council Directive 95/57/EC*），要求成员国提供定期及具体的旅游信息。2011 年 7 月，欧洲议会及欧盟理事会重新审视拓展该法令，采纳关于旅游的新规定［Regulation（EU）No. 692/2011］，从 2012 年实施，数据结构及发布、重要性和可比性、时间点等方面，将有相当改善。欧盟统计局也将不断出版对于产业界和旅游业有用的专题报告，如《旅游全景扫描》（*Panarama on Tourism*）、《旅游手册》（*Pocketbook on Tourism*）和关于夏季和冬季趋势的《统计要点》（*Statistics in Focus*）、《旅游业信息技术应用》（*ICT in Toursim*）、《欧洲人如何过节》、《旅游业就业》等。但还需要进一步在欧盟层面鼓励成员国、目的地、产业代表和公私机构更大的协同，以强化统计和分析。在短期，它还计划通过试点

---

[1] 该项目更具体的信息，可参见欧盟 2010 年的介绍手册《Calypso widens Europe's travel horizons》。

项目，加强研究机构、大学、公共部门和私人监测机构的知识网络。中期将在试点基础上，在欧盟层面以支持和协同不同国家研究机构，推动实施虚拟旅游观察（Virtual Tourism Observatory），提供欧盟层面旅游的社会经济数据。虚拟旅游观察计划有三部分，最终将根据到 2012 年底的可行性研究而定。其统计数据库，将服务于证据支持的政策制定；分析部分预期将定期发布报告，描述最新发展并充当早期预警系统，以便政策能对影响旅游业部门的变革及早做出反应；而其政策观察部分，将监测成员国的政策发展，包括收集最佳政策实践，并为未来政策项目提供支撑。总之，虚拟旅游观察将成为政策制定者、利益相关者和研究人员核心的信息来源。

加强可视性与推介。由于其复杂性，旅游经常被狭义看待，而对其推动经济和社会发展的功能认识不足。从 2002 年起，在不同成员国举行年度论坛，以加强利益相关方活动联系，增强可视性和对欧洲旅游的理解。论坛将来自旅游业界及社会、欧盟机构、成员国和地方部门旅游的有关代表聚集在一起，讨论该部门面临的挑战。每年论坛都关注特定主题，如竞争力、可持续、质量等。从 2008 年起，每年 9 月或 10 月某天，举办欧洲旅游日（European Tourism Days）。国际层面，欧盟考虑到一些非欧盟国家作为游客来源的潜力，认为吸引更多来自新市场、能够付得起高质量旅游的游客来欧洲会有利于就业和增长。旅游目的地形象及认知和旅游竞争力密切联系，为巩固欧洲整体作为可持续和高质量旅行目的地的形象，欧盟委员会资助成立欧洲旅游门户网站（visiteurope.com），2006 年 3 月开始运行，由欧盟旅游委员会管理。它提供包括关于欧洲的实用信息，如旅行计划（交通、天气、日历）或建议去哪里，做什么，并提供各国网站的链接①。欧洲一些城市和区域也主

---

① 其中文版网站也已开通，关于其具体提供内容可访问 http：//www. visiteurope. com. cn。

办许多文化活动，如欧洲文化之都、节日、运动，对于宣传主办地形象能发挥重要作用，旅游小企业也可从中受益，欧盟委员会也将分析这些活动的影响。欧盟鼓励在主要的国际事件或大规模的旅游活动或展示中进行推介行动，以及强化欧盟在国际组织，特别是世界旅游组织、OECD 等中的参与等。

更好的规制。规制对于旅游业竞争力和目的地来说特别重要，考虑到许多政策领域影响旅游业，欧盟已经在采纳行动，以改善规制。2005 年《服务于增长和就业的更好规制》（*Better Regulation for Growth and Jobs*），表明欧盟已经采取改进的方法以推动规制的改善。它强调对于新项目，改善和扩展影响评估（Impact Assessment，IA）应用，确保在有可能影响旅游的项目中，都会考虑对其影响。欧盟还简化立法，如关于专业资格认证、以促进旅游部门专业人士提供服务的 2005 年 36 号法令（Directive 2005/36/EC）。2008 年关于消费者保护的新的《共享时间法令》（*Timeshare Directive*）（Directive 2008/122/EC）高票通过。

提供指导性文件。2003 年，评估旅游目的和服务的《质量手册》（QUALITEST）发布，提供工具，以便于竞争质量测度、决策和对标。为了促进从简单的培训向普遍解决方案转变，使旅游具备创新所需要的技能，学习区（Learning Areas）被推出。2006 年的指导性文件《如何创建一个旅游学习区》（*How to create a tourism learning area*），既提供一般的框架，找出学习区基本的要素，界定必须的技能，也将考虑创新环境的出现，并允许它们在特定地域（目的地）实施，并提供实施所必要的支持和培训。

（二）推动可持续发展

旅行目的地受自然和文化环境强烈的影响，并和当地的社会融合成一体，因此，旅游产业部门的竞争力和可持续性密切联系。旅游可持续指旅游经济与社会可行，同时不破坏环境和当地文化，要求商业和经济成功、自然环境保护与发展及对社会和文化价值的责任（Commission of the European Communities，2003）。具体来说，旅游可持续性涉及多方面，包括对自然资源负责任的使用，考虑活动对垃圾生成及水、陆地和生态多样性等影响，清洁能源的使用，目的地遗产保护和对自然与文化完整性的保持，创造工作机会的质量和可持续性，地方经济后果等。

1999 年，联合国可持续发展委员会采纳《旅游和可持续发展的决定》（Tourism and Sustainable Development's），其实施计划于 2002 年在全球可持续发展峰会上被采纳。欧盟也积极作出响应，2004 年，成立旅游可持续委员会（Tourism Sustainability Group，TSG），以鼓励利益相关方的协同，并贡献于"21 世纪日程项目"①，促进欧洲旅游业持续发展。该委员会专家由产业协会代表、目的地代表、商会/公民社会、成员国代表及国际组织如世界旅游组织代表构成。在该委员会的报告基础上，2007 年 10 月，欧盟委员会采纳《可持续和有竞争力的欧洲旅游》（Agenda for a Sustainable and Competitive European Tourism）。根据此框架，欧盟委员会将逐步在旅游领域实施支持性政策与采取行动，当然，有些关于旅游业可持续发展的工作此前也已展开，如 2000 年，欧盟委员会环境大部发布《可持续旅游和自然 2000：指导、项目和欧洲好的实践》（Sustainable Tourism and Natura 2000：Guidelines, Initiatives and Good Practice in Europe）②。具体措施，包括以下一些方面。

杰出目的地项目。从 2007 年开始，欧盟委员会开始实施杰出目的地（European Destinations of Excellence，EDEN）项目，以推介欧盟可持续旅游模式。该项目每年在竞争基础上，选出每个参与成员国的一个杰出旅行目的地。如 2007 年的主题是新兴的乡村旅

---

① 联合国的环境保护项目，是非强制性、自愿实施的行动计划。

② 还有如 1995 年，开始推出生态鼓励和决策框架（EU Eco-Management and Audit Scheme，EMAS），以让公司或其他组织评估、报告和改进它们的环境绩效，但由于公司等动力不足，实施结果不尽如人意。

游目的地，2008 年是当地无形遗产，2009 年是保护区。所选目的地的关键特征，是其致力于社会、文化和环境的可持续性。它也提供一个经验交流的平台，帮助好的经验传播。欧盟还计划在 EDEN 与有竞争力和可持续（NECSTouR）网络的基础上，发展目的地可持续管理的指标系统。

　　增强可及性。旅游可持续不仅包括生产模式可持续以及社会、文化和环境可持续，还包括消费模式可持续。行动不便的人，还有许多老龄人，有可及性需求。他们寻找关于可及性服务的信息、在机场取行李和预订特定设施的房间等，通常会较难，成本更高、更费时。增强他们的旅游可及性，不仅是社会责任问题，也是急迫的商业问题。根据 2008 年联合国关于残疾人的人权会议，全球各类残疾人大约有 6.5 亿人，如果考虑到他们的家庭成员，受影响的人群大约有 20 亿人，带来很大的发展挑战，对经济和社会也产生巨大影响。许多案例表明对设施的调整、提供准确的信息和理解残疾人需求导致游客增加。欧盟也正致力于增强旅游可及性，包括提高利益相关者认识、收集有特定可及需求者的信息，找出改善可及服务的解决方案。2004 年，欧盟发布《为残疾人改善可及旅游的信息》（*Improving Information on Accessible Tourism for Disabled People*）实用手册，用以指导如何提供信息。

　　消费者保护。得益于保护乘客在旅行时遭遇困难的法律框架，航空和铁路乘客的权利发展对于欧洲旅游业的发展特别重要。欧盟的目标，是让汽车、水运乘客等拥有相似权力。欧盟还和成员国、产业界及利益相关方组织合作，改善旅馆结构的安全性，特别涉及防火的。在年度《消费市场记分牌》①（*Consumer Market Scoreboard*）中，欧盟委员会将监测消费者对不同旅游服务市场（交通、雇佣、住宿、线路）的满意度。它还计划基于已有的国家经验，发展一个欧洲"质量旅游"品牌，增强消费者对安全和旅

————————

① 用于表明哪个市场运行不良、不能满足消费者预期，记分牌分春秋两季发布。

游产品的信心。

政策协调。根据 2005 年欧洲议会要求，欧盟委员会在每年的工作计划中，把可能影响旅游业的项目找出来，以确保在早期阶段它们对旅游业竞争力的影响被考虑。欧盟委员会也将继续努力，让旅游顾问委员会以及时、有效和透明的方式知晓在其工作计划中与旅游有关的项目。这将允许国家、地区和当地层面各利益相关方，定期了解欧盟的项目。

关于可持续旅游，欧盟还发起了一系列准备活动。2009 年活动包括制作"用自行车发现欧洲"视频及举办三个区域性研讨会，目标是提高人们对自行车旅行及对可持续旅游贡献的认识。2010年，延续上年，支持和推动跨边界和国界的自行车之旅和网络，以改善自行车旅行的可持续性和竞争力。2011 年，则是增强和推动多种作为可持续旅游发展的跨国界主题旅游产品。

在当前的资助期，欧盟委员会将推动和动员对于旅游业有利的支持工具和项目，包括区域发展基金、FP7、CIP 等，它们有资助可持续发展的可能，最大化发挥财政政策和工具对发展旅游的潜力。如旅游也是 CIP 项目下欧洲企业网络的一个重要产业领域①。2010 年的《欧洲，全球第一的旅游目的地——欧洲新的旅游政策框架》文件报告指出，欧盟还将计划一系列行动。如将组织针对旅行者，涉及目的地、交通工具、当地人口关系及反对滥用妇女和儿童的宣传活动。它还将帮助旅游业界找出与气候变革相关的风险，以避免不必要的投资损失，并利用机会发展和提供其他的旅游服务。确立和加强欧盟与主要新兴国家，如金砖四国与地中海国家的合作，以推广可持续和负责任的旅游发展模式，交流经验。

---

① 创意产业也是，关于欧洲企业网络项目更具体的介绍，可参见第七章。

第七章　国际一般性政策实践态势

一　政策概况

在促进服务业发展方面，欧盟政策最为系统和相对成熟。美国做得很少，如在创新政策方面落后于其他一些工业化国家（Ezell，2008/2009）。作为后发国家，中国在一些方面与十几年前的欧盟也更为相似，如研发成果可转化能力弱、产学研联系不紧密等，对中国更有借鉴启示意义，由于细分产业部门的政策我们已在前面三章分别讨论，因此，本章关注的重点将是欧盟一般的政策态势①。

目前，欧盟有 27 个成员国，成员国相对欧盟本身来说，具有较强的自主性与独立性。一些国家在某些方面，可能会率先实施一些政策。以服务业创新为例，2006 年，芬兰率先开始实施服务业创新领域项目，2008 年的国家创新战略也将服务创新作为芬兰竞争力的一个核心要素。到 2009 年，芬兰对公司的资金支持，50% 以上被用于服务业；从创新形态角度看，对非技术创新（包括商业模式、服务概念、品牌化、社会创新等）占所有资助资金的 41%②。德国也于 2006 年推出服务业创新项目

---

① 所谓一般（Horizontal），指并非针对特定某具体细分产业部门，而是面向不止一个产业。

② 可参见对芬兰技术与创新局（Tekes）、EPISIS 的项目协调人 Anna-Maija Rautiainen 的介绍，EPISIS 项目情况，可参见后面第 5 节的内容。

（Innovation with Services Programme），服务创新也得到其联邦政府高技术战略的支持。由于欧盟积极推进成员国政府政策部门间的交流，好的政策实践可以被较快交流、推广至其他国家，并成为欧盟层面的政策。如就服务业创新来说，欧盟支持服务业创新政策与工具项目中，服务业创新政策实践领先的芬兰、瑞典、丹麦、英国和德国等国家与服务业创新有关的政策机构，就分别担任其不同工作小组的协调者，以更好地促进各国间政策制定者和创新机构间跨国合作与交流。因此，欧盟政策也将基本能代表欧洲国家最新发展态势的情况，我们的分析重点将主要聚焦于欧盟层面。

欧洲在政策推动方面的积极主动，有其深刻的背景，即全球化和知识经济的挑战。全球化意味着欧洲所有产业部门面临日益强烈的国际竞争，而信息技术革命的突然到来，欧洲在 ICT 产业发展和对经济社会渗透应用、创新能力等方面又落后于美国。为了迎接挑战，欧盟理事会于 2000 年 3 月在里斯本举行一次特别会议，达成一项关于欧盟新十年的发展规划，即里斯本战略（Lisbon Strategy），旨在推动信息技术应用与研发、促进竞争力提升和创新的结构变革、实现内部统一市场等，"成为世界上最有竞争力和动态的以知识为基础的经济体，以增强就业、可持续增长和社会凝聚"①。在实际推动方面，并不认为需要新的过程方法，而是提出改进已有的过程方法和实施更加开放的协调方法。就实施效果而言，大家的共识是，欧盟没有实现里斯本战略所期望的变革潜力，进展远远不够②。

2005 年新的"里斯本战略"③，并没有放弃原有的目标，而是

---

① 更具体内容参见 "Presidency Conclusions of Lisbon European Council on 23 and 24 March 2000"。

② 参见 Wim Kok 领导的高层专家组 2004 年 11 月的报告《面对挑战》（Facing the Challenge：The Lisbon Strategy for Growth and Employment）。

③ 更具体内容参见 COM（2005）24，Working together for Growth and Jobs：A New Start for Lisbon Strategy。

作了调整，将目标更清晰地聚焦于增长和就业，即主要的努力将围绕两个主要任务：一是实现更强劲、持续的增长；二是创造更多、更好的工作岗位。此外，另一重要变化，是强调需要新的行动计划确保愿景的实现。主要提出三方面行动，一是通过扩大深化内部市场、改善欧盟和成员国规制、确保欧洲内外开放的竞争环境、扩展和改进基础设施等，成为更有吸引力的投资与工作目的地。二是通过增加和改善对研究和开发的投资，促进创新、ICT 应用和资源可持续使用，及构建较强的产业基础等，以知识和创新推动增长。三是通过吸引更多人就业和现代化社会保障体系，增强工人、企业和劳动力市场的适应能力，更多地投资于人力资本，以创造更多和更好的工作。2005 年后，随着战略重点的调整，一些新的立法和政策措施出台。如 2006 年，推进欧洲服务业内部市场发展的法令——"Service Directive"颁布；又如新增的竞争力与创新框架项目（The Competitiveness and Innovation Framework Programme，CIP），期限从 2007 年至 2013 年，总预算 36.21 亿欧元，该框架项目以欧盟中小企业为主要目标，目的是增强企业在各自领域内的竞争力和创新能力[①]。

　　新的里斯本战略框架下，一些政策成效已经显现。就目前的相关政策而言，有的直接针对服务业，如 2006 年推进欧洲服务业内部市场发展的法令。但这类政策并不多，服务业的特性及个性化的政策需求，近些年才逐步被重视。2006 年 12 月，欧盟竞争力委员会《关于全面创新战略的决定：欧盟层面的 9 个战略性优先创新行动主题》[②]，其中一个关于服务业创新和非技术创新，指出当前欧盟和成员国的创新政策并未充分考虑服务业部门的重要性和特

---

① 依据欧洲议会第 1639/2006/EC 及 2006 年 10 月 24 日欧盟理事会决定设立，项目的框架可参见欧盟委员会的 COM（2005）121 提请设立该项目的文件。

② 即 Council Conclusion on A Broad-based Innovation Strategy: Strategic Priorities for Innovation Action at EU Level, 2769th Competitiveness (Internal Market, Industry and Research) Council Meeting, Brussels, 4 December 2006。

性，要求欧盟委员会评估服务业创新相关的政策需求。一些政策并非直接针对服务业，但包括服务业领域，如领先市场项目包括服务业部门；又如面向中小企业的项目，包括欧洲企业家网络（EEN），并非仅面向某些服务业部门，是水平的政策，可能是与所有产业都有关系，因为服务业企业中中小企业比例更高，也可以获益，这些政策对于服务业也很重要，也是我们要考察的内容。还有一些政策，如提升人力资本的政策等，虽然也对服务业发展很重要，但直接关联性不如前面一些类型的政策，因此，它们不是本章的考察重点。

总体来说，欧盟与服务业有关的政策，或者说对于促进服务业发展比较重要的政策工具大体可以分为四类，其中，前三类偏重于政策内容，后一类偏重于政策制定、实施与评估机制等。下文我们分别对其加以更细致的考察①，最后进行小结性的讨论。

二　资金支持

（一）研发资助

欧盟研究与技术开发的第 7 框架项目（The Seventh Framework Programme for Research and Technological Development，FP7），是欧盟（EU）当前主要资助研发的工具②。该项目中，中小企业被鼓励积极参与所有的研发活动，与第 6 框架相比，一个变化就是对中小企业进行的研发活动的资助比例由最高的 50% 提高为 75%。在其能力项目部分，有两个政策工具专门面向中小企业，一个是中

---

① 本章的政策梳理，参阅了许多政策文件与报告资料，在后面合适的地方将只列出其中关键的一些。

② 总预算 500 亿欧元，期限 2007～2013 年，包括合作（Cooperation）、想法（Ideas）、人员（People）、能力（Capacities）和原子能（Euratom）五个具体的项目，其中合作项目最重要，总预算资金 320 亿欧元。

小企业研发项目（Research for SMSs），另一个是中小企业协会研发项目（Research for SME Associations）。这两个项目总预算为13.36亿欧元，面向有能力去创新但受限于自身研究能力的大量欧盟中小企业，为增强参与和有利于中小企业，外包的特点被强调。它们都是自下而上的计划，可以是科技领域的任何主题，服务业企业当然也可以利用。

1. 中小企业研发项目

该项目旨在支持小群创新性中小企业解决共同的或互补的技术问题，项目期限通常在1~2年。项目需要符合中小企业的总体商业和创新需求，能为参与的中小企业产生清晰的经济价值。中小企业参与者是项目直接的获益者，它们投资于研发，并将大部分研发和测试活动外包给研发承担者，以获得开发新的或改进已有产品、系统、过程或服务所需的技术知识。中小企业自己所进行的研发活动主要集中于最初的需求细化和后期验证及所获取知识的检验。在欧盟委员会看来，中小企业研发项目，虽非解决短期技术问题的合适工具，但可以帮助公司购买技术知识，使中小企业接触国际伙伴、研究中心网络，并为企业中长期发展建立国际联系。

中小企业研发项目的伙伴联盟构成条件主要有两个：一是至少有3个独立的中小企业参与者，它们分别位于3个不同成员国或其他国家；二是至少有2个研发承担者，它们独立于其他参与者，可来自任何国家的大学、研究组织和产业界的公司，包括进行研发的中小企业。其他企业和终端用户也可以参与，以对项目能有所贡献，但必须独立于其他参与者。一般来说，伙伴联盟成员一般在5~10个。

每个中小企业研发项目总预算通常在50万~150万欧元，尽管欧盟资助其中相当部分，使那些想购买第三方研发或测试服务的中小企业可以得到补贴，但并不覆盖所有成本，缺口将由参与公司承担。项目活动通常有四类：研发与技术开发活动，构成项目核心，主要贡献来源于研发承担者；测试活动，用于表明新技术可行，但还不能直接商业化；管理活动；其他活动。项目管理协调可以由一个研发承担者或参与项目的专业管理伙伴进行。欧盟最多资助 50% 研发活动成本的[①]、50% 的测试成本、100% 的项目管理和其他成本[②]。此外，为了推动研发和测试活动能够外包，项目资助金额还要不超过外包给研发承担者合同价值的 110%。

2. 中小企业协会研发项目

该项目支持研究开发面向特定产业部门或价值链环节中大量中小企业共有问题的解决方案，如满足健康、安全和环境保护的规制要求，而这些问题不可能在中小企业研发项目下解决。项目必须由中小企业协会推动，中小企业协会成员，是直接受益者，它们投资于研发，也将大部分研发和测试活动外包给研发承担者，以获得所需的技术知识。代表小企业成员的中小企业协会和研发承担者之间是买卖关系。协会应该能代表大量中小企业的利益，而且更有可能代表中小企业中长期的利益，因此，该项目被寄予更高期望。最好的项目，是那些能够解决一般的问题，如废弃的电路板回收、半导体工艺过程的开发，如果项目太具体，倾向于由少量中小企业推动，欧盟委员会对其失去兴趣（Tecknofi，2011）。

合格的项目申请，项目参与者通常要求在 10 ~ 15 个。其中，至少有 2 个研发承担者，还必须有终端用户，即 2 ~ 5 个单个中小企业用户参与，以确保项目结果能够满足中小企业需求，并能为大量中小企业所应用。此外，还要求至少有 3 个位于不同成员国或相关国家独立的中小企业协会/组，或 1 个欧盟层面的中小企业协会/组[③]。项目总预算一般在 150 万 ~ 400 万欧元，期限 2 ~ 3 年。成本补偿方式和中小企业研发项目一样[④]。

[①] 如果研发承担者为中小企业、非营利性公共组织、高等教育机构和研发组织等，则比例最多不超过 75%。

[②] 更具体的测算示例，可参见《Research for SMEs at a Glance》。

[③] 中小企业协会/组是法人，能够代表中小企业的利益，如行业协会、国家或地区行业协会及商会等。

[④] 具体的测算示例，可参见《Research for SME Associations at a Glance》。

关于知识产权所有和使用权，在默认情况下的中小企业项目下，所有结果和知识产权归属中小企业，在中小企业协会项目下归属协会，但只要规则清晰，并充分确保项目结果能够被应用，允许项目组自我调整。从实际情况看，趋势是研究承担者更倾向于拥有所有权以便进行后续研究，中小企业获得排他性的免费使用授权（Tecknofi，2011）。

（二）股权投资和贷款担保

竞争力与创新框架项目的企业家与创新实施项目（Entrepreneurship and Innovation Programme，EIP）[①] 中，有一部分政策工具与融资可及性（Access to Finance）有关。由欧洲投资基金（European Investment Fund，EIF）实施，旨在通过成员国的金融机构，为中小企业获得商业融资，包括为风险资本及银行贷款提供便利，以支持创新性或有高增长潜力的公司发展。具体政策工具分为以下两类，到 2013 年预计能帮助 30 万 ~ 40 万个中小企业。

1. 高成长和创新性中小企业项目（High Growth and Innovative SME，GIF）

该项目工具占 2007 ~ 2013 年总预算（11 亿欧元）的一半，使欧盟以股权投资参与已有风险资本，加强对早期和扩张阶段中小企业的资本支持。该项目有两个窗口[②]，分别是面向种子和起步阶段投资的 GIF1 和面向扩张阶段投资的 GIF2。具体来说，GIF1 投资于早期阶段基金、地方基金、特定部门基金、孵化器基金、联合投资，甚至天使投资人推动和投资的工具；GIF2 投资专业化风险资

[①] 竞争力与创新框架项目由三个实施项目构成，除企业家与创新实施项目，另两个为信息通信技术政策支持项目（The Information Communication Technology Policy Support Programme，ICT-PSP）和欧洲智慧能源项目（The Intelligent Energy Europe Programme，IEE），前者占总预算资金的 60%，后两者各占 20%。

[②] 具体参见 2007/C 302/09，Notice of Implementation of the High Growth and Innovative SME Facility under the Competitiveness and Innovation Framework Programme（2007 – 2013），*Official Journal of the European Union*，14. 12. 2007。

本基金,进而为具有高成长潜力的中小企业提供准股权或股权投资。想申请股权投资的中小企业需要联系和 EIF 投资签约的风投基金,这些基金基于通常的商业标准做投资决策。

GIF1 通常投资风投资本所有股权的 10% ~ 25%,在特定情况下可以达到50%。GIF2 面向投资于扩张阶段的中小企业风险资本,可投资所有股权的 7.5% ~ 15%,特殊情况下,可以达到50%。想参与该项目的金融机构,需要和 EIF 联系,EIF 将在预算资金范围内对新的申请进行考察,并努力实现地区间的平衡。

2. 中小企业担保项目 (The SME Guarantee Facility,SMEG)

该项目工具占总预算 (11 亿欧元) 的另一半,通过担保,鼓励银行给中小企业提供更多的贷款,包括小额信贷和中等额度贷款,以降低银行风险。具体的项目窗口分为四类[①]。一是通过为贷款等债务融资提供直接或间接担保,支持具有成长潜力的中小企业。二是对不超过 9 个人的微型企业提供小额贷款担保,以鼓励金融机构在提供小额贷款方面发挥更大的作用,金融机构也可以获取技术支持以降低小额信贷内在的高管理成本。三是对进行种子或起步阶段投资的金融中介机构提供担保。四是担保以支持对中小企业的贷款证券化。

想申请有担保贷款的中小企业也需要联系和 EIF 有协议的金融中介机构。想参与该项目工具的金融机构可联系 EIF,EIF 也将在预算资金范围内对申请进行考察,并努力实现地区间的平衡。

2008 年和 2009 年,欧盟委员会在各成员国首都组织一系列的"欧盟中小企业融资日"活动,以提高当地对支持融资可获得性的认知,这些活动不仅提供政策信息,还为当地的利益相关方提供经验交流平台。当然,竞争力与创新框架下的金融支持工具并非是欧盟仅有的改善融资环境的工具,第 7 框架项目下,创新性中小企业

---

① 具体参见 2007/C 226/02,Notice of Implementation of the SMEs Guarantee Facility under the Competitiveness and Innovation Framework Programme (2007 – 2013),*Official Journal of the European Union*,26.9.2007。

还可以利用风险共担金融项目（Risk Sharing Finance Facility, RSFF）[①]，该项目支持应用研究和结果的商业化。

三 商业与创新服务支持

（一）生活实验室

2006年底在欧盟第6框架项目（PF6）下开始发起建设欧洲生活实验室网络[②]（The European Network of Living Labs, ENoLL），已被视作构建知识经济时代欧洲创新体系实现就业和增长目标的关键一步。生活实验室，顺应了开放创新的时代趋势，如近年web 2.0已经表明，在维基百科等大规模协作产品开发中让用户积极参与、集体创造新内容和应用的成效。生活实验室正是要广泛充分利用创造性人才、社会文化多样性和最终用户难以预料的想象和创新力。

生活实验室的实质是一种研发和创新基础设施，用户驱动、开放创新是核心特征[③]。生活实验室是合作伙伴网络所形成的创新生态系统，生活实验房（Living Lab House）是其物理设施。它将顶级研究机构和公司带到一起，在以用户为中心的研究及产品开发领域，激励合作项目。生活实验房采用极其灵活、模块化的设计，由模块化的可居住单元构成。每套实验房都有同样的基本设施和功能，又足够灵活，可以改变适应当地文化、气候和特定研究项目的需要。生活实验房作为物理载体，使生活实验室更为有形和具体。生活实验房由生活实验室网络中的合作伙伴（因中立角色，知识

---

① 目的是要改善研究与技术开发项目的贷款可及性，2007~2013年总预算为100亿欧元，通过EIB的合作伙伴银行支持更多的私人部门投资于研发和创新项目。

② 生活实验室（Living Labs）概念由美国麻省理工学院威廉·米歇尔（William J. Mitchell）教授提出，被欧盟在实践中应用推广。

③ 参见Helsinki Living Lab Tekes-project，"Helsinki Living Lab Brochure"。

型研究机构优先）管理。生活实验室平台，将最终用户、企业、科技园区、孵化器、大学和政府等不同的利益相关方带到一起，共同创新①。生活实验室的具体形态存在很大差异，但共同特征是用户为中心、作为日常创新者的参与。不同于以往以用户为中心的研究方法，临时居住在生活实验房中的用户不仅成为观测对象，而且在探索新思想、突破性情景、创新概念等方面，成为和企业或政府同等重要的创新和价值创造来源。生活实验室构成试验环境，用户被置身于其中创造性的社会空间中，以设计和体验他们的未来。

生活实验室组织模式，有三个特点②。第一，网络化组织。生活实验室采用网络化的组织模式，分国际和国家两个层次。每个层次都由一个指导委员会、协调办公室和顾问委员会组成。协调办公室，负责协调各地方的生活实验室活动。每个生活实验室和当地的大学、研究机构、公司和政府联系。第二，公私共建筹资。生活实验室的收入来自客户委托的合同研究项目。欧盟及各地政府和合作的私人部门承担运营成本及投资。目前，资金来源中，政府和私人部门各占约一半。第三，分类型服务。生活实验室的合作伙伴形成一个网络，协力发展并提供不断增长的网络化、国际化、非营利服务。基于成员的期望，欧洲生活实验室网络提供的服务分为三类：

① 以德国某生活实验室为例，设立背景是资源约束。家庭是能源和水资源的主要消费者之一，居民行为影响 26% ~ 36% 的家庭能源使用，可能完全抵消节能（建筑）技术的潜在好处。因此，该生活实验室的建立，是要在新的家居概念及技术开发中，充分考虑居民角色，帮助设计者理解在家庭环境下的技术使用，以及如何采取行动改变居民行为向有利方向改变，实现可持续家庭目标。根据项目特性要求，该生活实验室的概念设计由 4 个学术机构和 3 个产业界合作伙伴一道完成。其中，德夫特（Delft）技术大学擅长用户导向的产品和建筑设计，ETH Zurich 擅长客户导向的建筑创新，Universidad Politecnica de Madrid 擅长建筑的通信、电子和灯光系统，Wuppertal 擅长消费和生产方式可持续管理的研究，安讯能源公司从业于建筑、环境服务及可再生能源行业，巴斯夫生产从建筑到食品医药等各种产品的基础化学和材料，宝洁公司则从事家居和健康相关的消费品行业。可参见项目组 2009 年 3 月出版的报告《Publishable Summary of Periodic Progress Report》。

② 参见 Living Lab Project Organization Brochure ，"Everything you want to know about living labs"。

公开的免费服务，如资质认证、网络联系、信息沟通等；对交会员费成员的服务，如催化机会、最佳实践专业交流、政策联系等；个性化需求订制的服务。

生活实验室功能被认为在于三个方面。一是产生有价值的认识。生活实验室构成未来创新环境，在该创新生态系统中通过接触大量用户，可以产生对用户行为有价值的认识。数据主要通过用户自己的报告或者非打搅的观测技术获得。二是产品或服务开发测试。多学科团队，利用开放的共同创新研讨会，将实地产生的认识转化为可持续的解决方案。早期的产品或服务原型被安放于生活实验房，并为临时的居民用户所试用。三是评估原型。完全功能化的产品或服务原型被放置于已有或新建的实验房中，以让用户体验未来的产品和服务，并进行评估。在真实的数字、物理和社会环境中，让最终用户检验，该过程将确保新技术、创新性服务和产品在进入市场前，被充分开发。

生活实验室的独特优点在于三个方面[①]。第一，现实的家庭背景环境。生活实验室采用以用户为中心的设计及研究方法，在一定时间内，以现实家庭为背景了解并且对用户行为建模。在现实生活背景下，可以在研发的早期阶段及整个生命周期，探索、尝试、评估创新思想、情景、概念和相关技术。第二，支持跨文化研究。生活实验室房网络遍布欧洲，提供独特的研究基础设施，可支持在不同国家、不同文化和气候环境条件下的同步研究。允许同步探索某产品和服务的全球绩效，以及被用户潜在接受的可能。第三，支持可持续创新。在不断演化的现实生活环境中，探索并建立产品和服务原型，评估多种解决方案的生活实验室方法，可以帮助企业或产业在家庭开发成功的产品与服务方面取得领导地位，可持续加速技术开发、创新应用及社会推广。

---

① 参见 Living Lab Project Organization Brochure, "Everything you want to know about living labs"。

在过去不足 5 年的时间里，欧洲的生活实验室网络已经经历 4 波发展，成员单位超过 200 家①，所涵盖支持的领域包括健康服务、能源效率、乡村及发展中地区等，甚至也被用于支持政府管理方面的创新，被政府等用于评估现实生活环境下新政策和规定可能的影响，以事先改进。

（二）商业与创新服务网络

商业与创新服务网络，即欧洲企业网络（Enterprise Europe Network，EEN）项目，2008 年 2 月发起，是竞争力与创新框架项目的一个关键部分，到 2013 年总预算为 3.2 亿欧元。它提供满足企业所有需求的一站式服务，使命是帮助欧洲小企业最大化利用商业机会。网络的日常管理由欧盟委员会的企业与产业大部（DG Enterprise and Industry）的竞争力与创新执行局负责。商业与创新服务网络的节点遍布欧洲，甚至超出欧洲，涵盖包括欧盟成员国及其他一些国家在内的约 47 个国家，通过强大的数据库和欧洲知识库连接②。这些网络的节点总是离企业很近，无论哪个联络节点，都可以在现场提供帮助，也可以和该区域特定专业机构联系以更好地提供服务。如果企业需要帮助，可和最近的网络联络点联系。

网络已经和一些欧洲国家的商业组织、基金会及其他团体等协作，它们的部门专技对于网络的活动非常重要。合作伙伴包括商会、企业机构、地区发展组织、研究所、大学、技术中心和创新中心等。合作的机构有约 4000 名专业人员、超过 580 个专业企业和技术组织，它们有多年，甚至数十年的经验。这些伙伴帮助优化服务，提供部门的建议和信息，并在联合开展活动、培训、项目等方

---

① 参见 European Commission, Information Society and Media, July, 2010. Advancingand Applying Living Lab Methodologies An update on Living Labs for User-drivenopen Innovation in the ICT Domain。

② 参见 Enterprise Europe Networks opens Gateways to China and South Korea, 13/10/2010。

面进行合作，但它们本身并不提供任何网络服务。

商业与创新服务网络，给欧洲超过 200 万家中小企业提供实用的支持与建议。17 个关键的产业部门专家，以团队合作的方式提供个性化的支持。产业部门专家组，组织中介活动，以帮助技术转移或和产业的其他公司达成合作，建议如何发现合作伙伴或申请欧盟资助的联合研究项目等。这 17 个产业部门，既有农业和制造业，也有服务业，具体包括农业和食品、汽车/交通/物流、生物技术/制药/化妆品、化学、创意产业、环境、健康服务、ICT 和服务、智慧能源、海洋产业和服务、原材料、纳米和分子技术、服务和零售、航天航空、可持续建筑、纺织和时尚、旅游和文化。产业部门专家组也适合其他创新利益相关方，包括欧洲技术平台、欧洲创新项目和 PF7 的桥梁。

商业与创新服务网络，为欧洲中小企业和企业家提供广泛并免费的服务，以帮助它们更具竞争力，帮助它们了解市场信息、克服法律障碍和发现遍布欧洲的潜在商业伙伴，包括创新支持与跨国技术转移服务。服务专家可以帮助企业找到国际商业伙伴、新技术来源、获取资助或贷款，并就多样化的问题，如知识产权、国际化或欧盟法律和标准提供建议。具体来说，服务领域包括以下七个方面[①]。

国际化。当企业扩张到另一个国家，需要有能力并且可靠的伙伴，包括拥有数以千计企业信息的企业数据库，或举办匹配活动，均可以找到潜在合伙人。数据库是世界上最大的数据库之一，每周新增公司数百家。当某企业和网络联系时，可以将合作需求和供给信息输入数据库，也将收到最新的该类型企业感兴趣的公司信息。网络每年组织超过 1.2 万次的中介活动或公司代表访问。组织的中介活动，安排会见并帮助企业进行准备，以帮助企业现场遇见潜在的伙伴。中介活动常安排在国际展会等活动上，以帮助企业降低差

---

① 根据 2009 年竞争力和创新执行局出版的手册《Your business is our business》及欧洲企业网络项目官网信息资料梳理。

旅费。企业无论是通过数据库还是中介活动找到新的商业伙伴，都可以获取建议和帮助从内部联系，以促进合作。

技术转移。企业如果需要某项技术或创新来完成业务，或为技术找到商业应用，通过欧洲最大、超过 13000 项、每周更新一次的前沿技术数据库，网络可将研究和商业应用带到一起。欧洲空间局（European Space Agency，ESA），每年公布约 100 项可应用于其他产业，如食品行业的新技术，企业可以从其研究项目中获益；联合研究中心（Joint Research Centre，JRC），则每年提供给网络约 50 项技术支持或需求①。

金融可及性。对企业家和小企业来说，获取融资是个很大的挑战，如是否知道本地区、本国或欧洲谁提供贷款或风险投资，推荐自己最佳的方式是什么。专家可以帮助评估企业的财务状况，及获取合适的支持来源，如风险资本或贷款、政府资助、税收减免等。风险资本和贷款对于公司的早期、起步和成长阶段都是十分重要的。可以将商业计划置于最严格的考评中，以确信可以满足最挑剔的投资者的需求。接着是训练如何展现，并与投资者、天使投资人和银行联系。当地、国际和欧洲当局的资助也是重要补充，企业可以和专家交流咨询如何利用公共支持和资助，用于研发、创新、投资、咨询服务、就业、培训或出口等。税收减免，是另一种公司融资的方式，可以咨询本地网络分支机构关于本国对研发、投资或新雇人员的投资减免政策。

研究资助。参与欧盟资助的研究项目也是增强公司竞争力的有力工具。专家可以帮助企业明确需求和潜力，并帮助企业与合适的伙伴联系。网络自身并不提供任何资助，但可以帮助企业利用其他一些项目，如 FP7 的面向中小企业的专项基金。获取支持首先需要企业有一个让人信服的想法和一个好的团队，专家可以帮助企业

---

① 数据来源参考欧洲企业网络项目官网：http：//www. enterprise-europe-network. ec. europa. eu。

评估技术，以发现潜力、需求和资助机会，帮助企业系统阐述项目想法，发现合作伙伴，提高项目申请书写作和项目管理的技能，达成合作协议等。

欧盟法律和标准。当企业需要了解欧洲的法律和规定如何影响企业信息时，专家可以帮助企业走出法律迷宫，使其更容易在另一个欧盟国家销售产品或服务。专家可以告知最新的欧盟规定、提醒销售机会与提供培训；告知与该企业有关的欧洲政策和项目并告知如何利用它们；帮助企业了解最新、有针对性的关于欧洲部门的情况、规定、标准、公共部门招标、商业和资助机会等信息；为出口和准备出口的企业提供专业的市场信息。

知识产权和专利。如企业对一个新想法、服务和产品的专利申请感兴趣，网络可以帮助企业保护并最大程度地利用企业的想法和技术；可以帮助企业与合适的组织或律师建立联系，节约时间和金钱；提供关于知识产权和专利的建议；也可以帮助企业发现新市场和出口机会。

就欧洲立法建言。如企业发现在另一个欧盟国家做生意面临困难，难以满足欧盟法律要求，则可以通过告知想法，帮助欧盟改进法律。欧盟希望知道其立法提案和项目对小企业的影响，并了解企业在当地或欧洲做生意所面临的困难。当草拟影响企业的提案时，欧盟也将咨询小企业的意见，以确信能帮助企业最大化利用机会。欧盟也设计了许多了解意见的工具，网络可以帮助企业联系这些工具，利用所有可能的反馈渠道，如计划立法的建议和参与替代方案的评估小组。

（三）知识密集型服务业创新平台

在欧洲创新项目（Europe INNOVA）① 下，2008 年正式发起建

---

① 欧洲创新项目（Europe INNOVA）和推动欧洲创新（PRO INNO Europe）一起，主要是通过网络联系和伙伴关系，推动创新与政策改进。

立 知 识 密 集 型 服 务 业 创 新 平 台 （ Knowledge Intensive Service Innovation Platform，KIS-IP）。传统的创新支持机制通常对制造业部门的技术创新有利，知识密集型服务业创新平台的构建，试图改变这一点。

该平台帮助创新性中小企业更好地利用研究结果，为寻找投资者及商业伙伴提供便利，并通过开发新的工具为创新提供支持，解决具有成长及国际化野心的创新性服务公司的特定需求，推动欧洲服务业技术及非技术的创新。知识密集型服务业创新平台，将愿意合作开发的、支持创新的、来自不同国家的公共及私人部门的合作伙伴带到一起，考虑服务型公司的特定需求，不仅要求设计及检验新型政策服务包，也要求新型服务提供，以满足服务型公司强的市场导向需求。知识密集型服务业平台可以和其他项目合作，以最大化开发并检验一些新的创新支持服务，以最终被整合到地区与国家的创新支持项目中。

知识密集型服务业平台有两个要素，一是产业部门合作平台。将在知识密集型服务业中专门的公共或私人部门的创新支持提供者带到一起，他们接受尝试新的服务于创新型服务公司的挑战。二是水平支持行动（KISPLATFORM）。提供给创新型服务公司一个彼此学习、获取有价值的信息、接触准伙伴的平台，帮助它们国际化并更快成长。

关于产业部门合作平台，7 个产业部门伙伴关系将充当支持创新型服务业公司更好地实践的实验室。这些伙伴关系被视为知识密集型服务业创新平台的驱动引擎。每个伙伴关系将解决一系列对应于具有高成长潜力公司活动需求的特定挑战。这 7 个产业部门平台包括①：ICT 领域的 ACHIEVE MORE，重点是解决该领域的风险资本发展问题；可再生能源领域的计划、实施、维护和评估平台，

---

① 7 个平台分两批建立，第一批包括 ICT、可再生能源和卫星下游应用于 2008 年发起，另四个领域于 2009 年底发起。

将支持涵盖可再生能源（太阳能、风能、水、生物质、地热）全生命周期的新技术服务创新；卫星下游应用的 KIS4SAT，将确立所需的创新平台，刺激有潜力的高成长知识密集型服务企业的出现与发展；可持续建筑领域的 Greenconserve，开发一系列支持该领域的创新性公司工具；移动服务的 MOBIP，旨在支持移动技术领域的创新型企业；数字媒体领域的 ImMediaTe，目的是支持数字媒体和创意产业部门的中小企业的增长与创新能力；创意产业领域的 BCreative 平台，则要整合创意领域不同的中小企业创新支持机制。

水平支持行动于 2008 年 2 月正式发起，期限 3 年。目的也是促进 7 个部门伙伴间的协作和协同，并推广它们的试验结果。该项目也将建立欧洲服务业新的组织和商业模式创新资料库，以及推动服务业组织创新的手册。水平支持行动的主要目的之一，是创建一个欧洲顶级知识密集型服务业公司的企业家俱乐部，即"KIS 100俱乐部"，将欧洲最有特点、具有高成长潜力、在知识密集型服务业领域的成功公司会聚一堂。俱乐部只能获邀加入，提供给成员一个与伙伴建立联系，并发展与其他部门和市场伙伴新的合作关系的机会。同时，提供一个好的公共平台和论坛，与其他公司一起讨论共同面临的规制、技术和组织方面的问题。KIS 100 俱乐部成员要求均为知识密集型服务业中的私营公司，具有以下 12 个特征①：快速增长（销售与职员方面）；稳定的收益和利润；受保护的知识产权；强的竞争力；国际化（或已有具体的扩张计划）；曾经募集过资本；良好的品牌形象；获得过奖励；进行技术、商业过程或市场创新；客户数量和质量稳定；与欧洲紧密的联系（位于、创立、上市、扩张）；利用金融或投资。水平支持行动的另一个关键要素，是组织一个富有声誉的年度性"欧洲知识密集型服务风投竞

---

① 参见 Directorate General Enterprises & Industry，"The Knowledge Intensive Services 100 Club"。

赛"，产生欧洲服务创新奖。竞赛发现、评估和奖励欧洲最成功、在知识密集型服务业领域对产业有潜在巨大影响、对欧洲竞争力和增长有贡献的初创和风险资本投资的企业。参与竞赛者不仅可以发现自己的战略优势与弱点，接触国际化的风险投资资本和公司投资者，与其他国家公司建立联系，而且可以提供企业合作和新市场接入的机会，宣传自己的企业和品牌，如果能够进入最后阶段，还会获取被推荐加入 KIS 100 俱乐部的机会。竞赛一般结合年度伙伴论坛进行，论坛提供给所有利益相关者在一起交流讨论最佳实践及建立伙伴关系的机会。

知识密集型服务业创新平台的主要目的是要为知识密集型服务业公司确保建立一个集成的覆盖欧洲的创新平台，并为 7 个部门的伙伴提供一系列水平的支撑服务。为了实现该目标，平台创立了一个由有国际经验的高级政策专家、创新实践者和创新项目管理者组成的顾问委员会，即水平指导委员会（Horizontal Steering Group），指导、监督、支持各 KIS-IP 项目的活动，并发挥领导性的顾问角色。截至 2009 年 10 月，有 21 名成员，每年举行两次例行会议。委员会将推动关于服务业创新的总体政策讨论，并对所有项目结果给予反馈和评论。此外，也将评估和对知识密集型服务业创新平台活动给予改进的意见，并定位和其他项目的关系。

四 推动需求市场

（一）服务业内部市场法令

2006 年 12 月，欧盟发布了《服务业内部市场法令》（*Service Directive*）①，要求在 2009 年 12 月 28 日完全实施。目的是通过消除服务部门贸易的法律和管理方面的障碍，释放欧洲服务市场的增长

---

① 参见 Directive 2006/123/EC of 12 December 2006 on Services in the Internal Market。

潜力。

该法令适用于许多面向个人和企业的服务领域，包括销售服务（零售与批发业）、大多数被规制的专业人员（如律师、税收顾问、建筑师、工程师、会计、调查员）服务、建筑服务和与手艺、商业相关的服务（如办公室维护、管理咨询、债务收取、活动组织、广告、雇佣服务）、旅游服务（如旅行社）、休闲服务（体育中心、游乐园）、设备的安装与维护、信息社会服务（如出版、新闻机构、计算机编程）、住宿和餐饮（旅馆、饮食）、培训和教育服务、租赁服务（包括汽车租赁）、房地产服务和家庭支持服务（即清洁、花园、私人保姆）等。不包括如下一些被明确排除的服务，如金融服务、电子通信、交通服务、健康服务、临时工机构服务、私人保安服务、视听服务、赌博、某些由国家或慈善组织所提供的社会服务、由国家指定的公证和法警提供的服务①。

该法令要求简化的规定与程序，不仅为自然人或法人在其他某成员国设立新企业提供便利，也为在本国设立新企业提供了便利。在简化程序与正式手续的一般性规定下，还明确了一些很具体的要求，如要求成员国设立"一站式"服务联络点，服务提供商可以获得所有相关信息并完成所有与它们活动有关的程序要求，所有的程序和正式手续办理可以远程通过电子化手段完成；也要求所有成员国审视和评估所有涉及服务业活动准入和实践的审批项目，如果不合适或不对称，要废止或简化。保留下来的需要更加明确与透明，条件需要事先公开，标准要清晰和非歧视，而且审批原则上要无限期有效并全国适用。该法令也要求成员国废除歧视性的要求，如国籍、居住地等特别限定要求，还要求审视其他负担性要求，如地理范围限制或最低雇员要求等，因为这些要求可能并不正确。

法令对于需要向其他成员国提供跨境的服务提供商来说，可以

---

① 这些被明确排除的服务领域，另有其他专门的法律规定。

帮助改善规制环境，而无需再成立一个新企业。在这方面该法令赋予了提供服务的自由，成员国不应对到来的服务提供商附加国籍要求，但在某些很有限的特定条件下，非歧视性的，并有公共政策、公共安全和健康、保护环境方面理由的则例外。此外，提供服务自由条款，也得到其他如劳动力自由流动（Directive 96/71EC on Posting of Workers）和专业资格认证（Directive 2005/36/EC on the Recognition of Professional Qualifications）方面的法令的支持。

该法令要求成员国取得许可规定及废止对于接受者国籍或居住地的歧视性要求，如歧视性税率等，使得消费者和企业的服务接受者权力增加。该法令要求推动高质量的服务，增强服务提供者与其服务的透明度，接受者可获得一般信息与帮助，特别是在有关消费者保护等方面，也增强了他们的权力，加强了他们对内部市场的信任。

该法令要求成员国彼此相互合作，并在监管服务提供商方面相互合作。这确保对服务提供商的有效监管，而同时这种监管并不导致其他或不公正的障碍。各成员国当局，不得不相互交换信息，根据要求进行检查与调查，也要求在某项服务活动可能对人们的健康、安全或对环境产生危害时发出提醒。为了这个目标，专门设立了电子信息交换系统。

（二）领先市场项目

2005 年 2 月欧盟提出新的里斯本战略，10 月欧盟委员会提出一个关于研发和创新包括 19 个行动领域的项目计划[①]。以 Aho 为主席的高级独立专家小组，评估该行动计划，评估报告《创造一个创新性欧洲》（也称 Aho 报告)[②] 于 2006 年 1 月提交给欧盟理事会春季的会议。该报告指出公司在欧洲研发与创新投资的主要障碍

---

① "More Research and Innovation-Investing for Growth and Employment: A Common Approach" - COM （2005） 488，12.10，2005.

② 即 Aho et al.，"Creating an Innovation Europe"，January，2006。

是缺乏创新友好的市场，强调创新性产品和服务的市场，即领先市场的重要性。在此报告影响下，欧盟理事会要求欧盟委员会提出一个全面的创新战略。2006 年 9 月，欧盟委员会提出了《将知识转化为实践：欧盟全面的创新战略》①，2006 年 12 月欧盟竞争力委员会采纳了该报告的大部分结论，确定了欧盟层面创新行动的 9 个优先战略主题，领先市场是其中之一。欧盟竞争力委员会的决定还要求 "在广泛征求利益相关方的基础上，制定正确的推动具有高经济和社会价值的市场崛起方法，包括识别出具体的行动领域，并于 2007 年提出一项关于领先市场的行动计划"。领先市场，是一个在给定地理范围内的产品和服务市场，其中国际性成功的创新（技术或非技术的）扩散过程首先发生，并被许多不同的服务所持续和扩散。领先市场不一定是创新发生或第一次应用②的国家或市场。

2007 年 12 月 21 日，欧盟委员会提出了《领先市场项目计划》③。项目范围、所选择的 6 个市场部门及行动计划在 2008 年 5 月得到了欧盟竞争力委员会的批准，会议上，欧盟成员国也表达了它们强烈的兴趣和支持意愿。

在方法上，领先市场不同于以往的项目。它采用主题的方法，认为不同类型的创新产品和服务面临各自独特的问题，要求不同的具体政策行动。首先，在深度分析、广泛征询及反馈基础上，识别出有前景的新兴市场领域。其次，设计更好的法律、规制环境，加速需求成长。该过程要求能包括全球市场需求和客户偏好以最大程度地挖掘市场潜力；欧盟的标准和方法便于被非欧盟市场接受，特别是被全球趋势影响的领域，如环境所接受；通过放宽市场准入和

---

① "Putting Knowledge into Practice: A Broad-based Innovation Strategy for the EU", COM（2006）502.

② 参见 Center for Strategy & Evaluation Services, "Final Evaluation of the Lead Market Initiative", July 2011。

③ 即 "A Lead Market Initiative for Europe", COM（2007）860 Final。

便利需求，降低将新产品和服务推向市场的成本，但必须确保不同创新设计的竞争。最后，成员国和私人部门的积极参与，国家资助和政府采购是关键。该计划并不意图通过标准或规定人为创造市场，或对单项技术资助，它并不要求额外的欧盟预算，只是对既有资金的优先使用。

在上述原则基础上，欧盟委员会广泛征询意见，确立了以下的选择标准。第一，需求驱动而非技术推动。市场所面向的客户及其需求表明，在相当短的时间范围内欧洲和全球已经拥有很大的市场潜力。第二，广泛的市场部门。市场部门相当广泛，而非只建立在单一产品基础上。许多相互关联的产品和服务同时提供，对市场影响显著，将导致对产品/服务链更多的增加值，也将建立更持久的优势。第三，战略性的社会和经济重要性。提供广泛的战略性经济和社会利益，如公共健康、环境和气候保护、安全或就业。公共协调努力成本相对这些收益来说是值得的。第四，可能的、合作的和目标明确灵活的政策工具能带来价值。在识别的市场领域中，没有单一的政策措施能够消除新市场需求涌现的阻碍，需要多种政策工具的组合。政策目标需要清晰界定，但实施模式必须为技术和商业灵活性留有空间。第五，并非选择已成功者。市场的特点要能够避免对特定公司的倾斜，以确保公平和开发的竞争，也避免对技术指定选择，这可能会排除竞争性或可能更好的选择。

在选择标准及在可能领域内广泛征集利益相关方意见的基础上，又通过研讨会、专家组和问卷等征询 30 个产业界主导的欧洲技术平台（European Technology Platforms，ETP）和 8 个 INNOVA 专家组评估意见，最终选择 6 个市场作为项目第一阶段。这些市场具有高度创新性，应对社会、环境和经济挑战。欧洲具有较强的技术和产业基础，比其他市场更依赖通过公共政策措施创造适宜的框架条件，能从更积极和创新导向的政府采购中获益。

领先市场项目（Lead Market Initiative，LMI）主要面向电子健康（eHealth）、可持续建筑（Sustainable Construction）、防护性纺

织（Protective Textiles）、循环回收（Recycling）、生物制品（Bio-based Products）和可再生能源（Renewable Energies）6 个重要的产业部门。

对于每个市场，未来 3～5 年的行动计划被阐述，由欧盟委员会、成员国和产业界协同实施，以减少将新市场或服务推向市场的壁垒。具体政策工具有四类。第一，立法。可靠、有效和设计良好的立法与司法环境对企业投资和消费者接受新产品和服务来说很重要。第二，政府采购。为创新性产品和服务提供了庞大的潜在市场。第三，标准化。以解决当前的标准化过程分散、相互不兼容的问题。第四，辅助性工具。促进知识共享和资助，主要有两类，一是商业和创新支持服务、培训和交流，二是金融支持和激励。

五　服务业政策制定与实施机制

（一）服务业创新政策与工具项目

欧盟支持服务业创新政策与工具项目[①]（EPISIS），计划期限从 2009 年 10 月至 2012 年 8 月。通过政策、战略与操作层面的活动，促进服务业创新领域政策制定者与创新机构间的跨国合作，开发和更新或试点并检验服务业创新领域政策工具和实践。该项目也将组织三次政策导向的"服务创新国际会议"，以面向更广泛的创新政策界传播项目结果。具体目标在政策层面，是从服务创新的视角，发展更新的创新政策；战略层面，是为不同企业的服务创新创造价值提供工具和手段；运营层面，开发并更新服务创新领域的政策工具和实践。

2009 年秋，项目成立了一个欧洲服务业创新思想库，成员 10 名，包括来自 5 个合作伙伴国及非合作伙伴国负责支持服务部门公

---

① 是 PRO-INNO Europe 的一个项目。

司创新的代表,项目期间每年碰面两次,参与政策和战略层面的讨论与议事日程开发。

项目活动分为以下五个方面。第一,支持服务创新的政策建议开发。目标是促进欧洲政策制定者之间的跨国合作,主要由芬兰Tekes牵头负责。政策建议的提出基于项目组(Task Forces)的工作,每个项目组工作期限1年。当前的项目组,由各伙伴国分别领导,解决创新领域特别的问题,包括服务分类、影响分析与指标、服务与技术的融合、高成长服务公司的国际化、管理服务业创新的技能与能力、国家服务创新政策与措施的标杆化。

第二,年度会议。主要由丹麦的DASTI牵头负责,促进关于新的和更有效的支持服务创新机制的思想、信息和最佳实践的交流。会议将基于欧洲服务业思想库的工作、特别行动组和各模块的实践结果,会议的主要对象,包括国家和地区政府部门及欧盟委员会等。

第三,改进知识转移与服务创新。由德国PT-DLR牵头负责,发起欧洲学习和交流过程,制定服务创新领域知识成功转移战略。全面分析和系统描述已经存在于伙伴国家和其他欧洲国家的转移措施,评估已有的转移机制与工具,也将开发新的机制与工具。

第四,对开放和用户驱动的创新管理提供新的支持。由瑞典VINNOVA负责,重点是创新管理。制定欧洲政策与活动以支持新型服务创新(如用户驱动的创新、领先用户行动和开放创新)的创新管理。此外,也将开发新型服务创新管理支持工具,推动欧洲合作支持企业采纳新型服务创新。

第五,完善支持服务业创新的政策框架。由英国BIS负责,通过一组案例研究以表明政策措施的效果,加强考察知识密集型服务业部门的政策框架,以更好地理解企业视角的创新障碍,并找出最合适的干预形式,以推动服务业创新。

项目目前已经初步提出一份欧洲服务业创新的战略,由一组战略目标和具体行动组成,以确保欧洲充分从它的服务业创新潜力中获益①。战略主题领域主要有三个，分别是加强动态市场作为服务创新的驱动力，投资于多方面的能力与知识共同创造，充分利用创新性服务和解决方案企业的潜能。

（二）服务业创新专家委员会

2010 年 3 月，欧盟发布"欧洲 2020 战略"②，提出智慧、可持续和包容性增长。同月，欧盟服务业创新专家委员会（Expert Panel on Service Innovation in the EU）正式组建，以探索服务业创新政策，并得出一组服务创新对"欧洲 2020 战略"目标影响的结论。20 名成员由领先的服务业创新专家、政策制定和实践者组成，来自 15 个成员国。专家委员会的成员通过公开征选的方式挑出，所有的专家对于创新政策制定均有深刻的理解，对于服务业创新都有特别的技能。专家委员会的日常管理工作，由秘书处承担，它也负责提供服务业创新支持性文件和报告。秘书处由两个机构伙伴，即丹麦技术研究所和苏塞克斯大学的科学政策研究所（SPRU）及一个个人专家组成。

专家委员会的角色，是评估欧盟鼓励服务创新所面临的挑战，探索在欧盟层面上用于支持欧洲服务业创新的政策工具和项目。专家将评估在国家和欧盟层面上成功项目背后的政策合理性、何种政策最有效和政策价值，并将其置于欧洲的背景下，评估在更广泛的服务创新战略方面能进行何种合作。设立专家委员会的目的，是要其提供对将来欧洲服务业创新活动产生重要影响的建议，特别是帮助提供专家投入，提供更好的创新支持给创新性服务公司，塑造欧洲新的和创新的服务市场和部门。

具体来说，专家委员会的主要任务包括以下五个方面。第一，分析欧盟层面支持服务创新的主要政策及金融工具间互补的程度，得出结论并提出建议。第二，确认服务创新的政策与方向，思考可

---

① 参见 EPISIS 2009 – 2012，"A Strategy for European Service Innovation"。

② "Europe 2020——A European Strategy for Smart, Sustainable and Inclusive Growth"，COM（2010）2020.

以被用于改善实施的步骤与行动，这也涉及对当前支持企业项目的政策评估。第三，评估所选择的服务业部门及新兴服务市场对改进框架条件的需求，目的是在国家及欧盟层面上准备支持它们共同筹划的政策行动。第四，就更好的支持服务业创新的政策与工具，与其他相关的支持服务创新的战略行动和 EPISIS 联系，探索如何更好地利用不同工具间的互补性。第五，和欧洲当前的创新组织，如 EPISIS 及欧洲集群政策专家组（European Cluster Policy Group）联系，以评估如何更有效地利用集群和领先市场的概念到服务业部门，并提供政策建议。该组织将这些目标纳入日程和专家组的会议进程中，为将来的政策制定过程提供更有力的支持。

2010 年 3 月，专家组召开第一次会议，目的是就专家委员会的角色与欧盟其他的服务业创新项目定位关系，以及专家委员会的工作和"欧洲 2020 战略"等达成共识。专家委员会的关键任务，就是如何将社会挑战和增长领域，转变为服务业创新的优先领域。专家委员会必须识别出在提供高水平就业、生产率和社会团结方面，服务业创新所扮演的角色。如同欧盟企业和产业大部支持创新的部门负责人所强调的，专家委员会必须聚焦于服务业创新所能做的支持和实现"欧洲 2020 战略"所提出的目标。

在 2010 年随后的三次讨论会中，每次会议都将提出 3～5 条有证据支持的政策建议，并就政策路线图作出贡献。第二次会议于 2010 年 6 月在丹麦哥本哈根举行，这次会议的主题是"服务业创新作为增长的催化剂——进一步支持及发展实现智慧、可持续和包容性增长的关键新兴服务业"。总体来说，第二次会议的目的是就服务业创新的潜力、应关注的重点和原因有一个准确的把握。它连同一个更大型的服务业创新会议联合举行，这个会议的主题是"服务创新作为实现'欧洲 2020 战略'的催化剂"，共有约 150 名来自欧洲各国的商业领袖、创新者和政策制定者参与这次为期两天的活动。9 月和 12 月的会议，主题则是识别出促进服务业创新的政策和服务业创新的框架，阐述政策挑战，讨论欧盟委员会的角色。2011 年 2 月，专家组完成他们的工作时，提出一份有证据支持的政策行动报告《满足欧洲 2020 的挑战——服务业创新的变革力量》①，表明服务创新具有变革的力量，服务创新及服务企业对智慧、可持续和包容性增长是有证据支持的。报告还包括 15 个建议，如服务创新政策路线图及国家和地区政策集。

（三）　监测与政策评估

对产业现状的监测，是制定更好政策的基础。1993 年第一次的欧盟创新调查，主要对象是制造业，1997 年的第二次调查开始纳入部分服务业，第三次开始引入标准化问卷，内容不仅涉及技术创新，也包括组织和市场等非技术创新。2005 年末，欧盟委员会签订合同，委托欧洲领先的机构联盟，进行部门创新观察。第一阶段（2005～2008 年）的观测结果表明了国家与部门间巨大的差异，第二阶段（2008～2010 年）关于创新指标、建模和统计分析活动被继续更新，并进行更深入和定性的分析。相比第一阶段，也有一些变化。除了已有的 6 个产业部门，即生物技术、食品饮料、电子和光学设备、汽车、航空航天和纺织业，新增了 3 个产业部门，分别是批发和零售、知识密集型服务业和建筑业。此外，水平的重点也被扩展为 5 个，即生态创新、高成长公司、新增服务业的组织创新、领先市场和国别创新。

政策评估也是政策体系的重要组成，如领先市场项目，由于缺乏销售、就业、政府采购和专利申请的细致统计数据，目前难以评估该项目行动对市场增长的影响。虽然如此，最终评估报告②对从需求角度刺激创新进行强调，得出包括如下一些结论。第一，领先市场项目，在政策和实施层面采用未经尝试过的程序，本身就是一

---

① "Meeting the Challenge of Europe 2020——The Transformative Power of Service Innovation".

② Center for Strategy & Evaluation Services, "Final Evaluation of the Lead Market Initiative", July 2011.

种创新，产生一些在欧盟层面新的互动。第二，主要优点，可以聚焦于有限的一些政策问题，工具选择是合适的，在大多数情况下，对欧盟有益。第三，行动计划绝大部分都被实施，预期成效显著。第四，选择的 6 个市场也是合适的，它们对于欧洲层面很重要，具有单一市场的特点，有助于解决共同的（社会）挑战，可以为所提出的工具集所支持。第五，由于它是需求创新政策，并不涉及明确预算。它取得特别的成功，得到了许多 FP7 和 CIP 项目参与者的积极响应并提出要支持实施等。第六，产业代表和其他的利益相关方贡献很大，和产业界合作比成员国更为成功。该评估报告还指出，由于预算限制，行动范围受限，虽没实现最初期望，但不同行动计划取得了不同程度的成功，并提出进一步发展需要有效的后续行动，如需要更多资金支持等 24 条建议。

六　小结

总体来说，服务业部门特别是知识密集型服务业的重要性被日益重视，在政策方面，也采取更加积极的措施来推动，迈向全面的服务业政策。具体来说，国际服务业有关政策内容与制定及实施机制呈现出若干趋势与特征。

（一）政策内容

第一，服务业，特别是知识密集型服务业政策的重要性日益显现。服务业部门在经济中的角色越来越重要，在过去的 20 年中，服务业部门是欧盟唯一新增加就业岗位的部门，经济增长越来越依赖服务业，特别是知识密集型服务业，服务业成为更加重要的政策领域。2006 年出台《服务业内部市场法令》，第二批领先市场项目三个领域中的两个是服务业，其中一个就是知识密集型服务业。

第二，政策更突出创新的关键作用。服务业的重要性也反映在对其创新活动的重视上，与之密切相关的非技术创新形态近年已经被纳入欧盟创新调查。竞争力与创新框架项目支持各种创新，包括服务业的创新。知识密集型服务业创新平台项目、EPISIS 项目及欧洲服务业创新专家委员会的设立也都说明了这一点。

第三，从研发支持向全生命周期延伸。早期实施的政策，如研究与开发框架项目主要聚焦于技术研发环节，竞争力与创新框架项目下的与融资可及性有关的项目，利用股权投资和贷款担保等方式，支持起步与扩张阶段的创新性中小企业。领先市场项目启动也是个标志，表明从过去注重技术与要素供给推动，转为更加重视需求方。2010 年的"欧盟 2020 战略"则强调需求和供给的共同作用，解决欧洲社会当前所面临的一些关键挑战，迈向全面的创新政策。

第四，重视网络构建与开放创新。通过创造和传播知识，知识密集型服务业是很多产业部门创新的真正驱动力（Rubalcaba，2007），商业服务成为国家第二个知识基础设施（Hertog，2000）。欧洲企业网络作为竞争力与创新框架项目的一个关键部分，标志着从单纯对个体企业技术研发的强调，向更加重视支持企业发展的知识网络构建。生活实验室的网络化发展，则表明创新组织形态上，朝向联盟与更加开放，强调对开放经济条件下用户参与的开放创新基础设施构建。

第五，普适向个性化部门政策发展。部门创新观察启动，已经表明政策界对产业部门间差异的重视。事实上，也有针对个性化产业的政策，如竞争力与创新框架项目的三个组成部分之一，是信息通信技术政策支持项目，也有专门的促进旅游业发展的政策。近年来，对独特体验的全球市场的快速成长，使创意产业成为一个大的成长性部门，创意产业则更被强调，《欧洲竞争力报告 2010》[1] 有五个部分，其中一个部分专门讨论的是创意产业的发展。

第六，弥补市场失灵。政策干预并非是无边界的，而是重视市

---

[1] European Commission，2011，"European Competitiveness Report 2010".

场机制的作用，如高成长和创新性中小企业项目，支持起步阶段或扩张阶段的中小企业。但并非直接投资，而是通过投资于风投基金，由这些基金去投资，这些基金则基于通常的商业标准做投资决策。研究与开发的第 7 框架项目，也遵循共同出资（Co-financing）的原则，以增强对被资助对象的约束。创新欧盟旗舰行动将推动公共资助研究结果的开放可得，欧盟资助研究项目开放成为一个一般原则[1]。

（二）制定与实施机制

政策制定、实施与评估机制等，也呈现一些特征。第一，有证据支持的政策。这点被重点强调，表现在几个方面，一是通过调查等，加强对现状与问题的把握。如对创新有专门的欧盟创新调查（Community Innovation Survey，CIS）[2] 和创新晴雨表，前者全面，后者则通过调查 3500 个随机选择的公司，分析创新某个特定的方面，2005 年后又启动部门创新观察。二是对政策合理性，即政策依据或成本收益的分析。如领先市场项目实施前的测算分析表明，谨慎估计 6 个市场的规模到 2020 年将增长超过 1 倍，创造 100 万个新就业岗位，这些领域贡献 300 万个就业岗位和 3000 亿欧元，也将提供更好的具有高社会价值的产业和服务[3]。三是注重政策研究，也将其视为政策体系的重要组织部分。如 Europe Vinnova 和 Pro INNO Europe 项目，通过合同资助进行相关政策研究与分析工作。

第二，政策评估与透明。研究与评估不仅包括实施后评估，还包括前期及期中[4]。如上文提及的，2005 年 10 月欧盟委员会提出

---

① 参见 "Innovation Union"，COM（2010）546 final. 创新欧盟是"欧洲 2020 战略"的 7 大旗舰行动之一。

② 1993 年开始，每四年进行一次，2005 年后改为两年。

③ 参见 "A Lead Market Initiative for Europe"，COM（2007）860 final.

④ Pro INNO Europe 项目，甚至资助了一个对政策评估的评估分析，最终报告 "INNO-Appraisal：Understanding Evaluation of Innovation Policy in Europe" 于 2010 年 2 月发布。

一个关于研发和创新包括 19 个行动领域的项目计划，实施前，欧盟理事会委托以 Aho 为主席的高级独立专家小组进行评估。评估报告强调创新性产品和服务的市场，即领先市场的重要性意见被采纳，由此产生后来的领先市场项目。2011 年，发布了领先市场项目的最终评估报告，就项目效果及未来的行动计划提出建议。政策透明，是另一重要的方面，不仅政策本身要发布，相关的前期研究分析成果、政策评估结果等也公开可得。

第三，专家委员会的方法。欧洲经济已经是服务经济，服务业部门的创新绩效，对其未来的就业、增长和竞争力很关键，这一点也已充分体现在最近欧盟的许多项目及战略中。尽管有越来越多的研究，关于服务业的知识依然很零散，特别是关于促进服务业创新的框架条件，此外，有效的和重要的政策工具也依然有待开发。如欧盟服务业创新专家委员会组建时所强调的，作为全面创新战略的一部分，为了改善欧洲在服务创新方面的绩效，一个长期的方法——委员会的方法被认为是必须的。专家成员的产生，也常是公开筛选。

第四，政策合作交流。欧盟支持服务业创新政策与工具项目，就是典型的促进政策机构间合作交流的平台，项目的五个参与领导机构都是服务业创新政策领域的领先机构，有好的经验可以交流、分享和推广。INNO-GRIPS 项目，则是要汇总全球与创新政策和企业创新有关的知识与联系，并促进公共部门、产业和学术界关于创新政策的对话。而 INNO-Views 项目，也要通过创新在公共部门、产业和学术者间建立对话，继续之前的政策趋势图研讨会方法，每年组织四次，探讨新的或正在涌现的创新主题，或当前的或未来的欧洲创新政策需求，探索新的或更好的创新政策工具[1]。

---

[1] INNO-GRIPS 和 INNO-Views、创新测度、创新政策趋势图和创新评估，构成 Pro INNO Europe 项目的政策分析部分的五个模块。

第五，针对特定问题解决的政策协同。"欧洲 2020 战略"提出要建立欧洲创新伙伴（European Innovation Partnerships），作为创新欧盟旗舰行动的一部分，将试验新的研发和创新方法。它有几个特征，第一，挑战驱动，聚焦于社会福利，包括如何让老年人独立生活和积极参与社会，相关产业部门和市场的快速现代化，这也意味着超越传统以技术为中心的方法。第二，跨越整个研究与创新链，将所有欧盟、成员国和地方层面的利益相关方带到一起。第三，一体化、整合和更好地协调既有的政策和项目，必要时采取新的行动。将于 2014 年开始实施的"水平 2020（2014～2020）"项目，作为实施创新欧盟旗舰行动的主要工具，将整合替代已有的研发框架项目、竞争力与创新框架项目，建立欧洲创新与技术研究院（EIT）[①]。

需要注意的是，尽管总体来说欧盟的服务业，特别是知识密集型服务业及服务业创新等政策取得很大进展，但如本章介绍所表明，对其重要性的认识与重视，依然是相对新的现象，服务业、服务创新和创新政策间的互动历史大约只有 10 年（Kuusisto，2011）。因此，一些政策工具效果还需要时间检验，还有一些政策工具也还在探讨当中。

---

① 参见"Horizon 2020 ——The Framework Programme for Research and Innovation", COM（2011）808 final。

第八章　我国政策现状与建议

一　我国政策现状

（一）国家层面的政策演进

中国服务业及现代服务业政策，随着 1978 年后改革开放的深入及对服务业认识的加深而不断发展。国家层面的现代服务业相关政策发展演变标志性事件，如图 8 - 1 所示。从演进过程看，在改革开放、经济转轨的大背景下，先是对服务业的重视程度提高，后来，随着对服务业内涵认识的加深，服务业的科技及创新政策问题进入制定者视野。

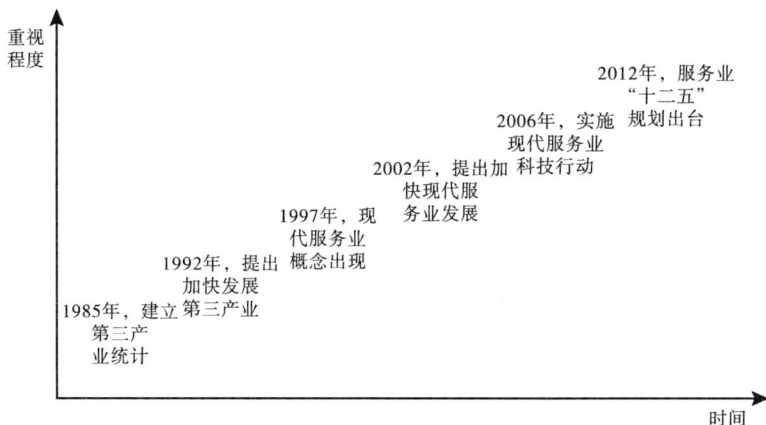

图 8 - 1　现代服务业政策发展标志事件

计划经济体制下，服务业并没有得到应有的重视。当时中国采用物质产品平衡表的国民收入核算体系①，其社会总产值的核算，主要针对物质产品生产部门，不包括大部分服务部门。随着改革开放的深入，1985 年，我国开始同时采用物质产品平衡表和国民经济核算体系。1985 年 4 月，国务院办公厅转发国家统计局《关于建立第三产业统计的报告》，肯定了第三产业在国民经济中的地位，明确了第三产业的统计口径及统计方法等。

1992 年 6 月，中共中央、国务院发布《关于加快发展第三产业的决定》，是中国服务业发展的重要里程碑，是中国第一次专门就加快服务业发展发布政策性文件。该文件明确指出第三产业发展的意义，并针对到 2000 年的目标，提出 13 条主要政策意见，包括放松对集体经济、私营企业及个人进入生产和生活性服务业的限制，以及开放价格等。随后的十余年里，国家层面又多次专门就加快服务业发展发布政策文件。

2001 年 12 月，国办转发国家计委《"十五"期间加快发展服务业若干政策措施的意见》（以下简称《意见》），这是国家第二次专门就加快服务业发展发布政策性文件。《意见》提出了十二个方面的政策措施：一是优化服务业行业结构；二是扩大服务业就业规模；三是加快企业改革和重组；四是放宽服务业市场准入；五是有步骤地扩大对外开放；六是推进部分服务领域的产业化；七是促进后勤服务的社会化；八是鼓励中心城市"退二进三"；九是加快服务业人才培养；十是多渠道增加服务业投入；十一是扩大城乡居民的服务消费；十二是加强服务业的组织领导。

2007 年 3 月，国务院发布《关于加快发展服务业的若干意

---

① 联合国曾确认了世界上两种不同的核算体系：国民经济核算体系（System of National Accounting）和物质产品平衡表（Material Product System），分别适用市场经济国家和中央计划经济国家。有关两个体系的介绍和比较可参见联合国经济和社会事务部编印的《国民经济核算体系》（1968）、《国民经济平衡表体系的基本原理》（1971）和《国民经济核算体系和国民经济平衡表体系的比较》（1977），中译本均由中国财政经济出版社出版。

见》，这是第三次发布加快服务业发展政策文件。根据国家"十一五"规划纲要确定的服务业发展总体方向和基本思路，为加快发展服务业，提出以下十方面意见：一是充分认识加快发展服务业的重大意义；二是加快发展服务业的总体要求和主要目标；三是大力优化服务业发展结构；四是科学调整服务业发展布局；五是积极发展农村服务业；六是着力提高服务业对外开放水平；七是加快推进服务领域改革；八是加大投入和政策扶持力度；九是不断优化服务业发展环境；十是加强对服务业发展工作的组织领导。

2012 年 12 月出台的《服务业发展"十二五"规划》（以下简称《规划》），是我国第一个上升到国务院层面正式发布的服务业专项规划。《规划》分为六章，分别阐述服务业发展面临的形势、总体要求、服务业发展重点、扩大服务业开放、改革完善服务业发展体制机制、规划实施保障。

从中国服务业发展的总体情况看，在改革开放至今的时代背景下，从计划经济向市场经济转轨过程中，解决市场准入限制等体制性因素限制更为突出。不断推进服务业领域的改革开放，是国家多次专门发布加快服务业发展政策的主线。

随着对服务业在国民经济中的重要性的认识的不断加深及服务业体制改革的深入，对服务业内涵的认识也在不断加深。中国政府认识到，随着经济社会的发展，服务业内涵与构成也在发展、演变。于是 1997 年党的十五大报告出现了"现代服务业"提法，并指出它应是中国经济的一部分。2002 年党的十六大报告指出要加快发展现代服务业，提高其在国民经济中的比重。

如第二章所讨论的，现代服务业包括信息、科技服务、健康等新兴服务业，也包括利用现代信息技术等改造过的传统服务业部门，这些产业信息和知识密集度高，技术含量高。加快现代服务业发展，需要科技支撑，因此，科技支撑问题逐步进入政策制定者的视野。2006 年 2 月，国务院颁布了《国家中长期科学和技术发展规划纲要》（2006～2020 年）。该文件首次并重点提出了"科技支撑"问题，布局了 11 大重点领域及相应的优选主题。其中，第 7 大重点领域是信息产业及现代服务业。在这一重点领域，确定了"现代服务业信息支撑技术及大型软件"和"数字媒体内容平台"等优选主题。

为贯彻落实《国家中长期科学和技术发展规划纲要（2006～2020 年)》，2006 年 7 月，科技部主持召开全国现代服务业科技工作会议，发布《现代服务业科技行动纲要》，确立了现代服务业科技行动的指导思想、基本原则、总体目标、主要任务和保障措施。任务提出建设"三大平台"、"八大工程"和"两大体系"。建立现代服务业共性技术支撑体系的"三大平台"是现代服务业共性服务技术与平台、电子商务与物流关键技术与平台、数字内容关键技术与平台。加强示范工程建设与应用推广的"八大工程"分别是电子商务、现代物流、数字媒体、数字教育、数字医疗、数字社区、数字旅游、电子金融服务示范工程。"两大体系"是建立现代服务业标准规范体系和建立现代服务业科技创新体系。保障措施提出了 8 条：①建立跨部门、地方协调工作机制；②启动"十一五"科技支撑计划重大项目；③建立现代服务业投融资体系；④推进现代服务业产学研联盟的形成；⑤加强现代服务业监督管理体系建设；⑥加强服务科学学科建设与人才培养；⑦加强现代服务业发展战略与相关产业技术政策的研究与制定；⑧积极开展现代服务业领域的国际交流与合作。2007 年 4 月，国家科技支撑计划"现代服务业共性技术支撑体系与应用示范工程"重大项目正式启动。国家投入经费 3.1126 亿元，共支持了 35 项课题，其中包括共性技术支撑体系类 35 项，应用示范工程类 20 项，标准规范与发展战略类课题 2 项①。

总之，国家重视服务业的发展，并制定了一系列鼓励和支持发

---

① 关于服务业的科技支撑历史发展，更具体的内容可参见《中国现代服务业科技行动发展动态》（一），《电子商务》2008 年第 4 期。

展服务业的政策措施。服务业，特别是现代服务业的战略重要性已经越来越受重视。2007 年，党的十七大报告，不仅再次提出加快我国现代服务业发展、提高服务业比重，还提出要提高服务业的水平。2011 年 12 月，为落实《中华人民共和国国民经济和社会发展第十二个五年规划纲要》、《国务院关于加快培育和发展战略性新兴产业的决定》（国发〔2010〕32 号）和《国务院关于加快发展服务业的若干意见》（国发〔2007〕7 号）相关部署，国务院办公厅又发布了《关于加快发展高技术服务业的指导意见》（国办发〔2011〕58 号），将对象聚焦于作为现代服务业重要组成部分的高技术服务业。2012 年，党的十八大报告再次强调要加快传统产业转型升级，推动服务业特别是现代服务业发展壮大。

但总体而言，关于促进服务业包括现代服务业发展的政策意见，就如其名称所示，通常只阐明政策方向、明确任务，对于如何实现目标或任务阐述并不充分。如《关于加快发展高技术服务业的指导意见》对研发设计服务，提出"突出研发设计服务对提升产业创新能力的关键作用，建立支撑产业结构调整的研发设计服务体系，壮大专业研发设计服务企业"等，对于如何实现该任务，并无明确的描述，虽然文件后面提出的政策措施包括加大财税支持、拓展融资渠道等，但对于财税支持力度，不同政策的产业指向并不明确，这也是导致政策意见难以落实的重要原因。所以它的意义主要在于明确国家的立场，为各部门行动提供指导性准则，各细分产业部门的发展则依赖更为具体细致的政策。

（二）细分产业部门的政策

不同于服务业总体政策意见，在一些服务业细分产业领域，政策要更加明确。而且在服务业总体放开发展的背景下，不同细分产业领域发展进度是有差异的。下面我们就对电子商务、文化创意和旅游业分别进行考察。

1. 电子商务

互联网是电子商务的物理基础设施，从广义的角度而言，从
20 世纪 80 年代末、90 年代初国家决定并推进中国科技网、金桥信
息网、公用计算机互联网等网络建设①时，就已经表明电子商务相
关政策的出现。最早期的政策与网络建设有关，如 1996 年邮电部
发布《专用网和公用网联网的暂行规定》，以维护国家公用通信网
的完整性、统一性、先进性，保证专用网与公用网的通信畅通②。
关于网络基础设施建设，2000 年，信息产业部发布《关于互联网
中文域名管理的通告》，规定中国互联网络信息中心为我国中文域
名注册管理机构。

随着 20 世纪 90 年代末互联网基础设施的发展，门户网站、网
络出版等第一批电子商务企业兴起，早期服务在国内出现，也开始
出现涉及管理方面的一些政策。1997 年，广电总局、信产部联合
发布《互联网视听节目服务管理规定》，规定内容包括从事互联网
视听节目服务的单位应取得广播电影电视主管部门颁发的许可证或
履行备案手续等。2000 年前后，国家版权局、国家工商行政管理
总局、国家食品药品监督管理局、国务院新闻办公室、全国人大常
委会、国务院办公厅等机构又发布《关于制作数字化制品的著作
权规定》《关于开展网络广告经营登记试点的通知》《药品电子商
务试点监督管理办法》《互联网站从事登载新闻业务管理暂行规
定》《关于维护互联网安全的决定》《互联网上网服务营业场所管
理办法》等一系列相关规定，涉及知识产权、网络安全、业务管
理、业务发展等。从这些规定内容看，管制、审批依然是一大特
色，如规定药品电子商务试点网站除按有关规定注册外必须取得国
家药品监督管理局的批准，新闻单位建立新闻网站（页）从事登

---

① 有关四大网络的早期建设，可参见第四章第二节关于中国电子商务发展概况部
分。
② 此处的专用网主要是指区域电话网，但由于电话网络是早期互联网接入的重要
方式，因此，专用网和公用网的联网对于互联网发展是重要的。

载新闻业务也需得到审批。

经历世纪之初互联网寒冬的洗礼后，互联网电子商务进入新一波快速发展的浪潮，政策也出现一些新变化，更为积极。党的十六大提出信息化发展战略，十六届三中全会提出加快发展电子商务要求，2005年国务院办公厅发布《关于加快电子商务发展的若干意见》，指出发展电子商务是国民经济和社会信息化的重要组成部分，转变经济增长方式，提高国民经济运行质量和效率，走新型工业化道路的重大举措，对实现全面建设小康社会的宏伟目标具有十分重要的意义。在此背景下，具体来说，政策变化首先是一些新政策出台。2004年8月，《中华人民共和国电子签名法》发布，如规定除一些特定情形，当事人约定使用电子签名、数据电文的文书，不得仅因为其采用电子签名、数据电文的形式而否定其法律效力。其后，信息产业部《电子认证服务管理办法》、中国人民银行《电子支付指引（第一号）》、商务部《关于网上交易的指导意见（暂行）》先后发布。这些法律、法规的出台，制度环境的完善，直接促进了电子商务的发展。其次是既有政策的发展完善，如2005年的《互联网新闻信息服务管理规定》，相比此前的《互联网站从事登载新闻业务管理暂行规定》，对新闻信息服务的管制有所放松。最后一些政策的加强，如针对知识产权保护，国家版权局、信息产业部2005年出台了《互联网著作权行政保护办法》，国务院2006年发布《信息网络传播权保护条例》。

过去几年中，国家对电子商务的发展更为重视，表现之一就是两个五年计划专项规划。2007年，国家发展改革委、国务院信息办发布《电子商务发展"十一五"规划》，2012年，工信部发布《电子商务"十二五"发展规划》。在大力发展电子商务的背景下，密集出台了更多、更具针对性的政策。针对网络游戏，商务部、文化部2009年发布《关于加强网络游戏虚拟货币管理工作的通知》，2010年文化部出台《网络游戏管理暂行办法》。在医疗卫生领域，2009年，卫生部发布《互联网医疗保健信息服务管理办法》。面向网络支付等，人民银行 2010 年出台了《非金融机构支付服务管理办法》。工信部近几年也就电信业务经营、网络安全、市场秩序等发布多项文件规定，如《电信网络运行监督管理办法》《木马和僵尸网络监测与处置机制》《规范互联网信息服务市场秩序若干规定》等。2007 年以后，商务部关于电子商务的文件也增多，如《关于促进电子商务规范发展的意见》《关于"十二五"电子商务信用体系建设的指导意见》《关于促进网络购物健康发展的指导意见》等。从这些文件中也可以看出，一方面国家强调要大力发展电子商务，另一方面也在逐步强调规范发展。从政策内容看，范围也在拓展，针对网络地图、移动互联网、团购等一些新业态发展，也出台了一些政策。如国家测绘局 2008 年出台《关于加强互联网地图和地理信息服务网站监管的意见》，工信部 2011 年出台《移动互联网恶意程序监测与处置机制》，国家工商总局 2012 年发布《关于加强网络团购经营活动管理的意见》。

从政策工具和手段来看，近几年也有一些新的发展，呈微观化之势。商务部 2010 年发布《电子商务示范企业创建规范（试行）》，2011 年发布《电子商务示范企业名单》。2011 年以来，国家发展改革委等也在推进国家电子商务示范城市创建工作。

应该说，国家层面有关部门出台的一系列政策法规，对于促进和规范我国电子商务发展起了积极作用。不仅国家层面，许多地方也在积极发展电子商务。从与国家层面间的关系来看，有的是在落实国家层面的意见和政策。如国家层面的《电子商务发展"十一五"规划》出台后，上海等地方也出台了自己的"十一五"规划。但同时，在有些方面地方是走在国家前面的。如 2007 年，上海启动电子商务样本企业的筛选工作，以通过建立上海市重点跟踪的现代商务样本企业，掌握上海市现代商务发展态势，调整政府的调控措施，发挥样本企业对产业发展的带动作用，促进产业发展，进一步推进现代服务业，增强现代服务业企业的竞争能力。通过既定的工作程序，确定了上海市第一批电子商务样本企业，共计 16 家，它们 2007 年上半年的电子商务交易额占上海市电子商务交易额的 90% 以上。电子商务模式覆盖包含第三方平台在内的 B2B、B2C、C2C 等，覆盖制造业、商贸流通业、旅游服务业等行业①。上海的实践经验，对于之后的商务部电子商务示范企业创建推进有着重要影响。杭州也是我国电子商务领先的城市，被誉为"中国电子商务之都"。强调商业模式创新，是杭州促进电子商务发展的重要举措，商业模式创新企业可评为高科技企业或软件企业，享受相应的优惠政策。它还初步整理出 112 例商业模式创新案例，进行宣传推广，以典型引路模式推动商业模式创新，对众多中小企业起到引导、示范作用，并使全社会关心支持商业模式创新，营造创业创新的浓厚氛围（蔡奇，2008）。

2. 文化创意

改革开放前，计划经济体制下，人们在文化消费上缺乏选择权，生产什么、生产多少、为谁生产等由文化主管部门决定。中国的文化产业政策，早期主要回答的是要不要发展文化产业的问题。贾旭东（2009）指出，多种力量促进了文化产业政策在国内的确立。首先是改革开放后释放出来的企业家精神和大众娱乐需求的结合推动了文化市场的发展，由娱乐需求释放而引发的文化的娱乐属性开始得到承认，人民群众的文化产品和服务的消费主体地位逐渐得以确立起来。1979 年，广州出现国内第一家音乐茶座，此后，歌厅、舞厅、录像厅等相继出现，并很快遍及全国。以 1987 年 2 月文化部、公安部、国家工商行政管理局联合发布的《关于改进舞会管理的通知》为标志，这种自发形成的、以营利为目的、以满足被压抑多年的大众娱乐需求为内容的文化市场获得了合法地位。文化市场的合法化，进一步激励了更多经营者进入，刺激了大众娱乐需求的日趋增长和不断升级，文化市场也因此迈入了新的发展阶段。

---

① 更详细的信息，可参见《上海市电子商务发展报告（2007~2008 年）》的第七章。

其次，经济改革的示范效应和文化事业面临的生存压力相对比引发的国有文化事业单位生存模式创新推动力。中国经济体制改革首先在农村取得了巨大成功，受农村家庭联产承包责任制成功的影响，城市国有经济改革的基本特征是扩大企业的自主权，改变国有企业是上级主管部门附属物的状况，使企业成为相对独立的经济实体。经济改革的成功经验，对于面临生存压力的文化领域产生了强烈的示范效应，并以极快的速度被引入文化领域，引发了国有文化事业单位生存模式创新热潮。先是广东、广西等省（自治区）公社文化站举办某些活动开始进行各种形式的"有偿服务"，接着是多种形式的"承包制"，始于群众性文化事业单位生存模式创新的热潮，迅速蔓延到剧团、影剧院、图书馆、博物院、文化馆等专业性文化事业单位。国有文化事业单位为谋生存借鉴经济改革成功经验进行的生存模式创新，突破了僵化的文化管理体制，为国有文化资源进入文化市场打开了一个通道。

此外，20世纪80～90年代全球化进程的大大加快，也渗透到文化领域。文化发展出现新范式特征，至少有两个基本构成部分，一是文化生产的市场化，二是文化交流的贸易化。随着中国积极加入全球化的进程，全球化背景下国际文化发展新趋势也深刻影响着中国的文化发展道路。到1992年，文化产业概念就已经进入政府相关部门的视野，文化部于1998年设立了文化产业司。

到2000年时，进行经济结构战略性调整、大力发展第三产业，已经成为经济工作的一个重要方面。十五届五中全会《关于制定国民经济和社会发展第十个五年计划的建议》，提出引导文化娱乐等产业发展，满足服务性消费需求，并提出推动信息产业与有关文化产业结合。2001年3月，全国人大批准《中华人民共和国国民经济和社会发展第十个五年计划纲要》，标志着发展文化产业被正式纳入国民经济和社会发展计划，成为国民经济和社会发展总体战略的重要组成部分。2002年11月，十六大报告中明确提出文化事业和文化产业的"二分法"，并且鲜明地提出"发展文化产业是市场经济条件下繁荣社会主义文化、满足人民群众精神文化需求的重要途径",并进一步提出要"完善文化产业政策,支持文化产业发展,增强我国文化产业的整体实力和竞争力"。这些都标志文化产业作为服务业的一个重要组成部分,已被视为调整经济结构的重要举措内容。至此,要不要发展文化产业已经不再是争论的问题,此后,政策重点转移到如何发展文化产业的问题上。

2004 年,国家统计局出台文化创意产业的统计口径的界定。文化部等有关部门也开始制定如何促进文化创意产业发展,文化创意产业基地是重要举措内容。2004 年,文化部命名了第一批共 42 个文化创意产业示范基地。

从近年态势看,文化创意产业更加被重视。2009 年《文化产业振兴规划》出台,连同其他十大产业振兴规划,成为应对国际金融危机冲击的重要举措。2012 年 2 月,根据《中共中央关于深化文化体制改革推动社会主义文化大发展大繁荣若干重大问题的决定》和《中华人民共和国国民经济和社会发展第十二个五年规划纲要》等,2012 年 2 月 23 日,文化部出台了《"十二五"时期文化产业倍增计划》。

就如何推进文化创意发展的具体政策而言,北京作为全国文化的中心,其措施也最有代表性。2004 年后,随着国家有关部门对文化创意产业重视程度的提高及一些措施的出台,北京市也出台了一系列的政策。包括《北京市促进文化创意产业发展的若干政策》《北京市文化创意产业投资指导目录(2006 年)》《北京市文化创意产业发展专项资金管理办法(试行)》《北京市文化创意产业集聚区基础设施专项资金管理办法(试行)》《北京市文化创意产业集聚区认定和管理办法(试行)》等①。其中,《北京市促进文化创意产业发展的若干政策》是统领性的。该文件提出放宽市场准入,完善准入机制,包括制定和发布《北京市文化创意产业投资指导目录》,明确鼓励、允许、限制和禁止投资的项目,进一步放

---

① 更多文件法规,可参见北京文化创意网(http://www.bjci.gov.cn/)。

宽市场准入条件和领域，鼓励非公有资本及海外资本进入文化创意产业。在支持创意研发、鼓励自主创新方面，提出在中关村科技园区内新办文化创意企业，被认定为高新技术企业的，企业所得税自获利年度起两年内免征，两年后按 15% 的税率征收等。在保护知识产权、营造创意环境方面，提出建立版权资源信息中心和版权国际交易中心，构建版权授权体系等。在加大资金支持、拓宽融资渠道方面，提出自 2006 年起，市政府每年安排 5 亿元文化创意产业发展专项资金，采取贷款贴息、项目补贴、政府重点采购、后期赎买和后期奖励等方式，对符合政府重点支持方向的文化创意产品、服务和项目予以扶持；市政府设立文化创意产业集聚区基础设施专项资金，资金规模 5 亿元，分 3 年投入。在拉动市场需求、促进内外贸易的方面提出，扩大对文化创意产品和服务的政府采购范围。凡纳入本市预算管理的机关、事业单位和社会团体，在采购文化创意产品和服务时，优先采购自主创新产品和服务等。在优化资源配置、推动产业升级方面，提出了本市认定一批重点文化创意企业。鼓励重点文化创意企业承担本行业共性技术研发、市场推广等公共服务平台的建设，对经认定的涉及文化创意产业发展全局性、可持续性的重大项目，市政府在"财政专项资金"中安排资金予以支持等。此外，还提出实施人才兴业，强化智力支撑，支持高等院校、职业院校与文化创意企业联合建设文化创意产业人才培养基地，加快培养、培训文化创意研发设计、经营管理、营销经纪人才等。

3. 旅游业

刚改革开放时，旅游在我国还不是一个产业，而是作为外事接待事业。中国旅行游览事业管理局（当时称涉外饭店）由外交部代管，与中国国际旅行总社是两块牌子一个班子。中国国际旅行社和中国旅行社是仅有的两家旅行社，而且它们按行政机关和事业单位运转，没有一家现代意义上的旅游饭店，交通等基础设施条件相当有限。外事接待及依靠丰富的旅游资源和东方文化赚取紧缺的外汇，是当时旅游业的功能定位，对国内旅游采取"不宣传、不提倡、不鼓励"的政策。入境旅游"一花独放",而且入境游又依靠行政力量垄断经营,1981 年 2 月旅游总局《关于统一旅游对外联络工作的规定》,限定外联工作由国旅总社和中旅总社两家统一负责,各省市区不直接对外招徕游客。

1982 年,旅游总局与国旅总社分署办公,更名为国家旅游局,并升格为国务院直属局,以更好地发挥其行政管理部门的作用,对全行业的发展进行规划、建设和管理。虽然名义上实行政企分开,但国家旅游局依然掌握外联通知权和包价定价权等涉外经营权。饭店设施短缺、供不应求,对饭店等基础设施建设则采取较为开放的政策。新建一些饭店投入使用,国外先进的管理制度和方法开始被采用和推广。为了提高行业管理水平,规范新兴的饭店行业秩序,制定了涉外饭店的星级标准,于 1988 年 9 月开始执行,以标准化手段促进规范化经营。执行 20 多年来,星级饭店被认为是用标准化手段提高行业管理的范例。

关于旅行社行业,20 世纪 80 年代初成立中青旅,没有改变寡头垄断经营的格局。1984 年,国务院就我国旅行社体制改革做出两项重要决定,一是打破垄断,放开经营,但要求必须国有,二是应由行政或事业单位改为企业。1985 年 1 月,国务院批转国家旅游局《关于当前旅游体制改革几个问题的报告》,决定向省级政府下放外联权和签证通知权。1985 年,国务院还颁布了我国第一部旅游行政法规《旅行社管理暂行条例》①。随着 10 多家中央各部委主管的旅行社和 30 多家地方旅行社拥有自主外联权,寡头垄断被打破,垄断竞争格局形成。1992 年后,又放松了对所有制的管制,允许民营资本进入,逐步放开价格,企业自主经营权扩大,经营国内旅游业务的旅行社的审批权也下放给地方。1998 年,按照国家

---

①　1996 年修订为《旅行社管理条例》,将旅行社由三类分为国际旅行社和国内旅行社两大类。于 2009 年新修订的《旅行社条例(草案)》,统一了国内旅游和入境旅游业务的准入条件和程序,严格规定了经营出境旅游业务的条件,完善了质量保证金制度等。

关于国有资产管理体制改革的总体要求，国家旅游局直属企业被剥离，资产划归国资委统一管理或拨入地方，真正实现政企分离，使国家旅游局能够公平合理地进行行业管理①。1999 年 5 月，《导游人员管理条例》正式发布，对导游活动以及旅游者和导游人员的合法权益等内容进行了全面规范。加入世界贸易组织后，旅行社竞争大大加剧。

进入 20 世纪 80 年代中后期，随着改革开放的深入，收入水平提高，国内旅游也开始被重视，1984 年发布《关于加强对国内旅游管理的通知》，国内旅游市场开始发展。1989 年政治风波后的几年，国际形势不利于入境游，国家更加重视国内旅游的发展和管理。1993 年，国务院办公厅转发国家旅游局《关于积极发展国内旅游业的意见》通知，提出"搞活市场、正确领导、加强管理、提高质量"的指导方针，同年开始对国内旅游的统计。1995 年实行双休日制度后，国内旅游更为迅猛发展。1999 年颁布新的假日制度，形成了黄金周，使 2000 年国内旅游出现"井喷现象"。2007 年调整年节及纪念日放假办法，同时出台带薪年休假条例。几次调整使居民闲暇时间增多，都有力促进了国内旅游业的发展。

出境旅游是国内旅游的延伸、升级和深化，在国内旅游发展时，出境游也在孕育。1990 年 10 月率先开放中国公民自费赴新加坡、马来西亚和泰国三国旅游，以后目的地的数量逐步增加。2002 年 7 月，《中国公民出国旅游管理办法》正式施行，以规范旅行社组织中国公民出国旅游活动，保障出国旅游者和出国旅游经营者的合法权益。

旅游基础设施完善，也是我国旅游政策的重要内容，如针对旅游厕所问题。1993～1995 年，国家旅游局和建设部下发文件，每年补贴 1500 万元给地方修建旅游厕所。通过国家旅游局出钱，地方配套的方式已基本解决旅游道路中的厕所问题。

---

① 大约同期，多数地方旅游行政管理机构升格为一级局，进入政府序列。

总体来说，改革开放以来，旅游定位已由最初的外事和创汇功能，变为国民经济的重要支柱性产业。2001 年 4 月，《国务院关于进一步加快旅游业发展的通知》，提出要树立大旅游观念，进一步发挥旅游业作为国民经济新增长点的作用等。2010 年，国家"十二五"规划纲要，则再次提出要加快旅游业发展。

随着旅游业的发展及定位变化，旅游业政策也日趋完善。如今已形成涵盖入境游、国内旅游和出境游，涉及旅行社、饭店、吸引物和目的地的政策体系，除了国务院直接针对旅游领域制定的三个行政法规，旅游局的各种规章制度还有数十项[①]。

旅游行业有明确的行政主管机构，即国家旅游局，但旅游局的职能范围主要集中于旅行社，国务院直接针对旅游领域制定的三个行政法规，都集中在与旅行社相关的领域。能够影响饭店、吸引物和目的地的政策工具主要是评级。虽然其政策领域也涉及环境保护等，但目前主要的环保行政法规仅为自然保护区条例。

（三）现有政策实践探讨

综上所知，我国现代服务业政策大体可以分为三类。第一类是放开性的，即放宽市场准入，推进市场化进程。如旅游业对饭店、旅行社的逐步放开，让社会资本进入，国有企业转制。第二类是补缺性的，即弥补市场失灵。如电子商务领域关于电子签名的规定使其具有法律效力，旅游业出台关于饭店的行业标准。第三类是扶持性，即通过财政手段对企业或平台等进行补贴，如北京对中关村科技园区新办文化创意企业的税收优惠政策方面，被认定为高新技术企业的文化创意企业享受所得税减免的优惠。

可以说，总体而言，既有政策对于促进现代服务业发展发挥重要作用，但既有的一些政策体系也有如下几个方面的特点或者缺

---

① 我国旅游业发展及政策更详细的介绍，可参见魏小安等著《旅游政策与法规》及《人民日报》9 月 15 日关于旅游业的特刊。

陷。第一，政策作用对象，是选优，而非扶弱。如电子商务领域的示范企业创建，对于提高企业知名度、加强示范作用有意义。但所挑出的企业，也基本都是行业里比较成功的企业，而实际上企业更需要帮助和支持的时候往往是在初创期。

第二，政策主体间，存在协同问题。从电子商务领域的情况看，发改委、商务部、工信部等部门出台的各类政策法规已有约70个，内容涵盖网络安全、消费者保护、支付等多方面。从商业模式可行要求看，如第四章所讨论的，制造和批发业 B2B 电子商务发展需要多方面条件的同时满足，仅靠一个或几个方面的政策难以满足需求。由于缺乏政策顶层设计、部门分散、缺乏有效执行等，已有的政策还不能提供其发展所需的环境。

第三，运用财政政策手段也是一个重要特点，如贷款贴息、项目补贴、政府采购。政府财政政策扶持，这也是东亚国家包括日本和韩国在内的产业政策的一个共性特点。就我们所调研的产业领域结果看，财务方面并非是重要的制约因素。

运用扶持性政策工具的一个重要后果，可能就是会导致政策诱导性产能过剩。产能过剩，并非钢铁、水泥、风电设备、多晶硅等制造业领域才有，服务业领域也有，而且表现得更为隐蔽。如前些年许多地方鼓励发展网络游戏产业，导致行业的过度投资。政府鼓励扶持的产业，最后出现产能严重过剩情况并非个案。为应对国际金融危机的冲击和影响，国家制定和实施了扩大内需、促进经济增长的一揽子计划，突出表现为钢铁等十个重点产业调整和振兴规划。到 2009 年 9 月，由于钢铁、水泥等产能过剩的传统产业仍在盲目扩张，国务院又发布《关于抑制部分行业产能过剩和重复建设引导产业健康发展若干意见的通知》。为什么政府扶持产业常很快以严重的产能过剩为结局，如何在服务业领域规避类似情况出现，走出"扶持－过剩－抑制"的怪圈？下面我们对此问题进行更深入的探讨，分析其深层次的原因。

有时一定程度的产能过剩，是市场经济的内在特征。亚当·斯密将社会总产出分为两类，一类用于消费，它的特性是不提供收入或利润，另一类是投资，人们希望用以获取收入。凯恩斯也认为资本投资目的是为了获取收入，他特别强调预期或心理及情绪因素的重要影响，认为对成本的低估和收益的高估常常会使企业作过多的投资。在繁荣时期，人们往往会对风险作出轻率和异乎寻常低的估计。就对未来收益的预期来说，进行估计时所依据的知识是极端靠不住的。虽然现实情况远不能表明，投机的成分总大于从事企业的成分，但危险确实会大增。除投机外，人类本性的特点也会造成不稳定性，因为人们的积极行动很大一部分来源于自发的乐观情绪。具有活跃性格和事业动力的人，并不真正依赖对企业未来收益的确切计算，企业家所进行的是一场技能和运气兼而有之的游戏。

　　但在我国背景下，一些行业产能过剩，是有特定的体制方面的原因的，即政策诱导性，使产能过剩加剧。制度提供了一个激励系统（诺斯，1994），如图 8 - 2 所示，国家层面的决策失误，被地方政府成百倍地放大，可能对企业投资造成扭曲激励，导致投资过度，进而造成产能过剩。

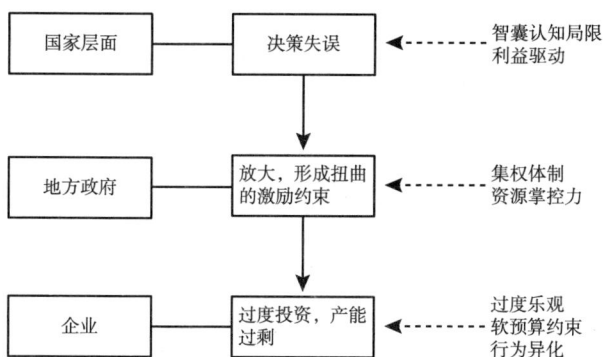

图 8 - 2　政策诱导产能过剩作用机制

　　首先来考察国家层面的决策。如图 8 - 2 所示，两种可能的情景，会出现误导决策，造成决策失误。第一，智囊认知能力限制导致错误判断形势。经济、科技专家未必是产业专家，他们容易判断节能环保或新能源等有潜力，但对产业和市场趋势的具体时间点、可能的市场规模未必了解，而这些也是政策依据的重要基础。许多专家并不是来自实际产业或市场第一线，了解产业的信息或许通过会议，或许通过调研，无论哪种方式，结果一定存在时间滞后。以太阳能光伏发电为例，无锡尚德 2001 年成立、2005 年在美国上市，到 2006 年许多企业已经进军光伏产业。早在 2006 年 2 月，《电源世界》就刊文指出，随着新上项目的产能形成，产业面临国际市场减小、国内市场严重落后的巨大挑战，前景堪忧[①]。到 2009 年，国家层面将其作为战略性新兴产业的可能领域讨论时，潜在产能实际已经过剩。第二，利益驱动致使决策失误。如果国家支持某产业发展会给相关专家或部门带来可能项目机会的话，不能排除利益驱使出现主观误导决策的动机。总之，智囊认知能力限制和利益驱动，会误导决策。

其次，考察地方政府层面。第一，如果国家层面决策被误导，贯彻到地方层面，被误导的决策可能会被成百倍地放大。国家层面的决定会要求各省（区、市）政府制定相应实施方案和具体落实措施，地方领导"不求有功，但求无过"，不管对错均会加以贯彻执行，况且，还有国家层面的资金等政策支持激励。中国有 30 余个省、直辖市、自治区，330 多个地级区划，2800 多个县级区划，因此，集权制下，国家层面被误导的决策失误就可能被成百倍地放大。第二，在许多关键领域，如项目审批、土地使用、资金融通、税收优惠等，政府仍具有广泛的行政控制力，但在资源运用上却没有明确的个人责任约束。地方政府动用掌控的资源，贯彻执行被误导的国家失误的决策，会对当地企业形成扭曲的激励约束环境。

最后，落到企业层面，扭曲的激励约束环境第一会导致企业家过度乐观的投资预期。我国当前发展阶段，包括温州在内许多地方的企业，主要依靠纺织服装或小商品等传统行业起家，随着

---

① 《中国太阳能光伏产业发展前景堪忧》，《电源世界》2006 年第 2 期，第 61 ~ 62 页。

竞争加剧，激发内在转型动力，迫切需要投资新领域。许多企业通常为家族企业，领导者文化程度不高，企业决策常是沿袭改革开放初期赖以成功的方式，凭领导者个人的感觉，而非建立在严格的项目可行性评估基础上。当政府、媒体大力宣传国家要支持战略性新兴产业发展时，虽然政府可能的承诺与资金政策并不明确，但一些人却容易被误导，大胆介入。第二，软预算约束下可以获得资金等资源支持，使企业过度投资的动机变为现实。刘树成等（2004）指出，软预算约束本是计划经济体制下国有企业盲目扩张和投资过热的一个重要根源，但现在也成为一些民营企业盲目投资冲动的根源。一些民营企业中的软预算约束主要表现在土地的软预算约束（廉价得到土地）、贷款软预算约束（主要依靠国家银行的贷款时，盈了是自己的，亏了是国家银行的，企业不必为经营失败承担全部责任）、税收软约束（能获得各种减免，或采取各种手段偷税漏税）等。由此，一些民营企业能以远低于正常市场成本和社会成本的代价，大量获取和占用土地、资金、劳动力等重要资源，大规模地进行低成本的投资扩张。当民营企业主不再依靠自有财产发展时，运用私有资产时的谨慎就让位于好大喜功的大企业梦，于是经营风险得以屏蔽，投资决策变得简单，一些民营企业家成为投资的风险偏好者，患上严重的投资饥渴症和投资冲动症。2004 年被国务院用行政办法关闭的江苏铁本钢铁有限公司靠违规占地、违反环保法律、拖欠农民工工资和工程款等非法手段，至少节省了 36.4% 的投资成本，该公司的自有资本仅 3 亿元，却敢于做总投资 100 多亿的大项目[①]。软预算约束不仅影响初期决策，还会影响后期发展。即便有的企业投资决策错误，发现行业产能过剩，也会寄希望于扩大产能、降低成本，增强对其他企业的相对竞争优势，将其他企业拖垮，自己挺过来。

[①]　国务院办公厅：《国务院办公厅关于江苏铁本钢铁有限公司违法违规建设钢铁项目调查处理情况的通报》（国办发〔2004〕41 号），《国务院公报》2004 年第 20 期，第 55～62 页。

当多个企业都采取这样的战略，而且能得到地方政府在资金与土地等方面的支持，会使其继续扩张的行为成为可能，造成新一轮更大规模的投资和产能过剩。第三，当然，并非所有的企业投资行为都是出于完全自愿的，也可能是政府压力下的行为异化。地方政府官员为了政绩，追求 GDP，也会以某种方式对本地企业的投资扩张行为施加一定的压力。由于地方政府对土地、税收等具有相当的资源控制力，企业的发展空间离不开对地方政府的依赖，有时行为必然出现异化以迎合地方政府的要求。

二　政策建议

（一）政策需求综合与比较

根据第四章至第六章对各细分产业领域的调研结果，各产业领域发展过程中面临的重要制约因素可概况如表 8-1 所示，我们可以发现其有如下几个特点。第一，有的有共性的一面。如人才缺乏问题，不仅视觉数字领域有，温州鞋业也有。第二，各细分产业领域发展的制约因素也呈现很大差异。如钢铁行业第三方电子交易平台受制于诚信体系缺失，有的旅游景区则是交通基础设施有待完善，视觉数字文化领域则是人才缺乏。发展制约因素数量也不一，少则一个，多则三个。第三，制约因素影响程度也不一样，有的关键，有的重要。如钢铁行业第三方电子交易平台，诚信体系很关键，它的缺失直接导致电子商务无法发展。而企业家群体行为特征、既得利益集团阻碍虽然也很重要，但并非实质性的。如果网上直接交易的电子商务好处足够多，企业家会改变调整自己的交易行为，否则会被竞争所淘汰。采用集中的基于网络的第三方交易平台，价格等信息更加透明，许多人会失去拿回扣的可能，也许国有企业不愿意，但那些民营企业家是有动力去采用的。第四，一些因素间有内在关联。如温州鞋业，受制于设计力量与国际大品牌之间有差距，更深层次的原因，则是缺乏复合型人才，是我国教育体制有问题。第五，与产业发展的阶段有关。如温州鞋业的设计薄弱问题，早期发展中也有，但由于那时市场需求层次不高，大多数人只满足于有鞋穿，问题并不凸显。只是到了近年，消费需求层次提高，对环境保护意识增强，国内劳动力成本上升，附加值的内在要求提升，才使问题暴露。

表 8 - 1　调研对象的需求比较

产业	调研对象	发展中的制约因素	影响程度	是否需要政策干预
电子商务	钢铁行业第三方电子交易平台	诚信体系缺失	关键	需要
		企业家群体行为特征	重要	不需要
		既得利益集团阻碍	重要	有时
	去哪儿网	启动产业链难题	关键	不需要
		被模仿侵权	重要	不需要
	网络零售	移动支付不普及	重要	需要
		工商财税体系低效率	重要	需要
文化创意	温州鞋业	信息缺乏	关键	适度
		设计薄弱	关键	需要
		复合人才缺乏	关键	需要
	电视业	对收视率失真担心	重要	需要
	视觉数字文化领域	行业标准素材库缺乏	重要	适度
		人才缺乏	关键	需要
旅游业	大丰麋鹿国家级自然保护区	交通不完善	关键	需要
		标识牌不足	重要	适度
	环球旅游	高质量服务水平	关键	不需要
	商务酒店	标准体系不健全	重要	需要

产业发展中可能有这样或那样的制约因素，接下来的问题是，是否需要政府政策干预？从我们所调研考察的细分产业领域情况看，并非所有的情况都需要政府干预，有的不需要。如去哪儿网2005年创立后早期发展中遇到的最大问题是启动产业链，已经通过企业自身和市场的力量解决。后来遭遇的被模仿及钓鱼网站的问题，也对其有一定影响。但解决方式并非知识产权诉讼方式，而主要依靠市场力量。去哪儿网作为网络旅游媒体，用户只能通过互联

网方式访问。百度持股去哪儿网后，利用关键词搜索，去哪儿网总是排在前面，原来的相似网站在搜索的第一页已经找不到，难以再对其产生大的影响。也就是说，即便是知识产权问题，有时也并不需要以政府干预的方式来解决。当然这并不是否认政府保护知识产权的重要性，也许去哪儿网的情况是例外。从环球旅游情况看，对于制约产业发展的高质量服务水平保障问题，业内一些领先企业已在积极进行探索比国家要求更高的质量标准。从目前情况看，还不需要政策干预，也许以后随着行业的发展，有些未曾预料的问题会出现，可能会出现需要政府干预的情形。

对于需要政府干预的情况，也有所不同，有的需要强力干预，有的则要看情形而定，有的是要适度干预。对于钢铁行业第三方电子交易平台的发展，诚信体系缺失问题的解决远远超出企业的能力范围，也是市场失灵领域，无疑需要政府的强力干预。网络零售领域移动支付问题、保障电视业的收视率客观公正，也需要政府的有力干预。有些则依情形而定，如钢铁行业第三方电子交易平台发展，对于既得利益集团的阻碍，对于私人企业而言不会成问题，对于国有企业而言则会是个问题，需要推进国有企业的改革或提升管理水平；对于如温州鞋业的信息缺乏、视觉数字文化领域的行业标准素材库缺乏等则应是适度干预。这些问题利用企业或市场力量，最终也可以解决，但如果有一定的政府的支持的话，对于企业而言成本更低，或进程更快些。

在需要政府干预的情况下，既有的政策体系能满足需求吗？如前面所分析的，由于缺乏针对性、实施主体不明确、政策协同不足、产业动态发展等方面的原因，既有政策工具或体系并不能有效解决制约产业发展的问题，需要完善。下面，我们就从政策决策与实施机制和内容导向，以及具体任务的解决两方面加以讨论。

（二）政策决策与实施机制和内容导向

由于国家高层领导人可能并不具备某方面的专业知识或不是某

方面的专家，通过经济、科技、竞争力等各种委员会发挥专家作用，提供建议、支持决策已为美国及欧盟许多国家实践，如欧盟的服务业创新专家委员会。我国服务业只有少部分产业领域，如金融、文化、旅游等有明确主管部门，而且即使有，也仅是涉及产业的部分环节。在国家层面，我国需要一个独立的现代服务业发展顾问委员会，作为现代服务业发展的推动机构，发挥专家决策与政策协同功能，协调推动问题解决。决策机制需要科学合理，针对智囊支持不足、利益集团影响等政策失灵成因，并借鉴国际经验，以下三方面决策与实施机制要素是要努力实现的，而且这些关键要素需要同时满足才更为有效（见图 8 - 3）。

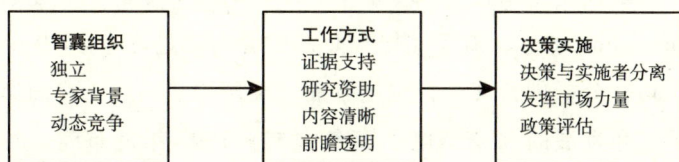

图 8 - 3　合理决策与实施机制要素

首先来考察智囊组织要素。现代服务业发展顾问委员会作为专家委员会，需要具备几个关键条件。第一，独立。即能够独立于部门利益集团，提出客观、中立的建议。如美国总统经济顾问委员会，根据 1946 年《就业法案》（Employment Act of 1946）设立，由立法机构参议院而非政策的实施部门建议提名，总统任命。第二，专家背景。美国总统经济顾问委员会由主席和两名成员组成，都要求受过专业训练、有经验和富有成就，能够分析和解释经济发展情况、评估政府项目和活动，并能制定和建议促进就业、增长等经济政策能力。他们的工作得到一组专业的高级经济学家团队和统计办公室等支持。高级经济学家团队有 12 名左右，每名高级经济学家又有 12 名左右的研究生或助手协助其工作。第三，动态竞争。美国总统经济顾问委员会每届任期两年，高级经济学家大部分来自高校，他们通常都有较强的理论积淀，两年周期调整保障可以将最新的知识、视角带入政府决策。在欧盟，如欧盟服务业创新专家委员会专家成员的产生，也是通过公开筛选。在这方面，明显较我国智囊机构成员相对固定更有灵活性，针对特定时期的问题，更便于会集最优秀和合适的人选。

现代服务业发展顾问委员会的工作方式，以下几方面特征也是必需的。第一，证据支持。智囊的建议，必须建立在对最新现实产业运行情况了解的基础上，这点在欧美越来越被强调。这一方面依赖良好的国家统计系统，另一方面，对于新的领域问题，需要进行专门调查，才能达到对现状与问题的把握。如产业方面的创新，特设专门的欧盟创新调查（Community Innovation Survey）和创新晴雨表（Innobarometer），前者常规全面，后者则通过调查 3500 个随机选择公司，分析创新某个特定的方面。美国也是如此，在加速互联网电子商务发展的《全球电子商务框架》1997 年发布前，时任副总统的戈尔领导了一个跨部门工作小组，用了 18 个月时间，广泛征询意见。第二，研究资助。政策研究，是决策支持重要的前端组成部分，并需要资金支持。如欧盟竞争力和创新框架下的企业家和创新项目中，具体的欧洲创新（Europe Vinnova）和推动创新欧洲（Pro INNO Europe）项目，通过合同和资助，支持进行相关政策研究与分析工作。而我国一些乃至国家层面规划的研究与编制工作，并无专门的研究经费，难以保障参与专家人员的积极性。第三，内容清晰。所提建议内容明确清晰对形成正确的预期和决策很重要，具体来说，明确和清晰的内容包括政策影响、政策着力点、起止时间、经费预算等。政策影响，是政策依据的重要基础，即对所提政策建议的合理性，进行成本收益分析。产业政策具体作用对象、政策工具、经费预算也要很清晰，仅仅说要做什么是远远不够的。如从欧盟委员会提请给欧盟理事会或欧盟议会，关于要设立创新欧盟竞争力和创新框架项目的建议报告中，内容不仅包括项目影响、与其他如区域基金等项目间的关系等，还明确总预算（39.26 亿欧元）在2007~2013年度各子项目间的分配情况[①]。第四，前瞻透明。政策建议内容清晰要以证据支持与研究为基础，而证据获取与研究需要一定的时间周期。没有前期充分调研的产业政策匆忙出台，势必会出问题，决策不能总是应急式的，需要进行前瞻性的战略性研究。此外，形成正确预期，要求政策透明，不仅要求政策本身，还要求相关的前期研究分析成果、政策评估等也公开可得。如2003年初欧盟理事会要求制定关于竞争力的综合性战略，在大量研究基础上欧盟委员会于2005年建议提请设立欧盟竞争力和创新框架项目，到2006项目被正式批准，2007年开始实施前，有数年周期，而且期间多次公开征询意见。

决策实施，有三方面比较重要。第一，决策与实施者分离。这是避免部门利益的重要途径，而我国许多名为委员会的机构，实际决策和执行不分。第二，重视发挥市场机制的作用。如第七章介绍的欧盟第七框架项目下（FP7）的高成长和创新性中小企业项目（High Growth and Innovative SME），以股权投资支持起步或扩张阶段的中小企业。但其并不直接投资，而是通过投资于风投基金，由这些基金去投资，这些基金则基于通常的商业标准做投资决策。第三，政策评估。虽然，独立第三方评估会增加一定的政策成本，但对于避免以后的政策失误，提高决策支持与实施质量有约束力，利大于弊。

关于政策定位与导向也是重要的问题，首先，政府政策干预并非无边界，应是弥补市场失灵。从相当意义上说，现代服务业也是知识密集型服务业，创新驱动发展。解决我国大部分人口就业的是大量小微企业，服务业也是小微企业占大部分。我国一些支持产业发展的政策，如创新联盟、创新平台工具依然可以适用。但产业政策内容重点也需要调整，需要构建支持企业的商业与创新服务网络。

---

① 参见 Commission of the European Communities. Proposal for a DECISION OF THE EUROPEAN PARLIAMENT AND OF THE COUNCIL Establishing a Competitiveness and Innovation Framework Programme（2007 - 2013）. COM（2005）121 final。

面向具体产业提供知识支持和商业环境完善的政策工具，也是企业更迫切的需要，并有利于规避设租寻租，形成企业正确的预期，遏制政策诱导性产能过剩。欧洲企业网络项目提供了很好的国际经验。它重点面向 17 个产业部门，帮助欧洲小企业最大化利用商业机会，提供满足企业所有需求的一站式、广泛并免费的服务，帮助了解市场信息、克服法律障碍和发现商业伙伴，包括创新支持与跨国技术转移服务等，使它们更具竞争力①。这种政策工具，正是我国迫切需要的。如温州皮鞋业发展，"红蜻蜓"、奥康等标杆企业期望成长为具有国际竞争力的企业，但受制于国内难找可合作的科研院所、复合型人才难招以及国外招聘缺乏信息。这些企业创新发展，如果在这些方面能得到类似欧洲企业网络支持的话，可能会更顺利、成本更低。

其次，要聚焦细分产业政策领域。由普适向个性化产业部门政策发展，也是国际产业政策的重要趋势。2005 年后，欧盟启动部门创新观察表明政策界对产业部门间差异的重视，目的就是要支持修改已有的，设计新的、个性化定制的政策。欧盟一些政策也更具针对性和个性化。我国多次专门就加快服务业发展发布政策文件，如表 8 - 1 所表明，由于产业、企业的异质性等，不同产业部门、不同类型企业所面临的政策问题集可能完全不一样，未能针对特定细分产业中个性化的企业政策需求，是政策意见难以落实的重要原因。所以，要切实使政策能落到实处，领域需要更聚焦，内容才能有针对性并且明确。

此外，创造让市场机制发挥基础作用的环境。借助第三方电子交易平台，消除中间商，钢铁等许多行业早已尝试，但实际情况并不乐观。B2B 行业流通领域电子商务在我国发展不充分的最重要的原因就是在我国商业环境下，难以防范欺诈。美国电子商务全球领先，不仅得益于其互联网的率先发展，也得益于其政策的推动。美国 1997 年的《全球电子商务框架》提出了推进电子商务发展的原

---

① 可参见第七章的介绍。

则，强调私人部门发挥领导作用，在需要政府干预时，政府目标应是支持和实施一个可预见、干预最少、一致和简明的电子商务法律环境，政府干预应当是确保竞争、保护知识产权和隐私、防范欺诈、提高透明度、支持商业交易和促进争端解决，随后的具体政策也应基本围绕这些问题展开。所以，我国现代服务业产业政策，在相当程度上，要去补贴化，需要从具体的产业环节如钢铁等领域突破，完善商业环境，解决制约行业发展的问题。

已有研究的政策建议，大多是列表式的，即提出几个方面的建议，但既然不同产业发展的制约因素间存在个性化的结构关系，与之相应，对策建议间也应呈现个性化结构关系。各种措施间的时间、优先关系，也应是政策建议的重要内容。也就是说，产业政策应采用路线图的方法表述，一方面以可视化方法清晰表明各项政策措施间的关系，另一方面也便于实施。下面一部分，也将针对我们调研所发现的问题，尝试进行路线图讨论。

（三）政策任务的路线图

路线图方法（Roadmapping），作为一种规划工具，最早应用于技术领域[①]。一些企业如摩托罗拉在 20 世纪 70 年代采用，其时任总裁罗伯特·高尔文（Robert Galvin）认为技术路线图是对某一特定主题未来延伸的看法，一般用图示方式表达（Galvin，1998）。各国学者比较认同的一点是，技术路线图是一种需求驱动的技术规划方法，用以帮助企业发现、选择和开发可满足未来产品、服务或企业运营所需的各种技术（Garcia，2007；李栎等，2008）。20 世纪 90 年代，技术路线图方法被应用于产业层面，最早是半导体产业，美国半导体工业协会绘制了国家半导体技术发展路线图（National Technology Roadmap for Semiconductor，NTRS）[②]，产生广泛影响。其后，加拿大、日本、

---

① 路线图有很多研究介绍，它本身并非我们讨论的重点，我们重点关心的是如何将其应用到产业政策领域，在此仅对其与本研究相关内容作简要讨论介绍。

② 关于该路线图的更新，可参见 http：//www.itrs.net。

韩国等都纷纷效仿制定本国产业技术路线图。技术路线图的方法，目前也被许多发展中国家用于科技发展规划、预测及政策制定。

近年来，我国政府部门和地方也开始尝试运用技术路线图方法进行科技管理工作。2007 年，中科院启动了中国至 2050 年重要领域科技发展路线图战略研究，分能源、水资源、人口健康等 18 个领域进行[①]。科技部 2008～2009 年度国家软科学研究计划中安排了"区域产业技术路线图研究"项目，2010 年度又成立了"通信产业技术演进路径及技术路线图研究"及"产业技术路线图在战略性新兴产业培育中的应用研究"等项目。技术路线图方法已成为广东支持科技项目、产学研合作、产业技术联盟建立的重要支撑，并已有 LED、建筑陶瓷、纺织服装等一系列产业技术路线图出现（林涛，2012）。北京市科委也于 2010 年首次启动区域产业技术路线图研究工作，在物联网传感器及传感网络、智能电网、新材料等 7 大重点领域开展，已发布《北京传感器及传感网络技术路线图研究报告》。2012 年，《"十二五"国家战略性新兴产业发展规划》对于 7 大产业领域，也尝试分别用列表形式描述各自路线图。

从国际态势看，路线图方法已被企业、行业和政府组织广泛应用，不仅应用于技术及产品创新范畴，也被用于政策及战略等领域。如 2010 年，日本先进信息和通信网络社会推动战略总部发布《信息技术战略路线图》［The New Strategy in Information and Communications Technology（IT）Roadmaps］，目的是明确各部的任务和具体时间安排及联合行动中各自的角色和目标。该报告面向市民为中心的电子管理，在当地社区构建联系，创造新市场和国际化拓展三类具体任务，准备了 30 张路线图。

虽然路线图有不同类型、形式、结构和功能，但核心任务都是利用结构化和可视化方法（如图表），对不同组织系统过去、现状

---

① 研究结果可参见中国大科学装置领域战略研究组：《中国至 2050 年重大科技基础设施发展路线图》，科学出版社，2009。

与未来之间的联系、发展和延伸作出趋势判断和情景分析，为各类研发及管理组织制定战略规划提供基础性的计划框架和协商机制（万劲波，2009）。作为一种战略规划方法，它是有效沟通的工具，可以比较明确地反映各工作任务间实现时间先后、路径关系，指导各单位行动，明确各自分工和角色，提高系统效率。

不管形式如何，路线图主要都是要描绘如何基于当前状况实现目标的路径，一般采用多层结构，横向反映时间先后关系，纵向反映不同层面内容间的关系。就产业政策路线图而言，它有几个要素，一是时间，要明确各任务先后顺序及时间节点。时间跨度有短期、中期及长期之分，但具体长短标准则因规划主题及问题领域不同。如2010年日本《信息技术战略路线图》短期、中期和长期跨度分别为1~2年、3~4年和5~20年。我国重点关注讨论的是三年行动计划期限范围。二是政策任务，包括任务内容、任务间层次关系及优先关系。三是主体，即政策任务的实施责任主体。下面我们就对需要政策干预的行业领域分别进行讨论。

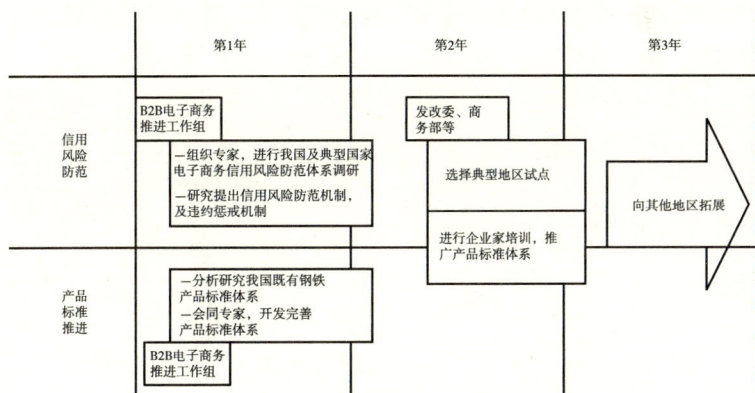

图 8 - 4　钢铁行业电子商务推进路线图

从图 8 - 4 中可以看出，发展制造和批发业电子商务，我们认为首先需要一个跨发改委、商务部、财政部、工信部、工商总局、银监会、标准委等部委的工作小组，承担政策顶层设计和实践推动协调工作，这个工作组可隶属国务院的服务业发展委员会。这个工作组短期内需要组织专家，重点解决两个方面的问题，即信用风险防范和产品标准体系推进问题，特别是前者，后者服务于前者。由于产业特性的差异，可选择试点行业突破。有的行业产品可标准化程度、客户密集高，更适合电子商务的发展，比如钢铁等，可先行启动。由于我国钢铁流通环节各类贸易商数量高达数十万，对如此众多的企业实行有效监管、防范信用风险体系是个挑战。在充分调研的基础上，可从客户密集高、民营企业居多的区域先行试点，之后再向其他地方扩展。从潜在客户比较集中的地方起步，有利于商业模式可行，也有利于降低政策执行成本。如目前的电子商务示范城市创建，钢铁行业可选择唐山等钢铁企业集中的地方。试点及其他的推广执行工作，可由发改委、商务部等有关部门实施。地区试点时，可对企业家免费培训，推广产品标准体系，介绍有关风险防范机制，甚至网络使用方面的知识。在钢铁行业推进经验的基础上，以后可以再逐步推动其他行业 B2B 电子商务的发展。

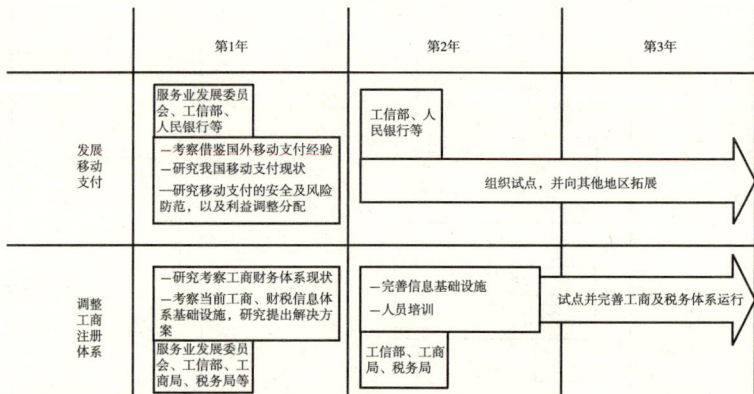

图 8-5　网络零售推进路线图

从图 8-5 中可以看出，网络零售电子商务的发展，主要解决的问题也有两个，即发展移动支付和调整工商财税体系。这依然可以由服务业发展委员会，先会同工信部、人民银行、工商总局和税务总局等有关部门，进行国内外移动支付、财税运行及信息基础设施的调研，并提出解决方案。借鉴日本的经验，移动支付解决方案的要点，是要放松管制，特别是对电信运营商的管制，但利益分配上，电信运营商占小部分。至于工商注册登记，则可借鉴欧盟内部市场方面的经验，服务提供商可从"一站式"服务联络点获得所有相关信息，所有的程序和正式手续办理可以远程通过电子化手段完成。其后，再由人民银行、工信部、工商总局等有关部门实施，包括进一步放松移动支付管制、完善信息基础设施、培训人员等。

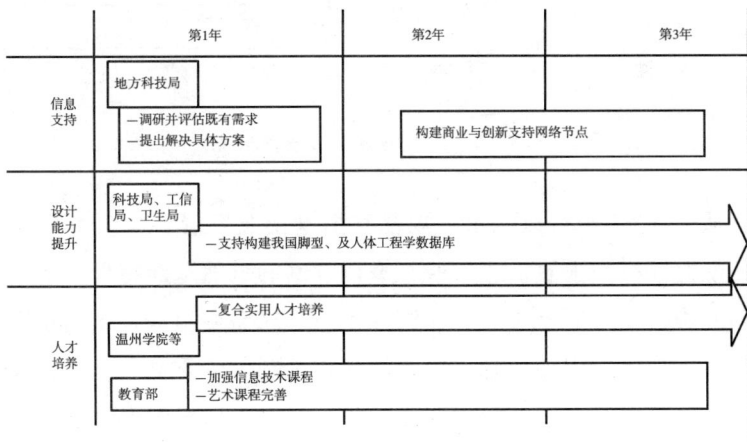

图 8 - 6　温州鞋业设计水平提升推进路线图

从图 8 - 6 中可以看出温州鞋业设计水平提升要解决的三个问题。关于信息支持，既有的科技部门可以完善拓展既有职能，借鉴欧洲企业网络经验，构建当地的商业与创新支持网络节点，为当地鞋业等产业部门提供支持。关于设计能力提升，当地科技、工信局、卫生局可协同支持重点企业，构建脚型及人体工程学方面的数据库。支持的方式，可以借鉴欧洲中小企业协会研发项目①，重点解决行业共性问题。人才培养，短期在温州学院等有关专业方面加强学生的艺术与计算机培训，长期则依赖如何从基础教育就加强学

---

① 关于该项目更具体的信息，可参见第七章的介绍。

生的信息技术与艺术能力。如英国在小学阶段课程中，将数字
（ICT）能力升级为与英语、数学和个人发展同等重要的核心能力；
儿童和年轻人依法律规定，每周至少有机会体验 5 个小时的高质量
的校内或校外、由创意和文化部门的专业人士提供的文化活动。

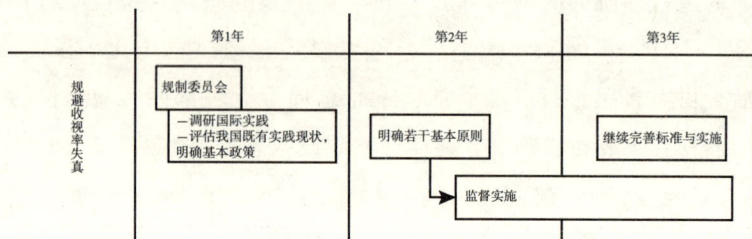

图 8 - 7　电视业规范发展路线图

从图 8 - 7 中可以看出，规范我国电视业发展要解决的问题是
如何规避收视率失真。由于收视率调查网的自然垄断特性，一家收
视率调查公司垄断某市场也是国际常态。这需要组建一个由主要利
益相关方代表所组成的独立电视收视率规制监管委员会，特别是要
有来自地方电视台、节目制作方的代表。它可以组织专家在充分调
研国际经验及现有实践基础上，明确我国收视率调查的基本政策及
原则，特别是涉及调查样本选择方法及规模标准，以确保数据的公
正、客观和准确可靠。

从图 8 - 8 中可以看出数字文化业提升发展要解决的两个方面
问题。关于素材标准库的构建，宣传与文化部门可组织专家深入调
研有关需求与国内外实践，并支持建设，重点在于提供平台与方
法。关于人才培养，一方面要加强影视类等专业学生的信息技术与
文化学习，另一方面要从基础教育抓起，加强学生的信息技术与艺
术能力。在支持素材库建设方面，可与加强影视类等专业学生的信
息技术水平与文化学习能力协同，与既有课程相结合，让在校学生
更多地参与。

从图 8 - 9 中可以看出，江苏盐城大丰麋鹿园发展主要需要解

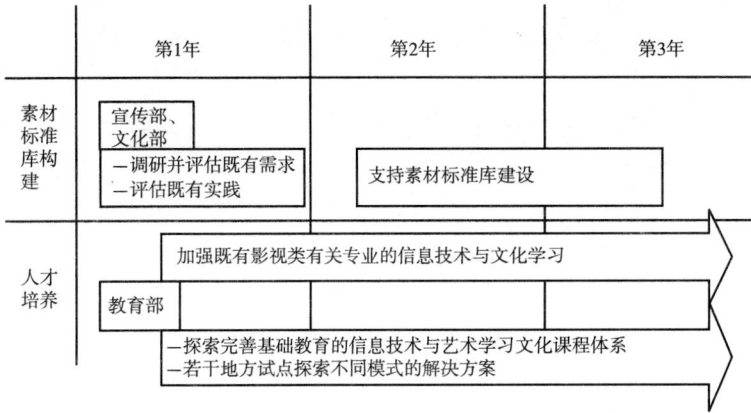

图 8 – 8　数字文化业提升发展路线图

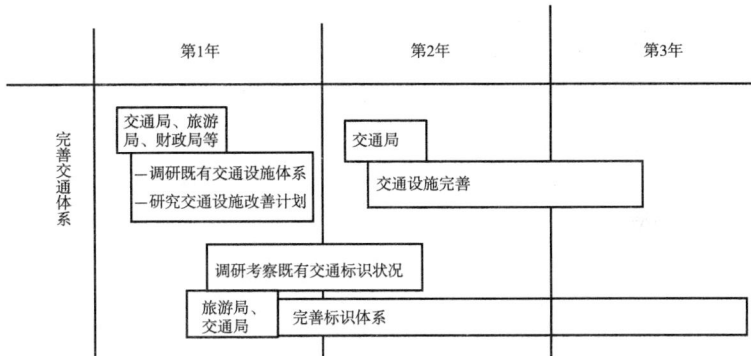

图 8 – 9　大丰麋鹿园发展路线图

决完善交通体系问题及与之相关的交通标识。由于主要高速路网等已经存在，与景区的连接道路在地方层面就可以解决，因此，当地的交通部门、旅游局及财政局等单位协同会商完善既有交通设施即可。交通标识体系完善，可基于既有路网进行，也需要新的交通基础设施完善后进行。

从图 8 – 10 中可以看出，推进旅游饭店的标准化发展，提升水平，需要研究既有标准体系及经验，结合社会旅馆特性等，编制适合它们的行业标准，并在试点过程中加以完善，其后进行推广。整

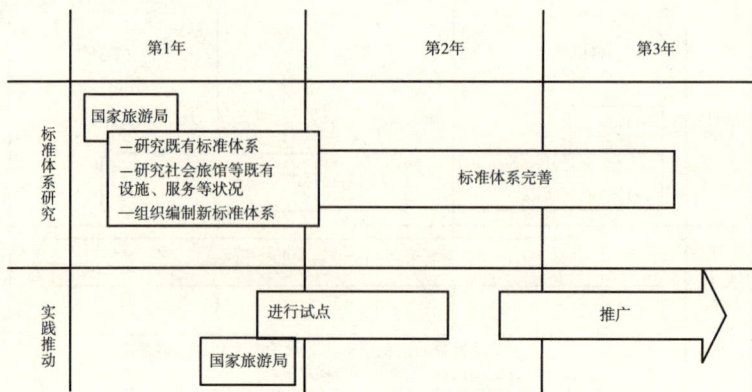

图 8-10 旅游饭店标准化发展路线图

个工作，都可以由国家旅游局来组织完成。

从前面的讨论可以看出产业间差异的巨大影响，发展现代服务业必须深入行业内，针对个性化需求，提供操作性强的建议，最好是用路线图表达政策建议。关于路线图，有两点也需要说明，一是政策路线图的制定，需要政府及利益相关方广泛参与，我们提出政策建议虽也基于对不少对象的实证调研，并组织了一些政府机构访谈，但实践中是否合理可行，还需要在更广泛的范围内征询意见，也超出了本书研究的范围。此外，路线图方法论本身，如我们用箭头标识的时间点可能会超过规划期，行为主体用实线边框标识，但不同层级的主体是否标识也应不同，优先级顺序如何更清晰地描绘等也需要进一步研究。总之，现代服务业发展问题复杂，还需要对更多深入细分产业的政策进行研究，在实践中探索并完善。

主要参考文献

贝尔，1984，《后工业社会》，科学普及出版社。

毕秀晶、李仙德，2010，《上海现代服务业外资企业空间格局及其机理研究》，《城市规划学刊》第 1 期，第 64 ~ 70 页。

蔡一声，2009，《论浙江椒江海洋经济领域现代服务业的发展》，《中国渔业经济》第 4 期，第 125 ~ 128 页。

常修泽，2005，《体制创新：释放中国现代服务业发展的潜能》，《中国经贸导刊》第 13 期，第 8 ~ 9 页。

道格纳斯·C 诺斯，1994，《经济史中的结构与变迁》，上海人民出版社。

冯华、司光禄，2007，《商品属性视角下的现代服务业发展——基于商品属性分割与组合理论的分析》，《中国工业经济》第 11 期，第 31 ~ 38 页。

盖建华，2010，《我国信息技术产业与现代服务业产业关联分析》，《经济问题》第 3 期，第 31 ~ 36 页。

郭鹏，2009，《WTO 电子商务关税征收中的利益冲突》，《社会科学家》第 6 期，第 86 ~ 88 页。

国家统计局，2008，《改革开放 30 年报告》，http：//www.stats. gov. cn/tjfx/ztfx/jnggkf30n/。

华德亚，2007，《承接跨国公司服务外包加速我国现代服务业发展》，《经济问题探索》第 3 期，第 84 ~ 86 页。

霍景东、夏杰长，2007，《现代服务业研究开发竞争力的国际比较》，《中国软科学》第 10 期，第 8～14 页。

江静、刘志彪，2009，《政府公共职能缺失视角下的现代服务业发展探析》，《经济学家》第 9 期，第 31～38 页。

江小涓、李辉，2004，《服务业与中国经济：相关性和加快增长的潜力》，《经济研究》第 1 期，第 4～15 页。

蒋三庚，2010，《著名 CBD 现代服务业人才聚集借鉴》，《北京工商大学学报》（社会科学版）第 7 期，第 10～17 页。

凯恩斯，1999，《就业、利息和货币通论》，商务印书馆。

克里斯·弗里曼、罗克·苏特，2004，《工业创新经济学》，北京大学出版社。

李安定、金艳平、朱永行，2006，《论上海现代服务业发展与金融支持》，《上海金融》第 2 期，第 17～21 页。

李娟，2010，《我国现代服务业发展影响因素分析》，《商业经济》第 2 期，第 112～115 页。

李栎、张志强，2008，《技术路线图在学科战略情报研究中运用的思考》，《情报科学》第 11 期，第 1667～1702 页。

李琪、彭丽芳，2011，《现代服务业中电子商务发展战略研究》，科学出版社。

林涛，2012，《技术路线图方法在广东专业镇中的战略集成作用分析》，《科技进步与对策》第 5 期，第 47～49 页。

蔺雷、吴贵生，2007，《服务创新：第 2 版》，清华大学出版社。

刘树成、韩朝化，2004，《民营企业盲目投资冲动根源何在》，《学习月刊》第 11 期，第 25～28 页。

刘徐方，2010，《现代服务业融合发展的动因分析》，《经济与管理研究》第 1 期，第 40～44 页。

刘志彪，2005，《现代服务业的发展：决定因素与政策》，《江苏发展研究》第 6 期，第 207～212 页。

马治国，2011，《媒体收视率调查公司样本户数据的商业秘密保护——对国内首例干扰样本户信息案件的分析》，《西安交通大学学报》（社会科学版）第 2 期，第 61～66 页。

迈克尔·波特，2002，《国家竞争优势》，华夏出版社。

毛大庆，2010，《万科工业化住宅战略与实践》，《城市开发》第 6 期，38～39 页。

梅新育，1999，《横跨国境的"网络新政"——美国政府的电子商务发展政策》，《国际贸易》第 1 期，第 29～32 页。

裴长洪、夏杰长，2005，《中国服务业的对外开放：基本格局、路径选择与战略思路》，载《中国服务业发展报告 No.4》，社会科学文献出版社。

裴长洪、谢谦，2009，《集聚、组织创新与外包模式—我国现代服务业发展的理论视角》，《财贸经济》第 7 期，第 5～16 页。

裴长洪，2010，《我国现代服务业发展的经验与理论分析》，《中国社会科学院研究生院学报》第 1 期，第 5～15 页。

任英华、邱碧槐，2010，《现代服务业空间集聚特征分析——以湖南省为例》，《经济地理》第 3 期，第 454～459 页。

田侃、夏杰长，2010，《信用环境构建与现代服务业发展研究》，经济管理出版社。

万劲波，2009，《路线图方法的发展及其在创新管理中的应用》，《科学学研究》第 10 期，第 1444～1459 页。

汪德华、张再金、白重恩，2007，《政府规模、法制水平与服务业发展》，《经济研究》第 6 期，第 51～65 页。

王可侠、彭玉婷，2010，《南京都市圈交通一体化及其对现代服务业的深刻影响与对策研究》，《江苏社会科学》第 5 期，第 252～256 页。

王仰东等编著，2011，《服务创新与高技术服务业》，科学出版社。

魏小安、曾博伟，2009，《旅游政策与法规》，北京师范大学出版社。

吴晓云、张峰，2010，《现代服务业可迁移性和交互性的新特征及其全球化潜力——兼论对中国发展现代服务业的管理启示》，《山东大学学报》（哲学社会科学版）第 1 期，第 12 ~ 21 页。

夏杰长，2008，《高新技术与现代服务业融合发展研究》，经济管理出版社。

夏正荣，2007，《提升我国服务贸易国际竞争力》，《国际商务研究》第 6 期，第 20 ~ 25 页。

向俊波、陈雯，2003，《二级城市发展现代服务业的困境和解决途径——以苏州、无锡、杭州为例》，《城市问题》第 1 期，第 20 ~ 25 页。

亚当·斯密，2000，《国富论》，陕西人民出版社。

闫星宇、张月友，2010，《我国现代服务业主导产业选择研究》，《中国工业经济》第 6 期，第 75 ~ 84 页。

杨亚琴，2005，《上海现代服务业集群发展的途径与机理——以陆家嘴金融贸易区、外高桥保税区、赤峰路一条街为例的分析》，《上海经济研究》第 12 期，第 57 ~ 63 页。

叶明，2010，《转变经济发展方式推进住宅产业现代化——黑龙江宇辉集团采用住宅工业化生产方式建设住宅的调研报告》，《住宅产业》第 7 期，第 22 ~ 23 页。

张云、李秀珍，2010，《现代服务业 FDI 的理论基础与经济效应——区域现代服务业 FDI 对策思考》，《国际经贸探索》第 3 期，第 69 ~ 74 页。

赵琼、杨志华，2010，《我国现代服务业利用 FDI 的影响因素分析——基于 1997 ~ 2007 年的数据》，《经济问题》第 5 期，第 45 ~ 49 页。

仲丛友、曹洁、郭奇，2010，《对接现代服务业需求的应用型人才培养实现路径探讨》，《科技管理研究》第 22 期，第 161 ~ 164 页。

周振华, 2005,《现代服务业发展: 基础条件及其构建》,《上海经济研究》第 9 期, 第 21 ~ 29 页。

Albrecht, Conan C. , Douglas l. Dean, James V. Hansen, 2005, "Marketplace and technology standards for B2B e-commerce: Progress, Challenges, and the State of the art", *Information & Management*, 42: 865 – 875.

ALMEGA, 2008, *Innovation in Service enterprises, a survey of 778 Swedish service enterprises on innovation and research.*

Angelova, Kamelia, 2009, "Internet Activities Of China And US", *The Business Insider*, Oct. 28.

Arundel, Anthony, Minna Kanerva, Adriana van Cruysen, and Hogo Hollande, 2007, *Innovation Staitistics for the European Service Sector*, UNU-MERIT, May 10, 2007.

Bader, 2008, "Managing intellectual property in the financial services industry sector-Learning from Swiss", *Technovation*, 28: 196 – 207.

Braga, Carlos A. Primo, 2005, "E-commerce regulation: New game, new rules?" *The Quarterly Review of Economics and Finance*, 45 (2 – 3): 54 – 558.

Briggsa, Senga, Jean Sutherlanda, Siobhan Drummond, 2007, "Are hotels serving quality? An exploratory study ofservice quality in the Scottish hotel sector", *Tourism Management* 28 : 1006-1019, Chesbrough, Henry, 2007, "Why companies should have open business models", *MIT Sloan Management Review*, Vol. 48, No. 2, pp. 21 – 28.

Christensen, C. , *The Innovator's Dilemma: The Revolutionary Book that Will Change the Way You Do Business, Collins Business Essentials*, 2000: 296.

Cruysen, Adriana van, Hugo Hollanders, 2008, *Are Specific policies needed to stimulate innovation in Services?* UNU-MERIT, PRO

INNO Europe INNO METRICS.

Daim, 2008, Tugrul U. , Terry Oliver, 2008, "Implementing technology roadmap process in the energy services sector-A case study of a government agency", *Technological Forecasting & Social Change*, 75: 687 – 720.

Djellal, F. , and Gallouj, F, 2000, Innovation surveys for service industries: A review, paper presented at the Conference on Innovation and Enterprise Creation: Statistics and Indicators, Sophier Antipolis, France, November.

Easton, Geoff, Lius Araujo, 2003, "Evaluating the impact of B2B e-commerce: a contingent approach", *Industrial Marketing Management*, 32: 431 – 439.

European Commission, 2009, *Enterprise Europe Network: Your Business in Our Business*, Brochure Printed in Belgium.

European Commission, 2009, *The Trends of Open Innovation in Service*, ISBN 978 – 92 – 79 – 13842 – 3.

Eurosat. 2010 Edition, *Statistical Books: Science, technology and innovation in Europe*.

Ezell, Stephen, 2008/2009, "Benchmarking foreign innovation-The United States need to learn from other industrialized democracies", *Science Progress*, Fall/Winter, 35 – 46.

Foster W. , S. Goodman, Z. Tan, The Internet and Greater South China, Global Diffusion of the Internet Project. 2004 (http: // mosaic. Unomaha. edu/schina. pdf).

Funk, Jeffrey, 2008, "Solving the startup problem in Western mobile internet markets", *Telecommunication Policy*, 31: 14 – 30.

Gadrey, J, and Gallouj F. 1998, "The Provider-Customer interface in Business and Professional Services", *Service Industries Journal*, 18 (2): 1 – 15.

Gafen, David, 2000, "E-commerce: the role of familiarity and trust", *Omega*, 28: 725 – 737.

Gallouj, Faiz, Olivier Weinstein, 1997, "Innovation in services", *Research Policy* 26: 537 – 556.

Galvin R. 1998, "Science Roadmaps", *Science*, 280 (8): 803.

Hertog, Pim Den, 2000, "Knowledge-intensive business service as co-producer of innovation", *International Journal of Innovation Management.* Vol. 4 (4): 491 – 528.

Hill, P., 1999, "Tangibles, Intangibles and Services: A New Taxonomy for the Classification of Output", *Canadian Journal of Economics*, 32 (2): 426 – 446.

Hollenstein, Heinz, Martin Woerter, 2008, "Inter- and Intra-firm diffusion of technology: The example of E-commerce", *Research Policy* 37: 545 – 564.

Hollenstein, Heinz, 2003, "Innovation modes in the Swiss service sector: a clusteranalysis based on firm-level data", *Research Policy*, 32: 845 – 863.

Jeng Huei-Yann Joann, Tony J. Fang, 2003, "Food safety control system in Taiwan—The example of food service sector", *Food control*, 14: 317 – 322.

Jennifer Gibbs, Kenneth L. Kraemer, Jason Dedrick, 2003, "Environment and policy factors shaping global e-commerce diffusion: a cross-country comparison", *Information society*, 19 (1) 5 – 18.

Kaefer, Frederick, Elliot Bendoly, 2004, "Measuring the impact of organization constraints on the success of business-to-business e-commerce efforts: a transaction focus", *Information & Management*, 41: 529 – 541.

Klopping, Inge M., Earl McKinney. 2004, "Extending the technology acceptance model and the task-technology fit model to consumer e-commerce", *Information Technology, learning and performance Journal*, 22 (1): 35 – 48.

Krackeler, T. Lee Schipper1, and Osman Sezgen. 1998, "Carbon dioxide emissions in OECD service sectors: the critical role of electricity use Energy Policy", *Energy*, 26 (15): 1137 – 1152.

Kshetri, Nir, 2007, "Barriers to e-commerce and competitive business models in developing countries: A case study", *Electronic commerce research and applications*, 6: 443 – 452.

Kuusisto, Jari, Pim den Hertog, Sami Berghall, Mari Hjelt, Sanna Ahvenharju and Wietze van der Aa, 2011, *Service Typologies and tools for effective innovation policy development*, EPISIS Final Report of Task Force 1.

Lefebvre, Louis A. , 2002, "E-commerce and virtual enterprises: issues and challenges for transition economies", *Technovation*, 22: 313 – 323.

Lefebvre, Louis, Elisabeth Lefebvre, Elie Elia, Harold Boeck 2005, "Exploring B-to-B e-commerce adoption trajectories in manufacturing SMEs", *Technovation*, 25: 1443 – 1456.

Mairet, Nicolas, Fabrice Decallas, 2009, "Determinants of energy demand in the French service sector", *Energy Policy*, 37: 2734 – 2744.

Marie Garcia, Olin Bray, 1997, *Fundamentals of Technology Roadmapping.* SAND97 – 0665, Unlimited Release.

Mattsson, Jan, 2009, *Exploring user-involvement in technology-based service innovation*, ICE-Project Working paper.

Mention, Anne-Laure, 2011, "Co-operation and competition as open innovation practices in the service sector-Which influence on innovation novelty", *Technovation*, 31: 44 – 53.

Meri, Tomas, 2008, *High-tech knowledgeintensiveServices*, Manuscript completed on: 26. 02. 2008.

Michael J. Mandl, 1996, "The triumph of the New Economy", *Business Week*Dec, 30.

Miles, Ian, Nikos Kastrinos and Kieron Flanagan, 1995, *Knowledge-intensive Business Services*, A report to DG13 SPRINT-EIMS.

Miozzo, M. , and Luc Sote, 2001, "Internationalization of services: A technological Perspective", *Technological Forecasting and Social Change*, 67: 159 – 185.

Mirasgedis, S. , J. Maskatsoris, D. Assimcopoulou, L. Papagiannakis and A. Zervos, 1996, "Energy conservation and co2-emission and abatement potential in the Greek Residential service sector", *Energy*, 21 (10): 871 – 878,

Murphy, Greory B. , Ashley A. Blessinger, 2003, "Perceptions of no-name recognition business to consumer e-commerce trustworthiness: the effectiveness of potential influence tactics", *Management Research*, 14: 71 – 92.

National Association of State Information Resource Executive, 1994, *Outsourcing Information Service in the Public Sector*, No. ISBN.

Ndubizu, Gordian, Bay Arinze, 2002, "Legal determinants of the Global spread of e-commerce", *International Journal of Information Management*, 22: 181 – 194.

Nedimovic, Vanja, 2009, *The Trends of Open Innovation in Services*, *European Communities*.

Normann, R. , 1984, *Service Management*, Chichester: Wiley.

OECD, 1996, *The Knowledged-based Economy*, General Distribution OCDE/GD (96) 102.

Palvia, Prashant, 2009, "The roles of trust in e-commerce relational exchange: A unified model". *Information & Management*, 46: 213 – 220.

Rubalcaba, L. and Kox, H, 2007, *Business service in European Economic Growth*, Palgrave-Macmillan.

Schleich, Joachim, 2009, "Barriers to energy efficiency: A comparison across the German commercial andservices sector", *Ecological Economics*, 68: 2150 – 2159.

Soete, L., and Miozzo, M., 1989, *Trade and Development in Service: A technological Perspective*, MERIT Research Memorandum 89 – 031, MERIT, The Netherlands.

Tether, Bruce, 2004, *Do Services Innovate (Differently)*? CRIC Discussion paper No. 66.

Thatcher, Sherry M. B., William Foster, Liang Zhu, 2006, "B22 e-commerce adoption decision in Taiwan: the interaction of cultural and other institutional factors", *Electronic commerce research and applications*, 5: 92 – 104.

Torrubia, Andres, Francisco J. Mora, Luis Marti, 2001, "Cryptography regulations for E-commerce and Digital Right Management", *Computers & Security*, 20 (8): 724 – 738.

Wang, Tien-Chin, Ying-Liang Lin, 2009, "Accurately predicting the success of B2B e-commerce in small and medium enterprise", *Expert System with Applications*, 36: 2750 – 2758.

Wernerfelt, Birger, 1984, "A Resource-based View of the Firm", *Strategic Management Journal*, (2): 171 – 180.

Wu, Yen-Chun J., 2005, "Unlocking the value of business model patents in e-commerce", *The Journal of Enterprise Information Management*, 18 (1): 113 – 130.

Yoon, cheolho, 2009, "The effects of national culture values on consumer acceptance of e-commerce: Online shoppers in china," *Information & Management*, (5): 294 – 301.

后 记

　　本书是我第三本个人专著，也是以产业为主题的一本。我进行产业相关研究工作，从十余年前就已经开始了。2002 年开始，我在中国社科院工经所师从老一辈经济学家周叔莲先生攻读产业经济学博士学位，当时的研究方向是产业结构调整与升级。在研究我国宏观产业结构调整问题时，发现要判断我国三次产业结构是否合理，首先需要解决我国投资率和消费率本身是否合理的问题。于是，博士论文的重心后来就转为对我国高投资、低消费的投资消费比例失衡的宏观经济问题研究，也以它为基础于 2007 年出版了第一本个人专著。

　　2005 年博士毕业后，到余永定所长领导的中国社科院世经政所国际产业室工作。正值宏观经济过热，钢铁、电解铝等行业投资和产能过剩问题比较突出之时，身为央行货币政策委员会委员的余永定先生常对我们说，宏观经济问题常常是产业问题的表现，要加强产业研究。我对他的看法深以为然，但也深感真正理解和了解产业，需要把最微观的经济单元，即行业中企业黑箱打开，需要一把了解和走入企业的钥匙。2006 年起我到中科院政策与管理所做博士后，在穆荣平所长的指导下进行商业模式创新研究，商业模式创新也成为我 2009 年出版第二本个人专著的主题。

　　虽然研究重心曾一度转向产业的宏观经济背景，后又转向产业的微观经济基础，但十余年来产业的研究与规划工作也未曾中断，最早先是在国务院发展研究中心产业部参与课题。其后又主持或参与了多项中国社科院、中国科协、全国人大财经委等机构的产业研究或规划方面的课题。2009 年底调入中科院工作后，在穆荣平所长的领导下，无论是参与国家"十二五"重点专项规划，还是参与长沙、郑州、盐城等地的创新型城市规划编制工作，主要都是负责产业相关部分的研究。

多年来的产业研究工作，我也从其他人那里学习了很多，包括国务院发展研究中心副主任刘世锦，产业部部长冯飞，资环所副所长李佐军，中国社科院的老师和同事们，中科院政策与管理所及创新发展中心的老师和同事们。

与清华武廷海，北大曹广忠，北师大王华春，国务院发展研究中心杨晓东、周健奇，中国国际交流中心刘英奎，工信部李娟，科技部孔欣欣，建设部严盛虎，北京市宣传部梅松、张新海，北京城乡创新发展博士研究会魏云等专家和学者型官员经常的交流讨论也让我受益匪浅，他们一些人也为本书研究创造了便利条件。本书内容研究工作顺利推进，亦得到中国社科院文化中心贾旭东、国家旅游局研究院宋子千、北京邮电大学经管学院谢智勇等专家学者的帮助，他们或是帮助提供部分研究资料，或是提供非常有益的建议。此前我承担的北京科委等单位的服务业相关课题，也为本研究提供了有益的基础，得到中国社科院财经战略研究院夏杰长、北京市科委张星、北京城市系统中心刘建兵等领导和专家的支持。

本书的顺利出版，得到了社会科学文献出版社副总编辑周丽老师、编辑林尧老师等的大力支持，很感谢她们。

多年来也深切体会不同机构研究产业视角与风格特点的差异，如果说在中国社科院视野比较宏观的话，中科院则强调技术与创新，路线图方法也是其重要特点。而对于产业分析与研究而言，不同的视角与方法都是必要的和重要的，如何将其融合，也是个挑战。正如穆荣平所长所言，产业创新发展是动态而且复杂的经济社会过程。政策如何才能科学，如何落地，不让"规划规划，墙上挂挂"，更是巨大挑战。本书也试图在这些方面尝试能有所突破，但由于现代服务业本身的复杂、非线性和动态性，及个人知识和能力所限，书中一些内容还尚待完善，也恳请读者和专家指正！

乔为国

2013 年 9 月

图书在版编目（CIP）数据

现代服务业政策问题研究：实证调研与国际经验/乔为国著.
—北京：社会科学文献出版社，2013.11
ISBN 978－7－5097－5122－0

Ⅰ.①现…　Ⅱ.①乔…　Ⅲ.①服务业－政策－研究－中国
Ⅳ.①F719

中国版本图书馆 CIP 数据核字（2013）第 246000 号

现代服务业政策问题研究
　　——实证调研与国际经验

著　　者／乔为国

出 版 人／谢寿光
出 版 者／社会科学文献出版社
地　　址／北京市西城区北三环中路甲 29 号院 3 号楼华龙大厦
邮政编码／100029

责任部门／经济与管理出版中心　　　　　　责任编辑／林　尧　高　雁
　　　　　（010）59367226　　　　　　　　责任校对／李学辉
电子信箱／caijingbu@ ssap. cn　　　　　　责任印制／岳　阳
项目统筹／林　尧
经　　销／社会科学文献出版社市场营销中心（010）59367081　59367089
读者服务／读者服务中心（010）59367028

印　　装／三河市尚艺印装有限公司
开　　本／787mm×1092mm　1/20　　　　印　　张／12
版　　次／2013 年 11 月第 1 版　　　　　字　　数／207 千字
印　　次／2013 年 11 月第 1 次印刷
书　　号／ISBN 978－7－5097－5122－0
定　　价／45.00 元